W0187209

Anthea

Die weiße Magie der Hexen

Anthea

DIE WEISSE MAGIE DER HEXEN

Uraltes Wissen von Heilung und Weisheit

MOEWIG

Hinweis: Die Anleitungen in diesem Buch sind sorgfältig recherchiert und geprüft worden. Dennoch ist jegliche Haftung für Personen-, Sach- und Vermögensschäden ausgeschlossen, soweit gesetzlich zulässig. Insbesondere handelt es sich bei den Ratschlägen und Empfehlungen dieses Buchs um unverbindliche Auskünfte gemäß § 676 BGB.

© by Pabel-Moewig Verlag KG, Rastatt
www.MOEWIG.de
Originalausgabe
Alle Rechte vorbehalten
Umschlagfoto: getty images, München
Printed in Germany
ISBN 3–8118–1085–5

Inhaltsverzeichnis

Vorwort

Als in den fünfziger Jahren des 20. Jahrhunderts der Flughafen Shannon in Irland ein zusätzliches Rollfeld erhalten sollte, setzte die Bevölkerung sich erfolgreich zur Wehr, weil gerade diese Stelle ein Ort der *little people,* des „kleinen Volkes", sei, das man nicht vertreiben dürfe. Ihr Argument wurde von den Behörden akzeptiert, und so wurde eine neue Strecke für das Rollfeld vermessen. Bis heute findet man in Irland sehr viele Menschen, die fest davon überzeugt sind, dass es Zwerge, Elfen und andere Naturwesen gibt.
Obwohl eine solche Situation in kaum einem anderen Land der westlichen Hemisphäre denkbar wäre, hat es zu allen Zeiten auch bei uns einen tief empfundenen Glauben an Übersinnliches, Magisches gegeben. Am längsten hielt sich dieser bei der Landbevölkerung, die sehr in der Natur – der Quelle der Spiritualität – verwurzelt war. In den letzten Jahrzehnten kam es vor allem in England und Amerika, aber auch in Deutschland zu einer „Renaissance" uralten Wissens. Auf der Suche nach einer neuen Spiritualität probierten und probieren Menschen die unterschiedlichsten Möglichkeiten aus, um sich selbst wieder näher zu kommen, sich selbst wieder zu spüren. Kurse für Feuerlaufen, Rebirthing, Tarot, I Ging, Meditationen aller Art, Schamanismus, Kabbala, Zahlenmystik und so weiter haben Hochkonjunktur. Der Buchhandel macht mit esoterischen Büchern fast ein Drittel seines gesamten Geschäftes. Auch die Romane von Stephen King, in deren Mittelpunkt immer wieder übersinnliche Phänomene stehen (*Friedhof der Kuscheltiere, Christine, Es* und so weiter), erleben weltweit Millionenauflagen. Ebenso erfolgreich waren Filme wie beispielsweise *Der Exorzist* oder *Rosemary's Baby*, aber auch Komödien wie *Die Hexen von Eastwick.*

Welche Gründe gibt es für diesen Esoterik-Boom? Die Anforderungen des Alltags in einer hoch-technisierten Welt lassen wenig Raum für die spirituellen Bedürfnisse des Menschen. Dabei ist der Satz, dass der Mensch nicht vom Brot allein lebt, heute gültiger denn je. Während in früheren Jahrhunderten die Kirche den Menschen einen fest gefügten Rahmen gab, findet sie heute immer weniger Antworten auf die Fragen und Bedürfnisse in einer sich rapide verändernden Welt. Hilf- und tatenlos muss sie hinnehmen, dass die Gotteshäuser immer leerer werden und Menschen sich die Antworten auf ihre Fragen anderswo suchen. Zudem sind – zumindest in der westlichen Zivilisation – die Menschen inzwischen abhängig geworden von einer Technik, die unsere Welt kalt und seelenlos gemacht hat und damit den innersten Bedürfnissen des Menschen absolut entgegengesetzt ist. Das ist sicherlich ein anderer Grund dafür, dass sich die Menschen immer mehr vom Magischen, Geheimnisvollen angezogen fühlen, um wieder eine Beziehung zur wirklichen Welt zu bekommen.

Es ist nicht erstaunlich, dass es vor allem Frauen sind, die nach einer neuen Spiritualität suchen. Die Frauenbewegung der sechziger und siebziger Jahre gab den Frauen ein neues Selbstbild, ein neues Selbstbewusstsein. Sie besannen sich auf ihre Stärke, auf Kräfte, die immer schon in ihnen schlummerten und nun wieder zum Leben erweckt wurden. Neben den militanten Kämpferinnen, die ihre Büstenhalter verbrannten und durch andere spektakuläre Aktionen auf sich aufmerksam machten, gab und gibt es viele Frauen, die sich ihre weiblichen Kraftquellen neu zu erschließen versuchen. Schon allein aus biologischen Gründen (Menstruation, Schwangerschaft und Geburt) ist die Frau sich selbst und damit der Natur sehr viel näher als der Mann. Daran ändert auch die berufliche und soziale Emanzipation nichts. Im „Alltag“ sind moderne Hexen Sekretärinnen, Computerspezialistinnen, Verkäuferinnen, Lehrerinnen oder Hausfrauen. Was sie in „Wirklichkeit“ sind, ahnt niemand. Man spürt nur ihre Kraft, ihre Ausstrahlung.

Um es provokativ auszudrücken: In jeder Frau schlummert eine Hexe. Das ist allerdings nicht die böse Hexe aus dem Märchen, die einen Buckel und eine Warze auf der Nase hat. Und es ist auch nicht die Hexe, die auf einem Besenstiel zum Hexensabbat auf dem Brocken reitet, um dort ihrem Herrn und Meister, dem Satan, zu begegnen. Etymologisch ist das Wort „Hexe“ abgeleitet vom althochdeutschen *hagzissa* oder *hagazussa,* was soviel wie „Zaunreiterin“ bedeutet. Eine Hexe ist also eine Frau, die in zwei Welten lebt und wahrnehmen kann, dass es zwischen Himmel und Erde mehr Dinge gibt, als uns die Schulweisheit lehrt. Vor allem ist sie bereit, die Kräfte, die ihr aus diesem Wissen zuwachsen, zu nutzen – als Helferin, als Heilerin und vielleicht auch als Hellsichtige.

Der Soziologie-Professor Hans Sebald, der einige grundlegende Werke zur Hexenforschung geschrieben hat, warnt allerdings in seinem Standardwerk *Hexen damals – und heute?,* das sich in der Hauptsache mit der Schwarzen Magie beschäftigt, davor, magische Praktiken einfach zu übernehmen:

> „Es ist ein Erbe, das leicht abgenutzt ist, das Spuren des Gebrauchs und des Verschleißes bezüglich seiner Logik zeigt, aber

> nichtsdestoweniger ist es eine Hinterlassenschaft. Die zentrale Gestalt dabei ist die Hexe, die als Erbin einer Tradition von einem übergeordneten und gefühlsbetonten Blickwinkel durchaus romantisch erscheinen mag. Und vielen modernen Individuen, die sich wie verlorene Kinder in einem unpersönlichen urban-industriellen Dschungel vorkommen, ohne Aussicht auf eine Sicherheit gebende Philosophie, mag die magische Esoterik mit ihren Versprechungen von persönlicher Bedeutsamkeit verlockend erscheinen. Auf ihrer wahnwitzigen Suche nach der Einlösung dieses Versprechens verwechseln sie jedoch eine Tradition von Irrigkeit, Inhumanität und zerrüttetem Gedankengut mit etwas Heilbringendem." (Sebald, S. 11)

Dazu ist zu bemerken, dass uns keine Philosophie, keine Religion wirklich Sicherheit geben kann. Diese können wir nur in uns selbst finden.

Außerdem ist der „gefühlsbetonte Blickwinkel" in einer Zeit, die den EQ (Quotient für Emotionale Intelligenz, in dem Frauen immer noch führend sind und der heute von großen Firmen klugerweise als sehr wichtig eingeschätzt wird) als äußerst wichtige Ergänzung des IQ (Intelligenz-Quotienten) betrachtet, durchaus nicht mehr ehrenrührig!

Der Große Brockhaus definiert eine Hexe als eine zauberkundige Frau, die angeblich im Dienst von Dämonen und Teufeln steht und mittels der ihr innewohnenden magischen Kräfte einen meist schädigenden Einfluss auf andere Menschen ausübt. Sie erscheint als numinose und angsterregende Gestalt, die aufgrund der ihr zugeschriebenen Macht die Gesetze der Natur aufzuheben und die geltenden Regeln des Gemeinschaftslebens zu stören imstande ist. Soweit die Definition. Ich selbst dagegen würde eine Hexe eher als eine weise Frau bezeichnen, die durchaus nicht die Gesetze der Natur „aufhebt", sondern aufgrund ihrer Naturbeobachtungen und der Spiritualität, mit der sie diese durchdringt, die Angebote der Natur nutzt und zum Nutzen anderer einsetzt.

Und genau darum geht es in diesem Buch. Es will zeigen, wie jede Frau ihre „Hexenkräfte" nutzen kann, indem sie mit sich und der Natur in Einklang lebt. Wir alle können weise Frauen sein, indem wir das Wissen um das Magische, „Übersinnliche", das sich dem Zugriff des bloß materialistisch ausgerichteten Intellekts entzieht, wieder lebendig aufleben lassen. Das ist durchaus nicht weltfremd und versponnen, sondern wird heute immer mehr zum Allgemeingut, wie es sich seit einigen Jahrzehnten abzeichnet, beispielsweise in der Naturheilkunde, in der Vollwert-Ernährung, im ökologischen Denken, in der Beschäftigung mit „übersinnlichen" Phänomenen. All das zählte (und zählt) schon immer zum „Hexenwissen". Dieses Wissen sucht Möglichkeiten, wie wir uns unseren Wurzeln wieder nähern und die Entfremdung zwischen Mensch und Natur aufheben können. Hans Sebald befürchtet in seinem bereits zitierten Buch, dass „moderne 'Stadthexen' ... nur allzu oft die Qualität von Treibhauspflanzen" haben. Wollen Sie eine Hexe oder eine weise Frau sein, so ist es aber meiner Meinung nach völlig unwichtig, ob Sie in der Stadt oder auf dem Lande leben. Es geht einzig und allein darum, die Kräfte, die in Ihnen wohnen, zu entdecken und zu nutzen – das, was Hans Sebald das „unschuldige Vertrauen in den magischen Kosmos" nennt.

Jetzt beginnt die große Zeit der Frauen!

Die Amerikanerin Carol Hill ist nicht nur Schriftstellerin, sondern auch Physikerin. Sie ist engagierte Verfechterin der neuen Physik, die spirituelle Erfahrungen nicht ausschließt (in Deutschland sind es unter anderem Fritjof Capra und Werner Heisenberg, die in dieser Richtung forschten). Für das Wassermann-Zeitalter, das in der zweiten Hälfte des 20. Jahrhunderts begann und das Fische-Zeitalter ablöste und oft als „New Age" bezeichnet wird, sagt sie voraus:

„Es könnte uns jetzt zum ersten Mal möglich werden, ein allumfassendes, ganzheitliches Wissen zu erlangen – Weisheit zu gewinnen aus Erfahrungen und Entdeckungen der letzten Jahrtausende. Altes magisches Wissen und neue wissenschaftliche Erkenntnisse können endlich zusammengeführt werden. – Ich behaupte, eine Frau könnte eine Wissenschaftlerin sein, und gleichzeitig hat sie die ungeheure Fähigkeit, Intuition zu entwickeln. Ihre zweite Stärke ist die Spiritualität, derer sie sich zunehmend bewusst wird. Unser jetziges Weltbild ist engstirnig, weil zweckorientiert. Noch immer wird die Naturwissenschaft dazu benutzt, um die Erde und die Naturkräfte zu beherrschen. Dieses eingeschränkte Weltbild geht davon aus, dass die geistige und die materielle Welt voneinander getrennt existieren." (aus einem Interview mit Gabrielle Michoff, *Journal für die Frau* 7/88, S. 46–48)

Mit diesem Buch will ich versuchen, Kenntnisse vergangener Zeiten wieder ins Bewusstsein zu rufen und eine Brücke zu schlagen in die heutige Zeit. Deshalb finden Sie viele praktische Vorschläge, wie Sie sich selbst und anderen helfen können, indem wir unsere spirituellen Fähigkeiten, die – oft noch unentdeckt – in jeder von Ihnen schlummern, und die Kräfte der Natur erkennen und nutzen können – für uns selbst und für andere. Ganz praktisches, modernes Hexenwissen also!

Aus der Zusammenschau von geistiger und materieller Welt entstehen die Kräfte, die eine Hexe – damals wie heute – auszeichnen. Ihre Spiritualität und ihre soziale Kompetenz machen eine moderne Hexe aber auch sensibel für die Verantwortung, die sie trägt – für ihre eigene Kraft und für die Kräfte, die sie damit möglicherweise freisetzen kann. So wird sie ihre Möglichkeiten nie missbrauchen und sie immer nur zu Hilfe und Nutzen einsetzen.

Das Buch ist eine Gemeinschaftsarbeit. Anthea, eine moderne Hexe, hat mich in ihr Wissen eingeweiht; ich habe ihre Lehren für den Leser aufbereitet.

Heidelore Kluge

Hexen damals …

Wenn wir im historischen Zusammenhang an Hexen denken, fallen uns zunächst die Hexenverfolgungen ein, die vom Mittelalter bis in die Neuzeit hinein stattfanden. In den Zeiten davor glaubte man zwar an Hexen, die auch Schadenzauber ausüben konnten, vor allem aber waren Hexen weise Frauen, die heilen und helfen konnten. Ihr Wissen ging zu einem großen Teil auf den griechischen und germanischen Glauben zurück – in beiden gab es starke Göttinnen, denen eigene Kulte gewidmet waren. In vorgeschichtlicher bis in vorchristliche Zeit handelte es sich bei den Hexen um hoch geachtete weise Frauen, die eine besonders enge Beziehung zu den Naturreichen und den kosmischen Gegebenheiten hatten und so über Kräfte verfügten, die den Durchschnittsmenschen nicht zu Gebote standen. Die Verknüpfung von Heilkunst und Magie trug jedoch dazu bei, dass das Bild der Hexe in späterer Zeit verzerrt wurde. Die Haltung Hexen gegenüber war immer ambivalent: Da sie Gutes tun konnten, mussten sie ebenso in der Lage sein, Unheil heraufzubeschwören.

Auf der einen Seite bekämpfte die christliche Kirche bis ins 12. Jahrhundert hinein Dämonenglauben und Zauberei als Äußerung heidnischen Aberglaubens und grenzte sich damit von den vorchristlichen Vorstellungen des Volksglaubens ab. Interessant ist aber andererseits, wie sehr die Kirche sich die „heidnischen“ Feste, Rituale und Kenntnisse zunutze machte. Nur einige Beispiele:

- Das Osterfest ist nach der „heidnischen“ Frühlingsgöttin Ostera benannt.
- Das Weihnachtsfest (24. Dezember) liegt der Wintersonnenwende (21. Dezember) sehr nahe.
- Der Johannistag (24. Juni) liegt der Sommersonnenwende (21. Juni) sehr nahe.
- Viele den „heidnischen“ Göttinnen geweihte Kräuter werden an verschiedensten Marientagen geerntet. (Dazu mehr im Kapitel „Das Hexenjahr“.)

Zu dieser Zeit wurden die weisen Frauen noch mehr oder weniger toleriert. Sie wurden nicht ausgegrenzt, verfolgt, gefoltert, getötet. Hätte die große Hildegard von Bingen (1098–1179) später gelebt, hätte sie möglicherweise auf dem Scheiterhaufen geendet, denn sie war nicht nur eine große (und fast moderne) Naturwissenschaftlerin, sondern sie war außerdem dem Volksglauben noch fest verhaftet.

Hexen in der griechischen Mythologie

Medea war die Tochter Hekates, der gefürchteten Beherrscherin der Unterwelt. Sie soll besonders die Kunst verstanden haben, durch Bäder aus Kräutersäften zu verjüngen. Diesem Ruf verdankte sie es, dass sie den Poseidon-Sohn Pelias, dessen Töchtern sie vorspiegelte, ihren alten Vater verjüngen zu wollen, in ihren Zauberkessel bringen konnte, um ihn darin umkommen zu lassen, weil er ihren ehrgeizigen Plänen im Wege stand. Nach zehnjähriger Ehe der Zauberin müde, verstieß Jason, der Neffe des Pelias, Medea und wollte sich mit Glauke, der Tochter des Königs Kreon, vermählen. Medea, welche davon erfuhr, sandte der Braut ein mit Pflanzensäften bezaubertes Brautkleid sowie ein ebenfalls bezaubertes Diadem. Als Glauke die geschenkten Stücke anlegte, wurde sie von den plötzlich daraus hervorbrechenden Flammen verzehrt. – Medea soll einen großen Zaubergarten besessen haben, in welchem viele giftige Kräuter und Arzneipflanzen wuchsen. Dies mag wohl mit dazu beigetragen haben, dass sie für eine Zauberin gehalten wurde.

Die Zauberin *Circe* kennen wir aus Homers *Odyssee*. Sie vermochte durch Zaubertränke, die sie alle aus Pflanzen gewann, Personen, die sie gastlich bewirtete, in Tiere zu verwandeln. So wurden Odysseus und die mit ihm auf Circes Insel geretteten Schiffbrüchigen in Schweine verwandelt. Aus Mitleid ließ der Gott Hermes Odysseus ein Zauberkraut – das sagenhafte Moly – zukommen, welches die Verwandlung aufhob. Circe soll sich bei ihren Zaubereien vorwiegend der Mandragora (siehe Seite 45) bedient haben, so dass der römische Autor Plinius diese Pflanze sogar Circaea nennt. Circes Zaubermittel scheinen ausschließlich aus narkotischen Pflanzengiften bestanden zu haben, deren Anwendung ja bei den damit Behandelten alle möglichen Einbildungen hervorruft.

Im frühen Mittelalter galt Hexerei (beispielsweise die Fähigkeit, sich in Tiere zu verwandeln oder durch die Lüfte zu fliegen) noch als Auswirkung eines Traumes oder eines Trancezustandes – die allerdings, wie beispielsweise der Kirchenvater Augustinus (354–430) meinte, vom Teufel eingegeben waren. Noch im 10. Jahrhundert wurde im päpstlichen „Canon episcopi“ als Dogma erklärt, dass derartige Behauptungen Fantasiegebilde, Geistesverwirrungen oder

Träume seien. Über die Hexen des Mittelalters berichtet Hans Sebald:

> „(Sie) waren auch dafür bekannt, dass sie pflanzliche Arzneien zubereiteten, sympathetische Mittel zur Heilung von Krankheiten (besonders des Viehs) besaßen und die Fruchtbarkeit fördern konnten. Es scheint aber, dass sich die Hexen im Laufe der Zeit, besonders unter dem einschränkenden Einfluß der Kirche, zunehmend der Schwarzen Kunst zuwendeten und so zur helfenden Weißen Kunst opponierten. Eine Polarisierung entstand, die die klassische Zauberin in zwei gegensätzliche Figuren umwandelte: in die Schwarze Hexe, die Satanismus praktizierte, und in die Weiße Hexe, die sich mit dem Heilen beschäftigte.“ (Sebald, S. 79)

Schwarze und weiße Magie

Die schwarze Magie wird immer in böser Absicht ausgeführt. Dabei werden die Mächte der Finsternis angerufen – Teufel, Dämonen und böse Geister. Meistens wird dabei der „Analogiezauber“ verwendet. Dieser geht von einem Zusammenhang aus zwischen einer Person und einem Gegenstand, der ihr gehört und ein Teil von ihr ist (Haar, Fingernägel und so weiter), oder etwa einer Wachspuppe, die der Person ähnlich ist. Verletzungen, die dieser Figur zugefügt werden, übertragen sich durch die Gedankenkraft der Hexe oder des Zauberers auf die angegriffene Person.

Die weiße Magie dagegen beinhaltet heilende und schützende Rituale und verwendet entsprechende Kräuter, Amulette und Sprüche. Sie beruft sich auf die Verehrung der Großen Mutter, die in vorgeschichtlicher Zeit allen patriarchalisch geprägten Religionen vorausgegangen ist. Diese hatte die unterschiedlichsten Namen: im alten Griechenland wurde sie Reha genannt, Isis in Ägypten, Ischtar in Babylonien oder Brigit in Irland (letztere lebt im Christentum durch die heilige Brigid fort).

Die Kirche änderte ihre Einstellung zu den sogenannten „Hexen“ erst im Zuge der Auseinandersetzung mit der mittelalterlichen „Ketzerbewegung“, sie setzte voraus, dass Hexen wirklich zu all diesen Dingen fähig seien. Jeder, der sein Seelenheil außerhalb der von der

Kirche vorgeschriebenen Pfade suchte und ihre Dogmen nicht als allein selig machende Maximen ansah, sondern eigene Gedanken hegte, wurde als vom Glauben Abgefallener – und damit als des verwerflichsten Verbrechens schuldig – angesehen. Die Inquisition deutete dies als Teufelsdienst, viele Tausende von Menschen wurden deshalb gequält und getötet. Damit war zugleich die Voraussetzung für die Deutung jeder zauberischen oder abergläubischen Handlung als Teufelsdienst und damit als Ketzerei geschaffen. Insofern kann man das Mittelalter, das uns in Literatur und Kunst so viele große Werke hinterlassen hat (etwa die Dichtungen von Wolfram von Eschenbach und Walther von der Vogelweide oder die Plastiken am Naumburger Dom), wirklich als „finster“ bezeichnen.

Inquisition

Dabei handelt es sich um die von kirchlichen Institutionen seit dem Mittelalter betriebene Verfolgung von Ketzern. Seit das Christentum Staatsreligion geworden war, konnten Abtrünnige auch reichsgesetzlich verfolgt und bestraft werden. Folterung, Kerkerhaft und vor allem die Verbrennung auf dem Scheiterhaufen waren die hauptsächlich angewendeten Strafen. Sehr häufig wurden die – in den meisten Fällen unschuldigen – Opfer anonym denunziert, etwa weil sich jemand vom Verschwinden einer missliebigen Person einen Vorteil versprach.

Während bis ins 11. Jahrhundert Zauberei im Allgemeinen mit Kirchenbußen (vor allem Exkommunikation) belegt wurde, setzte sich im Zuge der Ketzerverfolgung durch die Inquisition auch für Zauberei die Todesstrafe durch. Statt einer Anklage war nun die (oft anonyme) Denunziation anerkannt, außerdem die Anwendung der Hexenprobe und der Folter im Beweisverfahren. Die geistliche Kompetenz weitete sich immer mehr auf die weltliche Gerichtsbarkeit aus. Da die Mehrzahl der Juristen den im „Hexenhammer“ niedergelegten Vorstellungen ebenso wie der Inquisition zurückhaltend gegenüber standen, blieb die weltliche Gerichtsbarkeit zunächst relativ mild.

In der Folgezeit begannen allerdings auch weltliche Gelehrte an Hexen zu glauben und versuchten, dies „wissenschaftlich“ zu untermauern. Ab Mitte des 16. Jahrhunderts entwickelte die Hexen-Verfolgung eine Eigendynamik, die von den ursprünglichen Motiven

(„Reinheit des Glaubens") nicht mehr voll gedeckt wurde. Wer immer in dieser Zeit der tiefgreifenden sozialen und wirtschaftlichen Umwälzungen missliebig war, wurde der Hexerei bezichtigt. „Kerngruppen der Verfolgung waren heilkundige Frauen (besonders Hebammen) und Frauen, die als sozial unangepaßt galten" (Brockhaus).

Vor allem Frauen wurden zu Opfern der Hexenverfolgung

Der Anteil der Frauen, die bei Hexenprozessen zu Tode kamen, beträgt etwa 80 Prozent. Bis heute gibt es keine gesicherten Zahlen über die hingerichteten Opfer, da von den Prozessen oft keine Protokolle überliefert sind. Die Schätzungen schwanken zwischen 100 000 und 500 000, werden aber von manchen Forschern sehr viel höher angesetzt.

Der Hexenhammer

In Deutschland wurde die systematische Hexenverfolgung durch die Hexenbulle des Papstes Innozenz VII. („Summis desiderantes affectibus", 1484) eingeleitet. Forciert wurde sie durch den von den dominikanischen Inquisitoren Institoris und Sprenger verfaßten Kommentar dazu: „Malleus maleficarum" („Hexenhammer"). Dieser prägte entscheidend die Vorstellung der folgenden Jahrhunderte und gehörte zu den meistgedruckten Werken der Frühzeit des Buchdrucks. Im „Hexenhammer" wurde erstmals die Hexerei eindeutig auf das weibliche Geschlecht fixiert. Die Autoren, die sich darin auf das Alte Testament und auf die Kirchenväter berufen, versuchen nachzuweisen, dass Frauen wegen ihrer Verderbtheit und maßlosen Triebhaftigkeit eine größere Neigung zur Hexerei und zum Teufelskult hätten.

In der Zeit der Massenverfolgungen und -prozesse zwischen 1560 und 1630 lag die Hexenverfolgung fast vollständig in der Hand der weltlichen Gerichtsbarkeit. Das „Magiedelikt" wurde zu einem Ausnahmeverbrechen erklärt, für das die normalen Prozeßbedingungen nicht galten. Das heißt, schon ein bloßer Verdacht konnte zur Verfolgung führen, und damit war es erlaubt, zu foltern. Da gemutmaßt wurde, dass eine Hexe auch immer einer ganzen „Sekte" angehörte, war eines der wichtigsten Anliegen der Hexenprozesse, dass die

Frauen die Namen angeblicher Komplizen preisgaben ... und waren sie nicht willig, so brauchte man Gewalt. Dies führte dazu, dass die Zahl der Angeklagten in dem Maße anstieg, wie Hexenprozesse durchgeführt wurden.

Die Hexenprobe

Um festzustellen, ob eine Frau eine Hexe war, griff man häufig zu dem widersinnigen Mittel der Hexenprobe. Man warf beispielsweise die verdächtigte Frau ins Wasser – schwamm sie, war sie eine Hexe. Ging sie unter und ertrank, war sie unschuldig. Oder man legte ihre Hand auf glühendes Eisen: verbrannte die Haut, war die Frau unschuldig.

Im 17. Jahrhundert endeten die Hexenprozesse. Die Aufklärung und der später folgende Romantizismus führten zu mehr Toleranz dem Okkulten gegenüber. Man glaubte zwar immer noch weithin an Hexerei und Magie, aber deren – angebliche oder tatsächliche – Ausübung stand nicht mehr unter Strafe. Besonders auf dem Lande waren sie, häufig mit christlichen Elementen vermischt, fester Bestandteil des Volksglaubens. Zahlreiche Vorkehrungen wurden getroffen, um vor allem das Vieh vor Schadenzauber zu schützen. So wurden zu Mariä Himmelfahrt (15. August) und auch an anderen Marientagen Kräuter und Blumen geweiht, die man dem Vieh ins Futter gab oder in den Ställen aufhängte. (Auf diese Zauberkräuter wird im Kapitel „Kleines Lexikon der Zauberpflanzen“, S. 24 ff., ausführlich eingegangen.) Am Tag vor dem Dreikönigsfest, das am 6. Januar gefeiert wird, wurde in vielen Gegenden Salz geweiht, das ebenfalls ins Viehfutter gemischt wurde. In der Neujahrsnacht gingen (und gehen mancherorts noch heute) die Bauern in ihre Obstgärten und wünschten ihren Bäumen ein gutes neues Jahr, damit sie vor Schädlingen bewahrt bleiben und eine gute Ernte tragen sollten. Auch dass Getreidefelder umritten werden, gehört zu diesen alten Bräuchen. Die meisten davon sind christlich geprägt, gehen aber auf frühere Zeiten zurück und wurden von der Kirche übernommen und entsprechend mitgeprägt.

Auch sich selbst versuchten die Menschen vor den schädlichen Einflüssen durch Hexen zu schützen. Sie trugen Amulette unterschiedlichster Art (dazu mehr im Kapitel „Talismane und Amulette“, Seite 53 ff.) und verwendeten zahlreiche Pflanzen, deren Eigenschaften als so wirksam galten, dass sie auch gegen Zauber und Magie eingesetzt wurden. Genau betrachtet verfügten also auch die „gewöhnlichen" Menschen über Hexenwissen. Was vielen nicht bewußt war, ist die natürliche Heilkraft der von ihnen verwendeten Pflanzen wie Knoblauch, Baldrian, Dill und so weiter. Die Ursachen der meisten Krankheiten waren noch unbekannt. So war es naheliegend, dass hinter krankhaften Zuständen übernatürliche Mächte vermutet wurden. Diesen Krankheiten konnte man im Volksglauben nur mit einem Gegenzauber beikommen. Das galt auch für viele andere Bereiche des täglichen Lebens: Wurde das Vieh krank oder die Milch sauer, klappte es in der Ehe nicht, war eine Frau unfruchtbar – immer vermutete man einen Zauber, eine Behexung, die es durch geeignete Gegenmittel zu lösen galt. Bis heute sind im ländlichen Bereich zahlreiche Bräuche zu finden, deren Ursprung fast niemandem mehr bekannt ist, die aber weiter gepflegt werden.

… und Hexen heute

Anfang des 20. Jahrhunderts lebte die Hexerei in Westeuropa und Amerika wieder auf. Der Anstoß dazu wurde nach Meinung vieler Forscher durch das Buch von Margaret Murray *The Witch-Cult in Western Europe* gegeben, das 1921 erschien. Darin bezeichnet die Autorin Hexerei als eine Überlebensform früher Religionen, die Muttergottheiten verehrten (siehe dazu Kasten „Schwarze und weiße Magie“, Seite 14).

Margaret A. Murray

Die in Indien geborene englische Ägyptologin und Anthropologin (1862–1943) war davon überzeugt, dass Hexerei das Relikt einer alten Religion sei und dass diese Tradition bis in die Gegenwart weiterlebe. In ihrem Buch „rekonstruiert“ sie diese alte Religion und schließt daraus, dass die Hexen wegen ihrer mit dem Christentum rivalisierenden alten Religion, der sie immer noch anhingen, verfolgt wurden. Sie versuchte nachzuweisen, dass die Hexen Überlebende eines keltischen Stammes waren. Die moderne Wissenschaft allerdings konnte keine durchgängige Hexentradition nachweisen – der heutige Wicca-Kult aber schließt sich Murrays Vorstellung an.

Margaret Murray war in den Jahren vor ihrem Tod Präsidentin der Folklore Society und ermutigte und unterstützte junge Forscher auf diesem Gebiet, auch wenn diese ihre Ansichten nicht unbedingt teilten – unter anderem weil sie zu sehr den Evolutionstheorien des 19. Jahrhunderts verhaftet waren, die bereits zu Murrays Zeiten überholt waren. Ihr Werk wurde von einem anderen Mitglied der Folklore Society, Dr. Gerald Gardner, fortgesetzt.

Während Margaret Murrays Buch kaum einen direkten Einfluss zeitigte, setzte in den frühen fünfziger Jahren des 20. Jahrhunderts tatsächlich eine Wiederbelebung des Hexenkultes ein. Das war, als Gerald Gardner seine Version der Ansichten Margaret Murrays zusammen mit eigenen Berichten über Hexenrituale veröffentlichte. Gardner behauptete in seinem Buch, er selbst sei 1946 in einen englischen Hexenbund eingeführt worden. Vieles, was darin berichtet wird, wird von Forschern bezweifelt werden – Fakt allerdings ist, dass es im New Forest, einem Teil Englands, der reich an Folklore und Legenden ist, zu der Zeit tatsächlich einen Hexenbund gegeben hat. Dieser soll aus einer Mischung von Intellektuellen, die der Mittelschicht angehörten, und Bauern bestanden haben und eine Verbindung aus Volkstradition und Okkultismus angestrebt haben. Auch Sybil Leek (geb. 1923), die eine der berühmtesten Hexen der Vereinigten Staaten war und dort regelmäßig im Rundfunk und im Fernsehen auftrat, schreibt in ihrem Buch *Diary of a Witch*, dass sie einmal Hohepriesterin eines modernen Hexenbundes im New Forest war. In diesem Gebiet lebte sehr wahrscheinlich die weiße Hexerei wieder auf.

Gerald Brousseau Gardner

Durch diesen Forscher und „Hexenmeister“ (1884–1964) erhielt das moderne Hexenwesen neuen Auftrieb. Gardner verbrachte lange Jahre als Gummipflanzer und Zollbeamter im Fernen Osten. Sein dort entwickeltes Interesse an der Religion und Naturverehrung der Einheimischen veranlasste ihn zu weiteren Forschungen. Als er nach England zurückgekehrt war, schloss er sich einer Hexengruppe im New Forest an und wurde schließlich als Mitglied eingeweiht. Neben einem Roman über die Hexerei schrieb er auch zwei Sachbücher (unter anderem *Ursprung und Wirklichkeit der Hexen*), die einen Einblick in die Lehren des traditionellen Hexenwesens geben. Später verlegte er sich auf die Sexualmagie, auf Sadomasochismus und Voyeurismus – alles Kennzeichen der von ihm selbst ins Leben gerufenen Hexengruppen.

Sybil Leek

Die 1923 in England geborene und 1964 in die USA ausgewanderte Autorin bezeichnet sich selbst als Hexe und wurde wegen ihrer „heidnischen“ Ansichten und Praktiken bald ein beliebtes Thema der amerikanischen Medien. Dort wurde sie vor allem bekannt durch ihre Radiosendungen über Hexenkünste.

New Forest

Dabei handelt es sich um ein Wald- und Heidegebiet in Südengland, zwischen Southampton und Bournemouth. Es war früher königliches Jagdgebiet und wurde 1877 unter Naturschutz gestellt. Die New-Forest-Ponys laufen dort frei herum und haben auf allen Verkehrsstraßen Vorfahrt.

Die aus England stammende Tradition der weißen Hexen nennt sich „Wicca". Dabei sind sich sowohl die Hexen selbst als auch die Sprachforscher uneinig, wovon dieses Wort abgeleitet wird. Mehrere Möglichkeiten werden in Erwägung gezogen:

- Das altenglische *wit* bedeutet „Wissen, Weisheit, Intelligenz", auch eine gewisse Art von „Cleverness" und die „Fähigkeit, Zusammenhänge schnell zu begreifen";
- das indoeuropäische *wig* heißt „biegen, beugen" (beispielsweise in Bezug auf die „Wirklichkeit");
- das englische Wort *witch* bedeutet „Hexe"
- das altnordische *wiccian* bedeutet „einen Zauberspruch aussprechen".

Die weißen Hexen treffen sich zu verschiedenen Ritualen, die ihre Kräfte stärken sollen – beispielsweise an kultischen Orten wie Stonehenge (dazu mehr im Kapitel „Magische Orte", Seite 138 ff.). Als ideal gilt ein Bund von dreizehn Mitgliedern, aber in der Praxis schwankt die Zahl der initiierten Hexen (und Hexer) zwischen drei und fünfundzwanzig. Die praktizierten Rituale sollen die Mitglieder zu einem erweiterten Verstehen ihrer selbst und der sie umgebenden Natur führen. Diese „Weisheitssuche" wird durch magische Praktiken unterstützt. (Im Kapitel „Innere Orte", Seite 166 ff., soll gezeigt werden, dass diese Magie uns allen innewohnt und zugänglich ist).

Leider hat die Suche nach sinnvollen oder sinngebenden Inhalten des Lebens zahlreiche Menschen auch geführt, sich der schwarzen Magie zuzuwenden: Satanismus, Schwarze Messen, Exorzismen und so weiter sind Wege, auf denen manche Menschen ihren Sinn suchen. Meistens handelt es sich dabei um Personen, die sich einerseits ernsthaft einem Glauben, einer Richtung (im wörtlichen Sinn) zuwenden möchten, andererseits um Personen, die auf diese Art und Weise versuchen, Macht über andere zu erlangen. Zu letzteren sei gesagt, dass die Kraft der Gedanken oft sehr stark wirken kann – auch im negativen Sinn. Diese negativen Kräfte wenden sich letztendlich gegen die Person, die sich in diesen Praktiken versucht – sie verändern seine Persönlichkeitsstruktur auf eine Weise, die er selbst nicht mehr zu steuern vermag. Schwarze Magie oder das, was manche Menschen dafür halten mögen, ist etwas, das „Täter" wie „Opfer" in schwerste Krisen, ja in den Tod treiben kann. Immer wieder berichtete in den letzten Jahrzehnten die Sensationspresse darüber – und in den meisten Fällen ging es auf Seiten der „Täter" nie um spirituelle Anliegen, sondern ums Geldverdienen, wobei sie den Opfern materiell und emotional, manchmal sogar physisch schadeten. Aber diejenigen, die sich solcher „schwarzmagischen" Praktiken bedienen, schaden auch sich selbst. Denn alles, was wir anderen Böses antun oder antun wollen, fällt letztlich auf uns selbst zurück und wirkt dadurch selbstzerstörerisch. Davor sei deshalb an dieser Stelle ausdrücklich gewarnt.

Auch die rechtsradikale Szene bedient sich solcher Praktiken – um das „völkische Bewusstsein" zu heben und zu verstärken. Hierbei handelt es sich aber um Unwissen, Volksverhetzung und ganz bewusste Indoktrinierung! Hiervon werden Menschen mit schwachem Selbstbewusstsein angezogen, die durch die angepriesenen Praktiken angeblich Macht über andere gewinnen können. Solche Argumente können aber eben nur bei Menschen greifen, die ein schwaches Selbstbewusstsein haben und die selbst nicht nachdenken wollen – von denen es leider immer noch zu viele gibt.

Auf der anderen Seite darf man nicht vergessen, dass die jedem Menschen (und besonders allen Frauen) innewohnenden Kräfte durchaus auch magischer Natur – im Sinne von mit unseren Mitteln nicht messbar und nicht zählbar, trotzdem aber sehr wohl wirksam – sein können und sich nicht nur zum eigenen Wohle, sondern vor allem zum Wohle unserer Mitmenschen nutzen lassen können. Diese Kräfte, die durchaus nicht „unnatürlich" sind, sondern ganz und gar *in Einklang mit der Natur* stehen, sollten wir wieder neu erkennen, verstehen und anwenden lernen.

„Ernst nehmen, was man selbst nicht glaubt" überschreibt die Journalistin Heike Dierbach einen Artikel in der *TAZ* (vom 5. 9. 98, S. 34). Darin berichtet sie über den 20. Geburtstag des Hamburger Hexenarchivs im dortigen Völkerkundemuseum. Der Direktor, Wulf Köpke, dessen Urgroßmutter als „Hexe von Jork" bei der dortigen Landbevölkerung in hohem Ansehen stand, ist bekennender Christ, aber auch vorurteilsloser Wissenschaftler. Den weltweit verbreiteten

Hexenglauben kommentiert er folgendermaßen: „Wenn zwei Milliarden Leute daran glauben, muss ich das als Ethnologe ernst nehmen."

Ernst nehmen sollten wir alle unsere Möglichkeiten, über das Alltagserleben und -geschehen hinaus die Kräfte, die uns allen innewohnen, die wir aber bewusst („... weil nicht sein darf, was nicht sein kann") oder unbewusst unterdrücken, wieder zum Leben zu erwecken. Das Wassermann-Zeitalter, von dem die Autorin und Physikerin Carol Hill spricht, verweist uns auf ein ganzheitliches Weltbild, in dem sowohl das wissenschaftliche wie auch das magische Element seinen Platz hat, wo beide einander nicht ausschließen, sich nicht widersprechen, sondern ergänzen.

Das Wassermann-Zeitalter

Die Astrologie kennt nicht nur die Sternzeichen des Monats, in dem ein Mensch geboren wurde, es gibt auch ganze Epochen, die den Sternzeichen zugeordnet sind. Das Zeitalter der Fische begann etwa mit der Geburt Christi (sein Zeichen und das seiner Anhänger war ja auch der Fisch) und ist gekennzeichnet durch eine starke Gespaltenheit. Diese lässt sich im historischen Rückblick vielfach erkennen – etwa in der Trennung von Wissenschaft und Spiritualität. Sie wird allmählich überwunden durch die neue Physik, wie wir sie beispielsweise bei Heisenberg und Capra, aber auch schon bei Einstein und heute bei Stephen Hawking erkennen. Die Erkenntnisse der modernen Wissenschaft sind nicht mehr nachvollziehbar, wenn wir spirituelle Einsichten unberücksichtigt lassen. Hier beginnt also das Zeitalter des Wassermanns, das oft als ein Neubeginn in der spirituellen Evolution des Menschen angesehen wird. Nachdem durch die moderne Wissenschaft so viele Dinge machbar (und oft unkontrollierbar) wurden – beispielsweise in der Kernspaltung, Computertechnik und der Gentechnologie –, ist es nun notwendig, all dies ethisch und moralisch aufzuarbeiten – und das ist ohne Spiritualität nicht denkbar.

Kleines Lexikon der Zauberpflanzen

Für magische Praktiken, vor allem aber zum Helfen und Heilen, nutzten Hexen und weise Frauen vorwiegend die Kräfte der Pflanzen. Viele Eigenschaften, die diesen zugeschrieben wurden, beruhen auf mythischen Überlieferungen. Aber ein Großteil dieser Weisheit entstammt einem über viele Jahrhunderte überlieferten Naturwissen ... und außerdem der eigenen Naturbeobachtung. So mischt sich auch bei der großen Theologin und Naturwissenschaftlerin Hildegard von Bingen beides.

Hildegard von Bingen (1098–1179)

Die Theologin, Seherin, Naturwissenschaftlerin und Ärztin war eine der bedeutendsten Frauengestalten des Mittelalters. Sie beriet Päpste und Kaiser, gründete ein Kloster und führte Briefwechsel mit vielen der wichtigsten Gelehrten ihrer Epoche. In ihren Schriften vereinte sie die Heilkunst der Antike mit den Erkenntnissen der arabischen Gelehrten und der traditionellen Heilkunst des Volkes.

Schon immer sah man Pflanzen als beseelte Wesen an – eine Anschauung, die durch die moderne Wissenschaft bewiesen wird. So reagieren Pflanzen nicht nur auf Wassermangel oder zu viel Nässe, auf Licht und Schatten, einen Mangel an Nährstoffen oder Überdüngung, sie nehmen zudem Geräusche und Berührungen wahr. Es gibt zahlreiche Versuche, in denen Pflanzen, die mit einer bestimmten Musik „unterhalten" werden, wesentlich besser gedeihen als Vergleichspflanzen, die ohne Musik aufwachsen. Viele Blumenfreunde sprechen mit ihren Pflanzen, trösten und loben sie, reden ihnen zu – ein Zeichen dafür, dass in unserer naturentfremdeten Zeit ein starkes Bedürfnis vorhanden ist, sich dieser wieder zu nähern und sich mit ihr zu verbinden.

Aber wohnen unseren Pflanzen heute noch immer die magischen und helfenden Kräfte inne, die sie früher besaßen? Selbst die Pflanzen mussten ja „mit der Zeit gehen": Indem sie immer weiter gezüchtet und zudem gedüngt und gespritzt wurden und nicht zuletzt durch die Umweltverschmutzung sind sie in ihrem Wesen stark verändert. Wir wissen, dass Wildkräuter in ihren Inhaltsstoffen ihren in Gärten kultivierten Artgenossen weit überlegen sind. Ist es dennoch möglich, heute noch die alten Zauberkräuter anzuwenden?

In dem Buch *Pflanzenmedizin* zitiert Jean-Marie Pelt den französischen Autor P. Lieutaghi:

> „Vielleicht nimmt die Wirkung der Pflanzen in dem Maße ab, wie unser Glaube an sie verblaßt (ich sehe darin keinen Racheakt der Natur, sondern ihre Traurigkeit). Deshalb können wir von einer wildwachsenden Blume nicht mehr die Hilfe erwarten, die dem bescheidenen Hirten zuteil wurde, der mit der Pflanze eine himmlische Gnade empfing. Erst wenn wir wieder lernen, der Pflanze ihren rechtmäßigen Platz in unserem Leben einzuräumen, kann unser Körper neue Kraft aus den Pflanzensäften ziehen und unsere Seele durch ihren Anblick zu neuer Klarheit gelangen ... Ich möchte sogar behaupten, dass die Heilpflanze in den Händen eines Skeptikers zwar nicht unbedingt ihre Kraft gänzlich verliert, aber doch um so besser wirkt, je mehr man sie als ein Wesen voller Schönheit betrachtet: dann heilt die Pflanze unseren Körper, indem sie unseren Geist erblühen lässt. Das ist das vollkommene Heilmittel." (Pelt, S. 25)

Die Pflanzen möchten uns ihre Heilkräfte schenken, so wie die Schöpfung es vorgesehen hat. Zunächst aber ist es an uns, die Pflanzen zu heilen und damit die „Traurigkeit der Natur". Viel zu lange haben wir die Natur verachtet und ausgebeutet, anstatt dankbar entgegenzunehmen, was sie uns freiwillig gab. Natürlich ist es wichtig, den Hunger einer ständig wachsenden Weltbevölkerung zu stillen, durch verbesserte Züchtungen und Anbaumethoden. Allerdings dürfen wir nicht darüber den Respekt vor unseren Mitgeschöpfen, zu denen ja auch die Pflanzen gehören, vergessen. Das haben die weisen Frauen immer gewusst und deshalb alle Pflanzen, die sie für ihre Heil- und Zaubermittel brauchten, mit den entsprechenden Ritualen und Sprüchen gesammelt und zubereitet. Landwirte und Gärtner sind bis in unsere Zeit hinein ähnlichen Ritualen gefolgt. Diese wurden schon früh von der Kirche aufgegriffen und entsprechend abgewandelt – ihre alten Wurzeln sind jedoch noch deutlich erkennbar. Aber ob christlich oder vorchristlich – wesentlich ist die Spiritualität im Umgang mit der Natur. Diesen Einklang mit der beseelten Umwelt wiederzugewinnen sollte eines der Hauptanliegen einer modernen Hexe sein.

Wenn moderne Hexen hexen, ist es immer ihre Intention, zu helfen und zu heilen. Ob schwarzmagische Praktiken wirksam sein können oder nicht, soll hier dahingestellt bleiben – in jedem Fall sind sie selbstzerstörerisch. Viele Pflanzen können in homöopathischer Dosis heilsam sein und werden entsprechend auch in der Medizin eingesetzt – beispielsweise Fingerhut (*Digitalis*) bei Herzleiden und Tollkirsche (*Belladonna*) zur Krampflösung und Erweiterung der Gefäße. Solche Pflanzen werden keine weise Frau oder weiße Hexe verwenden.

Das Gleiche gilt auch für die „klassischen" Hexenkräuter, die halluzinogene, also bewusstseinsverändernde Eigenschaften haben. Aus dem mittelamerikanischen Raum ist bei uns vor allem der Peyote-Kaktus bekannt geworden, aus dem die Droge Mescalin gewonnen wird. Während der sechziger Jahre des 20. Jahrhunderts experimentierten vor allem junge Leute in der Hippie-Bewegung mit diesem Gift, das seit Jahrhunderten von mittel- und südamerikanischen Zauberern eingesetzt wird, wenn sie in einen Trancezustand kommen wollen. Die jungen Menschen erhofften sich von den Drogen eine Bewusstseinserweiterung, die ihnen Zugang zu anderen, übersinnlichen Welten verschaffen sollte. Die Folge war in vielen Fällen der Absturz in Leiden, Kriminalität, nicht selten in den Tod. Wirkliche Bewusstseinserweiterung ist allein durch spirituelle Arbeit möglich. Welche Möglichkeiten wir haben – etwa Tanz, Musik und Meditation –, darauf wird in einem späteren Kapitel eingegangen (siehe Kapitel „Innere Orte", Seite 166 ff.).

Peyote

Dieser getrocknete, in Scheiben geschnittene, oberirdische Teil der mexikanischen Kakteenart *Lophophora williamsii* wird gekaut. Er enthält neben anderen Alkaloiden auch Mescalin. Die Wirkung von Mescalin ist der von LSD und Haschisch ähnlich: Häufig hat der Rausch unangenehme Begleiterscheinungen wie Kopfschmerzen, Schwindel, Übelkeit und Erbrechen.

Wegen seiner halluzinogenen Wirkung wurde in Europa (genauso wie bei den nordamerikanischen Indianern und verschiedenen sibirischen Volksstämmen) der Fliegenpilz als Rausch- und Trancemittel verwendet. Da er hochgiftig ist, kam es dabei häufig zu Todesfällen.

Vor allem wurden allerdings giftige Nachtschattengewächse benutzt, nicht zuletzt für die berühmt-berüchtigten Hexensalben. Durch deren Anwendung sollte es den Hexen möglich sein, auf Besen oder Ziegenböcken durch die Lüfte zu fliegen, zum Beispiel zur Walpurgisnacht, dem jährlichen Hexentreffen auf dem Blocksberg (dem Brocken). Bei all diesen „Hexenritten" handelte es sich nicht um reale Ereignisse. Die Hexen, die ihre Erlebnisse oft bis ins Detail schilderten, hatten sich diese aber auch nicht einfach ausgedacht.

Heute weiß man, dass die Hexensalben, die aus stark wirkenden Giften bestanden, nach dem Einreiben in die Haut in die Blutbahn eindrangen. Von dort aus gelangten sie ins Gehirn, wo sie „Wahnvorstellungen" auslösten, die von den Hexen als wirkliche Erlebnisse empfunden wurden: sie verwandelten sich in Tiere, konnten fliegen und erlebten die groteskesten sexuellen Abenteuer. Die Erkenntnis, dass all diese Erlebnisse auf Illusion beruhten, setzte sich bereits im 17. Jahrhundert durch. So dokumentiert der Leipziger Hexenexperte Johannes Praetorius in seinem Buch „Blockes-Berges Verrichtung" (erschienen in Leipzig, 1669) die von ihm beobachtete Anwendung einer solchen Salbe und deren Wirkung:

> „Alsbald rieb sie sich also ganz nacket mit einer besonderen Salbe/ darauff fiel sie gleichsamb tod ohn alle Fühlniß dahin. Nach 5 Stunden/ als sie wieder zu ihr selber kam und aufstund/ erzählte sie frembde Händel/ so an unterschiedenen Orten und Enden sich hatten verloffen/ auch also wahrhafftig befunden worden."

Verschiedene Wissenschaftler des 20. Jahrhunderts machten Versuche mit Hexensalben-Rezepturen. Diese bestanden unter anderem aus Bilsenkraut (*Hyoscyamus niger*), Tollkirsche (*Atropa belladonna*), Stechapfel (*Datura* stramonium) und Bittersüß (*Solanum dulcamara*). Die in diesen Pflanzen enthaltenen Alkaloide führen zu den beschriebenen Rauschzuständen. Mindestens einer der Wissenschaftler, Dr. Karl Kiesewetter, einer der bekanntesten Experten auf diesem Gebiet, erlag bei seinen Experimenten mit Hexensalben einer tödlichen Vergiftung.

Rezept für Hexensalben aus dem 16. Jahrhundert

„Man nehme Mandragora Tollkirsch/Bilsenkraut/Bittersüß und Stechapfel/darf auch Schilling/Giftlattich/und Mohn dabei sein/vermenge mit Katzenfett/Hundsfett/Wolfsfett/Eselsfett/Fledermausblut und Kinderfett/um zu einer salbenartigen Konsistenz zu bringen."

Der kleine Kräutergarten

Nach diesem kleinen Exkurs in die Abgründe der schwarzen Magie wollen wir uns nun den sanften, freundlichen und heilenden Pflanzen zuwenden. Sie finden sie im Garten und am Wegesrand, auf Feldern und Wiesen. Was immer Sie sammeln und verwenden möchten: Achten Sie darauf, dass die Pflanzen weder überdüngt noch durch Umweltverschmutzung (Abgase, Spritzmittel und so weiter) in ihrer Kraft beeinträchtigt sind. Und begegnen Sie jeder Pflanze mit Zuwendung, Liebe und Respekt. Versuchen Sie, sich mit dem Wesen der Pflanze zu verbinden – im Anblick, im Duft, in der Berührung.

Besitzen Sie einen kleinen Kräutergarten – und sei es auch nur auf dem Balkon? Dann hegen und pflegen Sie die wohltätigen Pflanzen – denn sie alle sind wahre und wirkliche Zauberpflanzen!

Der **Anis** (*Pimpinella anisum*) ist eine sehr stark duftende Pflanze, deren Samen in der Küche gerne als Kuchengewürz verwendet werden. Aber auch als schleimlösendes Hustenmittel und als krampflösendes, entblähendes Mittel bei Verdauungsstörungen ist der Anis gut geeignet – etwa in Form von Tee. Schon in alten Zeiten stand dieses wohlriechende Gewürz in dem Ruf, ein wirksames Liebesmittel zu sein. So hieß es, dass jemand, der sich mit einer Abkochung von Anissamen wäscht, lange jung und potent bleibt. Diese Fähigkeit traut man dem Anis vielerorts noch heute zu und überträgt sie sogar auf den Anisschnaps – in Frankreich als *Anisette*, *Pastis* oder *Pernod* bekannt.

Dioskurides über den Anis

Der griechisch-römische Arzt Dioskurides (1. Jh. v. Chr.) schrieb über den Anis: Er „stopfft den Bauchfluß und den übrigen Fluß der Frauen, bringt die Milch zu den Brüsten, macht einem Lust und Begierd zum Beyschlaff (*Kreutterbuch 1610*)."

Als eine der stärksten magischen Pflanzen galt der **Baldrian** (*Valeriana officinalis*).Er wurde oft als Gegenzauber bei Hexen eingesetzt. So sagt ein Spruch, der sich in vielen alten Kräuter- und Zauberbüchern findet: „Baldrian, Dost und Dill – kann die Hex nit, wie sie will."

Schon immer wurden dem Baldrian starke geheime Kräfte zugesprochen. Der Legende nach wuchs der Baldrian aus den Blutstropfen, die vom gekreuzigten Heiland auf den Boden gefallen waren. Baldrian galt als Glück bringend und verlieh dem, der ihn trug, Tapferkeit. Noch heute gilt Baldrian mancherorts als vorbeugendes Mittel gegen ansteckende Krankheiten, wenn er als Talisman getragen wird. Vor allem in Pestzeiten war Baldrian ein geschätztes Mittel zur Vorbeugung. Heute werden Baldrian und Präparate, die Baldrian enthalten, hauptsächlich zur Beruhigung der Nerven angewendet.

Was die Waldfeen sagten

In vielen alten Überlieferungen finden wir den Hinweis darauf, dass Feen – also weise Frauen, die der Kräutermedizin kundig waren –, den Menschen den Hinweis auf die Heilkraft des Baldrians gaben:

> „Eßt Bibernell und Baldrian,
> So geht euch die Pest nichts an!"
> (Fischer, *Medizin der Erde,* S. 27)

Sogar die Vögel zwitscherten diesen Rat von den Bäumen:

> „Hättst du getrunken Bibrioll und Bollrio,
> wärst du nicht storben dro."
> (Fischer, *Medizin der Erde,* S. 27)

Beifuß (*Artemisia vulgaris*), der an Hecken und Zäunen häufig wild vorkommt, wird auch im Kräutergarten angebaut, weil er schwere und fette Gerichte bekömmlicher macht – beispielsweise als Füllung in einem Gänsebraten. Von jeher war der Beifuß eine wichtige Zauberpflanze, denn er schützte Kinder vor Verhexung und das Haus vor bösen Geistern und Feuergefahr. Außerdem konnte man – schlug man sie einmal mit einem Beifußstängel – behexte Milch und verschriene Eier entzaubern. Band man sich Beifußblätter an die Füße, schützte dies bei langen Wanderungen vor Ermüdung und außerdem vor den Bissen von Hunden und Schlangen.

In der Medizin der Antike über das Mittelalter bis in die Neuzeit hinein wird Beifuß vor allem als wirksames Mittel gegen Frauenleiden genannt – etwa, um die Fruchtbarkeit zu stärken, die Geburt zu erleichtern und Menstruationsbeschwerden aller Art zu beheben. Heute finden Beifuß-Auszüge in der Phytotherapie (Pflanzenheilkunde) Verwendung – beispielsweise gegen Eingeweidewürmer.

Angelsächsischer Kräutersegen (aus dem 11. Jahrhundert)

„Erinnerst du dich, Beifuß, was du verkündest,
Was du anordnest in feierlicher Kundgebung,
Una heißt du, das älteste der Kräuter.
Du hast Macht gegen drei und dreißig,
Du hast Macht gegen Gift und Ansteckung,
Du hast Macht gegen das Übel,
das über das Land dahinfährt."
(Fischer, *Medizin der Erde,* S. 27)

Ein wichtiges Hexenkraut, dessen magische und heilende Eigenschaften besonders geschätzt wurden, ist die heute weitgehend immer noch als Unkraut verachtete **Brennnessel** (*Urtica dioica, Urtica urens*). Deshalb sollte man ihr unbedingt auch im Kräutergarten einen ehrenvollen Platz einräumen (obgleich sie leider die Tendenz hat, sich sehr stark auszubreiten).
Als Zauberkraut sollte sie den Blitzschlag von einem Hause abwenden, denn sie war dem germanischen Wettergott Donar geweiht. Da dieser gleichzeitig der Gott der Fruchtbarkeit war, schrieb man der Brennnessel auch aphrodisierende Fähigkeiten zu. Übrigens entdeckten bereits die Griechen und Römer diese Wirkung der Brenn-

nessel und rieten müden Liebhabern, sich mit Nesseln zu schlagen, um so die Liebesglut wieder anzufachen.

Dioskurides über die Brennnessel

„Der same in süßem Wein getrunken reyzet zur unkeuschheit und thut auf die Macht ([Scheide]. Ettliche andere, wenn sie wöllen eheliche Werck treiben, essen sie den Samen und zwiebeln und eygs dotteren und Pfeffer. Welches vierfüssig vieh nit läufig ist, dem soll man sein gemächt mit nesselen reiben, sie erwecken es. (*Kreutterbuch 1610*)“

Brennnesseln als Frischgemüse und als Blutreinigungstee sind immer noch die ideale Frühjahrskur. Durch ihren hohen Eisengehalt wirken sie außerdem sehr stark auf unsere Willenskräfte ein. Gegen rheumatische Beschwerden kann man Brennnesseln als Bäder, Einreibungen und sanfte Urtikationen (Auspeitschungen) verwenden. Übrigens war die Brennnessel in früheren Zeiten eine wichtige Textilfaserpflanze (wie etwa in Hans Christian Andersens Märchen „Die wilden Schwäne“ beschrieben), die gerade wieder neu entdeckt wird.

Die **Brunnenkresse** (*Nasturtium officinale*) findet man hauptsächlich am Rand von Gewässern (Gräben, Bach- und Flußläufen). Man kann sie außerdem – in entsprechenden Wasserbecken – im eigenen Garten ziehen. Die Brunnenkresse gehört zu den begehrtesten hiesigen Frischsalaten. Da sie reich an Vitamin C ist, war sie ein beliebtes Gegenmittel bei der Vitaminmangelkrankheit Skorbut, die während der langen Wintermonate, in denen es in früheren Jahrhunderten kaum frisches Gemüse gab, häufig auftrat.

Wer würde glauben, dass diese hilfreiche und harmlos aussehende Pflanze auch für Abtreibungstränke verwendet wurde? Ein allzu reichlicher Genuss führt nämlich zu einer überstarken Durchblutung des Unterleibs – weshalb Schwangere nicht allzu reichlich von diesem leckeren Salat essen sollten.

Zahlreiche Autoren früherer Jahrhunderte rühmen den **Dill** (*Anethum graveolens*) als besonders wirksam, wenn es darum geht, Hexenzauber abzuwehren. Bräute steckten sich dieses Kraut in die Schuhe, um neidische Elfen zu vertreiben, Wöchnerinnen und Säuglinge wurden durch ihn gegen bösen Zauber geschützt. Dill gab in Garten, Feld und Stall den Hexen keine Möglichkeit, Schaden zu bewirken, denn er nahm ihnen ihre ganze Zauberkraft. Vor allem in der Landwirtschaft galt der Dill, der ja in jedem Küchengarten wuchs, als besonders wirksamer Gegenzauber. So wurden neugeborene Kälber und Fohlen mit einer Mischung aus Salz und Dill eingerieben, um sie vor Hexenzauber zu schützen. Nach dem Ausmisten der Ställe warf der Bauer Dill über die Schulter in die frische Streu – auch dies als Gegenzauber. In Ostpreußen wurden bis ins 20. Jahrhundert hinein am Johannisabend frische Dillsträuße an die Stalltüren gesteckt, um Hexen und andere Unholde vom Vieh fernzuhalten.

Ein Tee aus Dillsamen wird heute noch gerne gegen Übelkeit, aber auch als sanftes Schlafmittel verwendet.

Der Oregano oder Wilde Majoran wird bei uns auch **Dost** (*Origanum vulgare*) genannt. Er ist ein beliebtes Gewürz vor allem für südländische Speisen. Neben Dill und Baldrian galt er als eines der wirksamsten Mittel gegen Verhexung. Man brauchte ihn nur zu berühren, und schon wichen alle Unholde, Kobolde, Hexen und selbst der Leibhaftige. Deshalb wurde er vor allem zum Schutz von Kindern und Wöchnerinnen verwendet – entweder frisch oder auch als Räuchermittel. Aber auch die Traurigkeit musste vor dem Dost weichen – deshalb erhielt er im Volksmund den Namen „Wohlgemut“, denn er wirkt als nebenwirkungsfreies Antidepressivum.

Das duftende **Eisenkraut** (*Verbena officinalis*) ist heute eine beliebte Pflanze für den Blumengarten. Seine magischen Kräfte sind fast vergessen. Dabei galt es in alter Zeit als wirksamer Liebeszauber. In einem alten Kräuterbuch heißt es: „Item wer sich mit Ißenkraut safft bestreicht, dem mög niemand abhold sein, man muss ihn liebhaben. (*Kreutterbuch 1610*)“

Das Eisenkraut war überhaupt eine wahre Glückspflanze: Kinder bekamen davon Verstand und Freude am Lernen, man wurde wohlhabend. Wenn man es den Pferden an den Schweif band, liefen diese schneller. In den Acker gesteckt, verschaffte es reiche Ernte. Und legte man es einer Wöchnerin ins Bett, so beschützte es sowohl sie selbst als auch das neugeborene Kind.

Wie der Anis enthält auch der **Fenchel** (*Foeniculum vulgare*) viele wertvolle ätherische Öle, die ebenso gegen Husten wie gegen Magen-Darm-Verstimmungen wirken. Besonders geeignet ist Fencheltee zur Behandlung von Blähungen bei Säuglingen und Kleinkindern. Außerdem ist Fenchel als Aphrodisiakum seit der Antike beliebt. Die Fenchelknollen sind ein geschätztes Gemüse, vor allem in südlichen Ländern.

Über die Wirkung des Fenchels
(aus einem alten Kräuterbuch)

„Er mehret den natürlichen Samen, richtet die hängenden Mannsruten wieder auff und hilfft den schwachen Männern, die zu ehelichen Wercken ungeschickt sind, wieder in den Sattel. (*Engel,* S. 100)"

Eine ganz besonders den weiblichen Problemen zugetane Pflanze ist – wie der Name schon ausdrückt – der **Frauenmantel** (*Alchemilla vulgaris*). In den Blättern dieser Pflanze findet sich allmorgendlich ein wie ein Edelstein glänzender Wassertropfen. Der Anblick allein ist so überirdisch schön, dass der Glaube, diese Pflanze könne Großes bewirken, durchaus nicht abwegig erscheint. Schon aus diesem Grunde sollte der Frauenmantel in keinem Kräutergarten fehlen! Die Wassertropfen wurden früher von den Alchemisten (daher der botanische Name Alchemilla) aufgefangen, um mit ihrer Hilfe ein unter dem Namen „Alkahest" bekanntes Universalmittel zuzubereiten. Schon in der Antike galt der Frauenmantel als heilige Pflanze, von der man glaubte, sie könne den Frauen ihre Jungfräulichkeit zurückgeben. Heute verwendet man ihn in der Naturheilkunde innerlich und äußerlich zur Stärkung der weiblichen Beckenorgane. Spülungen im Genitalbereich sind besonders wirksam gegen Juckreiz und Pilzinfektionen.

Vielleicht gedeiht in Ihrem Kräutergarten oder auf dem Rasen auch das **Gänseblümchen** (*Bellis perennis*)? Es wird auch „Marienblümchen" genannt – ein Zeichen dafür, dass die christliche Kirche den Zauber dieser fast unscheinbaren kleinen Blüte so wichtig nahm, dass sie ihn für sich übernahm. Es ist schön zu beobachten, wie die Blütenköpfe dem Lauf der Sonne folgen, sich am Morgen öffnen und bei Sonnenuntergang schließen – eine winzige Entsprechung des großen Kosmos. Der Zusatz *perennis* im botanischen Namen der Pflanze deutet darauf hin, dass es sich um eine ganzjährige Pflanze handelt. Und tatsächlich ist das Gänseblümchen so ziemlich die einzige Pflanze, die fast ohne Unterbrechung von Januar bis Dezember blüht. Nach einer alten Überlieferung soll seine Heilkraft um die Osterzeit am stärksten sein. In vorchristlicher Zeit war es deshalb der Frühlingsgöttin Ostara geweiht.

Gänseblümchen wirken nicht nur harntreibend, wundheilend und blutstillend. Sie gehören außerdem zu den entschlackenden Kräutern, die für eine Frühjahrskur ideal sind. Man kann sie auch gut unter frische Wildkräutersalate mischen. Dort sehen sie nicht nur dekorativ aus, sie sind zudem besonders wohlschmeckend.

Vor allem in Süddeutschland findet man in den Gärten der Bauern und oft auch auf Hausdächern die **Hauswurz** (*Sempervivum tectorum*). Im Volksglauben zählt diese zu den wichtigsten Wetterkräutern und soll imstande sein, Blitz und Unwetter vom Haus abzuwenden. Deshalb nennt man sie auch „Dachwurz" oder „Donnerbart". Beim Herannahen eines Gewitters legte man sie früher auf die Kohlen des Herdes. Wichtig für die Wirksamkeit war dabei, dass die Hauswurz am Johannistag gesammelt worden war. Der Kräuerkundige Otto Brunnfels beschreibt die Praktizierung dieses Brauches allerdings recht skeptisch:

> „Ein sonderlich mirakel der natur, das es uff den dächern und aller trückensten Orten wechst, und doch so feucht ist. Dannhär des aberglaube kommen, welcher auff den heitigen tag noch bey vilen ist, das, wo solich uff einem hauß wechst, da schlag der Blyx und donder nicht ein. Müst freylich ein stumpfer und ein soller Blyx sein, den solich klein kräutlein solt widerlegen. Es haben auch die Römischen Kayser sich vor zeiten mit dißem kraut gekrönt, auß keiner andern ursach, dann dass sey vor solichen ungefall des gewitters sicher wären. (Haerkötter, S. 132)"

In einem modernen Hexengarten darf auf keinen Fall der **Holunder** (*Sambucus nigra*) fehlen, der sich allerdings ohnehin meistens von selbst ansiedelt. Den Volksglauben, dass in diesem Busch der gute Geist des Hauses oder Hofes, die „Hollermutter" wohne, kann man leicht nachvollziehen: Blüten und Beeren heilen viele Beschwerden.

Aus den Blüten lässt sich ein wohlschmeckender, beruhigender und leicht schweißtreibender Tee herstellen, außerdem eine erfrischende Limonade und sogar ein prickelnder „Sekt". In Pfannkuchenteig ausgebackene Blüten, oder die Blüten in eine Milchsuppe gegeben, sind wahre Delikatessen. Aus den Beeren lässt sich ein wohlschmeckender Saft herstellen, der vor allem bei winterlichen Erkältungskrankheiten ein wirksames Hausmittel ist.

Holunder

Sitz ich im Dunkelgrün
Träumend an der grauen Rinde,
eingewiegt vom Sommerwinde –
sehe ich dein helles Blühn
überall im Dunkelgrün,
sehe still dein Wunder,
sterniger Holunder.
Blätter spielen über mir,
fingergleich mit Licht und Schatten
auf den zarten Phloxrabatten,
und ich ruhe ganz im Hier,
Glut und Mittag über mir,
lausche deinem Wunder,
sterniger Holunder.

Wie die Zeit vergessen lehnt
Drüben an der weißen Mauer –
Bin ich's selbst, ohne Trauer,
ohne Seele, die sich sehnt,
und am Stamm vergessen lehnt
tief in deinem Wunder,
sterniger Holunder ..."
(Oda Schaefer, 1900–1988)

Als eine der mächtigsten Heil- und Zauberpflanzen gilt das **Johanniskraut** (*Hypericum perforatum*). Es schützte vor Blitzschlag und sollte, auf den Herd gestreut, sogar ein aufziehendes Gewitter abwenden können. Auch Dämonen konnten durch das Johanniskraut gebannt werden. Die keltischen Druiden sahen in seiner Blüte ihr heiligstes Symbol, den Fünfstern. In frühchristlicher Zeit wurde seine magische Kraft darauf zurückgeführt, dass es bei der Kreuzigung Christi unter dem Kreuz hervorgewachsen sein soll und sein roter Saft an die Wunden Christi erinnert.

Schon der griechische Arzt Galen (129–199) rühmt das Johanniskraut als Heilpflanze und empfiehlt es zur Behandlung von Wunden,

Verbrennungen und Geschwüren. Die wohl ausführlichste Beschreibung stammt von dem berühmten deutschen Arzt Paracelsus. Für ihn war diese Pflanze eine Art Universalmittel, von Gott dem Menschen zur Hilfe und Heilung geschenkt. In seinen Schriften widmet er ihr deshalb ein ganzes Kapitel.

Die moderne Wissenschaft bestätigt, dass das Johanniskraut ein wertvolles Heilmittel ist, das sich vor allem zur Behandlung von nervösen Störungen, Gereiztheit, depressiven Verstimmungen, Angst und Unruhe eignet. Obwohl die Wirkung des Johanniskrautes der von Tranquilizern wie Valium und Librium ähnelt, besteht bei diesem Geschenk der Natur die Gefahr der Abstumpfung und suchtähnlichen Gewöhnung nicht. Es ist interessant, dass schon Paracelsus das Johanniskraut gegen Depressionen, Melancholie und Hysterie verwendet hat. Und möglicherweise handelte es sich bei den „Dämonen“, die in früheren Zeiten durch das Johanniskraut gebannt wurden, um nichts anderes als diese seelischen Leiden.

Paracelsus (1493–1541)

Der Arzt, Naturforscher und Philosoph hieß eigentlich Philipp Aureolus Theophrast Bombast von Hohenheim. Er bekämpfte die damalige „Schulmedizin“ sehr heftig und setzte ihr seine auf langen Wanderungen durch Deutschland, die Schweiz und Österreich erworbenen Kenntnisse der Volksmedizin sowie seine eigenen Erkenntnisse entgegen. Paracelsus war ein ganzheitlicher Mediziner, denn er sah den Menschen als „Mikrokosmos“ in engem Zusammenhang mit dem „Makrokosmos“. Seine Philosophie enthielt auch astrologische, alchimistische und okkultistische Elemente.

Eine der Lieblingspflanzen der weisen Frauen war zu allen Zeiten die sanfte **Kamille** (*Matricaria chamomilla*). Eigentlich gehört sie nicht in den Garten, sie ist eine ausgesprochene Wildpflanze. Durch Düngung und Spritzung von Feldern und Wiesen ist es allerdings nur selten möglich, sie unbelastet von Schad- und Giftstoffen zu ernten. Deshalb sind einige Kamillenpflanzen im Garten durchaus zu empfehlen.

Die Kamille ist eine unserer ältesten und bekanntesten Heilpflanzen. Schon ägyptische, babylonische, griechische, römische und arabische Heilkundige verwendeten sie.

Galen berichtet, dass sie bei den Weisen Ägyptens ihrer Fieber senkenden Wirkung wegen als Blume des Sonnengottes galt. Bei den Germanen war sie dem Lichtgott Baldur geweiht. Die Kamille wirkt beruhigend, krampflösend und entzündungshemmend. In der modernen Pharma-Industrie werden Kamillen-Auszüge in über hundert Medikamenten verwendet.

Die Kamille (in alten Kräuterbüchern des 16. Jahrhunderts)

„Es ist bei allen Menschen kein gebreuchlicher Kraut in der artznei als eben Chamillenblumen, dann sie werden beinahe zu allen presten gebraucht." (Hieronymus Bock, „Kreutterbuch")

„Was spannet und gedehnt ist, dasselbig macht es luck und was verhärtet ist, dasselbig hinderts und erweichts widerumb." (Leonhard Fuchs „Newkreutter-Buch")

Kamille

Die Kraft, das Weh im Leib zu stillen,
verlieh der Schöpfer den Kamillen.
Sie blühn und warten unverzagt
Auf jemand, den das Bauchweh plagt.
Der Mensch jedoch in seiner Pein
Glaubt nicht an das, was allgemein
Zu haben ist. Er schreit nach Pillen.
Verschont mich, sagt er, mit Kamillen,
um Gotteswillen!"
(Karl Heinrich Waggerl, 1897–1973)

Aus den „Dracula"-Filmen und –Erzählungen wissen wir, dass **Knoblauch** (*Allium sativum*) als wirksamer Zauber gegen Vampire galt. Schon in der Antike wird der Knoblauch zur Abwehr von Schadenzauber aller Art genannt. Man gab Kindern Amulette aus Knoblauch, Seeleute trugen ihn als Abwehrmittel gegen böse Geister ständig bei sich. Später bestrich man sich Brust, Achselhöhlen und Fußsohlen mit Knoblauchsaft, um sich gegen Hexen zu schützen. Und da eine angeschnittene Knoblauchzehe mit der Zeit schwarz wird, glaubte man daraus schließen zu können, dass sie das Böse aufsaugte. Auch der große Arzt Paracelsus schätzte die magischen Wirkungen des Knoblauchs sehr hoch und benutzte diese Pflanze als magisches Heilmittel bei vielen Krankheiten.

Knoblauch ist ein uraltes Volksheilmittel. Aus altägyptischen Papyri wissen wir, dass die beim Bau der Pyramiden eingesetzten Arbeiter streikten, als sie nicht genügend Knoblauch und Zwiebeln zu ihrer täglichen Nahrung erhielten. Der Naturschriftsteller Plinius (23–79) empfiehlt bereits einundsechzig Knoblaucharzneien, die unter anderem gegen Schlangenbisse, Magengeschwüre, Asthma und Hämorrhoiden helfen sollten. Im Mittelalter galt die segensreiche Knolle auch in Deutschland als „des Bauern Universalmittel". Noch im Zweiten Weltkrieg wurde Knoblauchöl wegen seiner antibakteriellen Wirkung als Antibiotikum verwendet.

Die moderne Pharma-Industrie verwendet Knoblauch-Auszüge als wichtigen Bestandteil in Präparaten gegen Verdauungsprobleme. In Arzneimitteln zur allgemeinen Kräftigung und zur Vorbeugung gegen vorzeitiges Altern und Altersbeschwerden ist ebenfalls häufig Knoblauch enthalten.

Die **Königskerze** (*Verbascum*) wurde von unseren Vorfahren als eine Art hilfreicher Geist betrachtet. Sie sollte nicht nur Unholde und bösen Zauber fernhalten, sondern auch vor Krankheiten schützen. Vor allem aber sollten die auch „Wetterkerzen" genannten Pflanzen den Blitz abwehren. In ländlichen Gegenden haben noch viele Bauern Königskerzen aus diesem Grund neben ihrem Haus stehen und achten streng darauf, dass diese nicht abgepflückt oder womöglich ins Haus gebracht werden.

Im Altertum wurde die Königskerze als Heilmittel bei Brust- und Lungenkrankheiten verwendet. Bis heute ist sie wegen der in ihr enthaltenen Schleimstoffe häufiger Bestandteil von Präparaten zur Linderung von Erkältungskrankheiten. Die griechischen Ärzte von Hippokrates (ca. 460–370 v. Chr.) bis Dioskurides hoben zudem ihre außerordentlich beruhigende Wirkung hervor. Hildegard von Bingen empfahl jedem, „der ein schwaches und trauriges Herz hat", die Pflanze zusammen mit Fleisch oder Fisch zu kochen und zu verzehren – dann würde das Herz gekräftigt und wieder freudig werden.

Königskerzen-Amulett

„Sie tauget auch in allen Catharren als ein kräfftiges Amulet, besonders die Wurzel, die durch diesen Sommer nicht geblühet/ wann man sie hat einsammel wollen. Man sammelt sie aber an einem Freytag (an dem letzten Freytag im abnehmenden Mond) vor ufgehen der Sonnen/ zwischen dem 15. Augusti und 8. Septembr bey abnehmendem Mond/ dann tröcknet man die gereinigte Wurzel an einem schattichten Ort. Wenn man ein Stücklein derer in Gold wickelt und an den Hals henget/ so hat sie wunderbahre Krafft wider alle Flüß des Leibes. Denen Wibsbildern aber tauget sie nicht/ denn sie verhindert die Empängnüs/ als lang man sie träget/ wenn man sie aber hinweg thut/ so kann man schon empfangen.“ (Johann Schröder, „Höchstkostbarer Arzeney-schatz“, 1685)

Königskerze

„Mit Königskerzen ist nicht zu spaßen.
Unsereiner sollte die Hand davon lassen,
obwohl der König doch keine Kerze gebraucht,
die wie ein Talglicht flackert und raucht.
Eine Magd hat einmal eine angezunden,
wurde aber dann von keinem Prinzen entbunden,
sondern hat das Kind nach dem Vater genannt.
War Fuhrknecht. Weiter nirgends bekannt.“
(Karl Heinrich Waggerl, 1897–1973)

Der **Kümmel** (*Carum carvi*) ist nicht nur ein wichtiges Gewürz – etwa für Kohl oder Steckrüben –, sondern auch als Tee bei Magenbeschwerden und Blähungen gut geeignet. Er zählt außerdem zu den Liebeskräutern – oder vielmehr zu den „Liebestötern“. Da man annahm, dass er die Geschlechtslust dämpfe, setzten kinderreiche Frauen ihren Männern gerne Kümmelsuppe vor.

Eine ganz besondere Pflanze ist die gewöhnliche **Petersilie** (*Petroselinum sativum*), die in jeder Küche Verwendung findet und wohl auch in jedem Garten wächst. Wer denkt beim Kochen schon daran, dass die Petersilie seit dem Altertum die einzige Gewürzpflanze ist, die je als Symbol für Tod und Unglück stand? Griechen und Römer schmückten die Häupter und die Gräber ihrer Toten mit Petersilienkränzen. Gleichzeitig galt die Petersilie als wirksames Liebesmittel. So schreibt schon der griechische Dichter Homer (8. Jahrhundert v. Chr.) in seiner *Odyssee* von dem Petersilien-Teppich, der die Insel Ogygia bedeckt, auf der die Nymphe Kalypso Odysseus sieben Jahre lang gefangen hält.

Der griechische Arzt Hippokrates beschreibt die Petersilie als vorzügliches harntreibendes Mittel, Jahrhunderte später berichtet Dioskurides, dass sie auch menstruationsfördernd sei. Diese Eigenschaften wurden seit der Antike genutzt, um Abtreibungen durchzuführen – das aus zerstoßenem Petersiliensamen freigesetzte Gift wirkt stark auf den Uterus. Im Volksmund ist dies durch zahlreiche Sprüche belegt. So hieß es beispielsweise in den Niederlanden: „Petersilie hilft den Männern aufs Pferd, den Frauen unter die Erd."

Während die Petersilie bei Männern als Potenzmittel wirken sollte, wurde sie also von den Frauen als Abtreibungsmittel verwendet. Und da eine durch unerwünschte Schwangerschaft bedrängte Frau sich leicht in der Dosierung des Mittels vertun konnte, kam es häufig vor, dass sie dann „unter die Erd" kam. Schwangere und auch Nierenkranke sollten deshalb Petersilie nur in Maßen genießen, für alle anderen Menschen ist sie wegen ihres hohen Vitamin-C-Gehaltes unbedingt zu empfehlen. In der modernen Pharma-Industrie sind Petersilienauszüge häufig Bestandteil harntreibender Mittel.

Norddeutsches Kinderlied

„Petersiljen, Soppenkruut
Wasst in unsern Garen.
Use Antje is de Bruut,
Schall nich lang mehr waren [warten],
Dat se na de Karken geit
Un den Rock in Folen [Falten] sleit."
(Haerkötter, S. 117)

Wohl die wenigsten Menschen kennen heute noch die Bedeutung dieses „harmlosen" Kinderliedes: Antje braucht nun nicht mehr Petersilie zu essen, um sich vor der Schande eines unehelichen Kindes zu bewahren, weil sie demnächst ohnehin heiratet.)

Eine besonders lichtvolle und freundliche Pflanze des Hexengartens ist die **Ringelblume** (*Calendula officinalis*). Mit ihr lässt sich – ganz ohne Zauberei – das Wetter vorhersagen: Öffnen sich die Blüten bereits am frühen Morgen, dann bleibt es den ganzen Tag schön. Nach sieben Uhr früh noch geschlossene Blüten dagegen lassen auf bevorstehenden Regen schließen.

Die Heilkraft der Ringelblume ist seit dem Altertum bekannt. In deutschen Gärten wird sie aber erst seit dem 12. Jahrhundert kultiviert. Hildegard von Bingen und Albertus Magnus empfahlen sie gegen Darmstörungen, Leberbeschwerden, Insektenstiche und Schlangenbisse. Ringelblumen-Extrakte sind Bestandteil verschiedener homöopathischer Mittel gegen Grippe. Vor allem die wundheilenden Ringelblumen-Salben werden gerne und erfolgreich angewendet.

Albertus Magnus (um 1200–1280)

Der Naturforscher, Philosoph und Theologe wurde 1931 heilig gesprochen und zum Kirchenlehrer erhoben. Er war einige Jahre lang Bischof von Regensburg und gilt als einer der bedeutendsten Naturforscher seiner Zeit. Wegen seiner für damalige Verhältnisse ungewöhnlichen naturwissenschaftlichen Kenntnisse geriet er in den Ruf eines Alchimisten und Zauberers.

Salbei (*Salvia officinalis*) galt als eines der wirksamsten Heilmittel überhaupt. So hatte die berühmte Medizinerschule von Salerno den Spruch geprägt: „Warum sollte jemand sterben, wenn er Salbei in seinem Garten hat?“ Salbei wurde in Pestzeiten zu desinfizierenden Räucherungen verwendet.

Äußerlich lässt er sich als Gurgelwasser bei Mund- und Rachenentzündungen, Zahnfleischbluten, Mandelentzündung und Halsschmerzen anwenden. Mit Umschlägen kann man Wunden, Geschwüre, Frostbeulen, Quetschungen, Verstauchungen und auch Hautausschläge behandeln. Tees und Bäder wirken gegen nächtliches Schwitzen und Schweißfüße.

Vom **Tausendgüldenkraut** (*Centaurium erythraea Ratn*) hieß es, dass die Hexen damit Unwetter herbeizaubern konnten. Außerdem sollte es ein Gewehr treffsicher machen. Dazu musste man die Wurzel allerdings zu einer bestimmten Zeit mit einer Kupfermünze ausgraben, dann unter das Altartuch legen und ohne Wissen des Pfarrers drei Messen darüber lesen lassen – nur so konnte die Kraft des Tausendgüldenkrauts wirksam werden.

Der botanische Name *Centaurium* weist auf eine frühe Verwendung als Heilpflanze hin: So soll der Zentaur (griechisches Fabelwesen, das halb Mensch und halb Pferd ist) Chiron den in Griechenland und Rom als Gott der Heilkunde verehrten Asklepios (Äskulap) in die Kunst der Medizin eingeführt haben. – In der frühen antiken Heilkunde wurde das Tausendgüldenkraut vor allem als Heilmittel bei Vergiftungen angewendet. Es hieß, dass niemand diese Pflanze ungepflückt lassen dürfe. Selbst ein Reiter müsse vom Pferd steigen, sich bücken und die Blume mitnehmen, denn sie besitze so starke Heilkraft, dass sie „tausend Gulden" wert sei. Die „Buckelapotheker", die in vergangenen Jahrhunderten mit ihren Kiepen durch die Lande zogen, boten das Kraut als Ersatz für die nur schwer erhältliche und teure fiebersenkende Chinarinde an.

Da die im Tausendgüldenkraut enthaltenen Bitterstoffe die Tätigkeit der Magen-, Speichel- und Gallendrüsen anregen und somit die Verdauung fördern, werden die Pflanzenauszüge in der Pharma-Industrie vor allem als Mittel zur Appetitanregung verwendet.

Der **Thymian** (*Thymus vulgaris*) ist nicht nur ein köstliches Gewürz, das vor allem für mediterrane Gerichte geeignet ist, sondern auch eine altbekannte Heilpflanze. Schon Hippokrates erwähnt ihn, ebenso der griechisch-römische Arzt Galen. Hildegard von Bingen und Albertus Magnus empfehlen Thymian als Arznei gegen Aussatz, Lähmung und Nervenkrankheiten. Die moderne Medizin hat nachgewiesen, dass das Würzkraut allgemein stimulierend wirkt – sowohl körperlich als auch seelisch. Es wirkt gegen Angstzustände und Depressionen und empfiehlt sich als gutes Nerventonikum bei allen Ermüdungserscheinungen und Schwächezuständen. In der Pharma-Industrie wird Thymian vor allem wegen seiner krampflösenden Wirkung in Hustenpräparaten verwendet.

Den zart duftenden **Waldmeister** (*Asperula odorata*) kennen wir hauptsächlich aus der Maibowle. Diese hat übrigens schon eine lange Tradition. Das älteste uns erhaltene Rezept stammt aus dem Jahr 854 und wurde von einem Benediktinermönch namens Wandalbertus niedergeschrieben: „Schütte den perlenden Wein auf das Waldmeisterlein."

Der Waldmeister, den man wildwachsend vor allem in lichten Buchenwäldern findet, wird leicht auch im Garten heimisch. Er gehört zu den Pflanzen, die „Mariae Bettstroh“ genannt wurden. Diese Bezeichnung geht auf den sehr alten vorchristlichen Brauch zurück, den Gebärenden und Wöchnerinnen die Kissen und Matratzen mit bestimmten heilsamen und magischen Kräutern zu stopfen. Das sollte die Geburt erleichtern und Kind und Mutter stärken und vor Schadenzauber schützen. Unter diesen Kräutern war auch der Waldmeister. Er wurde den Gebärenden auch frisch um die Waden gebunden, um die Geburt zu erleichtern. Ins Kopfkissen gefüllt brachte der getrocknete Waldmeister der Frau guten Schlaf und wirkte stärkend auf die Nerven.

Entwarnung für Waldmeister

Die Maibowle ist nicht nur ein wohlschmeckendes Getränk, das so ganz den lauen Frühlingsabenden entspricht, sondern sie hat – wenn man sie in Maßen genießt – auch eine medizinische Wirkung, weil sie verdauungsfördernd und harntreibend wirkt. Neben Gerb- und Bitterstoffen enthält der Waldmeister als Duft- und Hauptwirkstoff das Cumarin (dieses wird in der Pharma-Industrie übrigens unter anderem als Blutgerinnungsmittel eingesetzt). Wegen dieses Stoffes kam die Pflanze vor einigen Jahrzehnten in den Verruf, krebserzeugend zu sein. Aufgrund näherer Untersuchungen weiß man heute, dass die im Waldmeister enthaltene Menge Cumarin viel zu gering ist, um gefährliche Wirkungen zu haben. Sie dürfen sich Ihre Maibowle also unbesorgt schmecken lassen!

Der stark bitterstoffhaltige **Wermut** (*Artemisia vulgaris*) mit seinen silbrigen Blättern ist nicht nur eine hübsche Ergänzung des Kräutergartens, sondern kann auch als Würzkraut und als Heilmittel verwendet werden. Er ist übrigens dem Beifuß eng verwandt. Schon im alten Ägypten galt der Wermut als kultische Pflanze. So hielten ihn die Isispriesterinnen während ihrer Rituale in den Händen.

Später sollte das Kraut, in den Mund genommen, vor den Machenschaften der Hexen bewahren, und davor, selbst eine Hexe zu werden. Man glaubte, dass alle unholden Wesen den starken aromatischen Duft scheuten. Deshalb legte man kleinen Kindern ein Wermutsträußchen in die Wiege. Um das Vieh vor Verzauberung zu schützen, räucherten die Bauern ihre Ställe mit Wermutkraut aus.

Die Inhaltsstoffe des Wermuts fördern den Appetit und regen die Verdauungssäfte an – deshalb werden Wermutweine wie Martini und Cinzano gerne als Apéritif vor dem Essen genommen. Heute ist Wermut häufig Bestandteil von Magen- und Darmmitteln.

Auch die **Zwiebel** (*Allium cepa*) darf in keinem Zaubergarten fehlen. Sie ist nicht nur gesund und heilsam, sie ist außerdem eine starke magische Pflanze. Im alten Ägypten wurde ihr sogar eine ganz besondere Stellung eingeräumt: Der heiligste Eid, den ein Ägypter leisten konnte, wurde nicht auf einen Gott, sondern auf die Zwiebel abgelegt, die der Mondgöttin Isis geweiht war. Den Priestern der Isis allerdings war es strengstens verboten, von dieser Knolle auch nur zu kosten. Das Wort „Zwiebel" bedeutete in Ägypten nämlich gleichzeitig auch Hoden – woraus man erkennen kann, dass die Zwiebel als ein besonders stark wirkendes Liebesmittel galt. Im Deutschen leitet sich das Wort übrigens vom gleichen Ursprung ab; nämlich vom mittelhochdeutschen *zwi bolle, was* „zwei Bollen" heißt (wie wir sie etwa bei der Schalotte finden).

Arabischer Liebeszauber

„Nimm Zwiebelsaft und die doppelte Menge entschäumten Honig. Erhitze diese Flüssigkeit auf mäßigem Feuer, bis sie eingedickt ist. Dann gib sie in ein Gefäß, worin du sie aufbewahren kannst. Wenn du einen Liebestrank genießen willst, dann entnehme dem Gefäß einen kleinen Teil, gib dreimal soviel Wasser dazu und weiche darin 24 Stunden lang Kichererbsen ein. Das so gewonnene Getränk nimm vor dem Zubettgehen. Aber, beim Barte des Propheten, nimm nur eine geringe Menge, denn es wird dir die ganze Nacht keine Ruhe lassen. Bist du von heißem Temperament, dann sei besonders vorsichtig! So du nicht schon sehr alt oder von kalter Natur bist, sollst du das Mittel nicht an mehreren Tagen hintereinander anwenden. Und überhaupt soll es nur im Winter genossen werden, nie im Sommer." (Haerkötter, S. 77)

Aber nicht nur als Aphrodisiakum wirkt die Zwiebel. Ihre wertvollen Inhaltsstoffe (Vitamine, Mineralien und so weiter) machten sie seit alters her zu einem beliebten und wirksamen Heilmittel, beispielsweise bei Herzschwäche, Wassersucht und Erkältungskrankheiten. Heute weiß man, dass sie auch eine Substanz enthält, die den Blutzucker senken kann.

Die genannten Zauberpflanzen und Hexenkräuter können in jedem Garten angebaut und sogar in Blumentöpfen und –kästen auf dem Balkon gezogen werden. Man kann sie natürlich auch auf dem Markt oder im Supermarkt kaufen. Manche Kräuter erhält man außerdem getrocknet im Laden oder in der Apotheke. Selbst wenn es sich bei diesen Pflanzen nicht um die Wildformen handelt und wenn sie mit Dünge- und Spritzmitteln behandelt wurden, sind sie als Hilfs- und Heilmittel verwendbar. Denn Sie können ihnen ihre Magie zurückgeben, indem Sie sie respekt- und liebevoll zubereiten und damit Ihre positiven Gedanken und Intentionen auf sie übertragen.

Drei geheimnisvolle Pflanzen

Dieses Kapitel über Zauberpflanzen wäre unvollständig, wenn nicht wenigstens kurz auf die drei geheimnisvollsten Pflanzen hingewiesen würde: die Alraune, die Hasel und die Mistel.

Die **Alraune,** auch „Mandragora" (*Mandragora officinalis*) genannt, gehört zu den Nachtschattengewächsen, aus deren Extrakten die „Hexensalben" (siehe Seite 185) hergestellt wurden. Überhaupt stand sie in dem Ruf, eine der zauberkräftigsten Pflanzen zu sein. Oberhalb der Erde ist sie eher unscheinbar – ihre mächtige Wurzel aber erreicht nicht selten die Länge von einem halben Meter bei einem Gewicht von mehreren Kilogramm. Zudem ist diese Wurzel sehr häufig von menschenähnlicher Gestalt, was wahrscheinlich eine große Rolle bei den ihr zugemessenen Zauberkräften spielte.

Schon in der Antike gehörte die Alraune zu den bekanntesten Zauberpflanzen. In alten hebräischen Tempelarchiven ist beispielsweise die Rede von einer Pflanze Jebruchin oder Duduim, deren Wurzelsaft bei Kulthandlungen getrunken wurde – dabei muss es sich nach neuesten Forschungen um die Mandragora gehandelt haben, die ja aus Südwestasien über den Mittelmeerraum nach Europa gelangte. Der Arzt Dioskurides verwendete sie als Narkotikum: Vor einer Operation gab man dem Patienten offensichtlich – wie im *Kreutterbuch* 1610 zu lesen ist – eine Zubereitung aus der Mandragorawurzel, ... „wenn etwas an einem Menschen zu schneiden oder zu brennen ist, damit man solches nit empfinde, denn sie fallen dadurch in einen Schlaf, welcher ihnen alle Empfindlichkeiten nimmt".

Zu allen Zeiten galt die Alraune in erster Linie als ein Zaubermittel, das zu Liebe und Glück verhelfen konnte. Sie heilte Krankheiten, machte unfruchtbare Frauen fruchtbar, schützte gegen das Verhextwerden, war ein unfehlbares Liebesmittel und übertrug, richtete man die menschenähnliche Wurzel mit ihren Füßen gegen den Nachbarn, jedes gewünschte Unheil auf diesen.

Sprachliche Wurzeln der Zauberwurzel

Nicht umsonst sagte Kaiser Karl V.: „So viele Sprachen ich kenne, so viel mal bin ich Mensch." Aus der Sprache eines Volkes lassen sich sehr tiefe Beziehungen zum Leben ablesen. Das gilt auch für die Bezeichnungen, die die verschiedenen Sprachen für die Alraune gefunden haben:

- Im deutschen Sprachbereich hieß diese Pflanze *alruna* – ein Name, dessen Bedeutung weit in die Vorzeit zurückreicht und mit dem germanische Mythenwesen bezeichnet wurden. *runa* ist ein gotisches Wort, das soviel wie „Geheimnis" bedeutet. Von einer sagenumwobenen Prophetin berichtet schon der römische Schriftsteller Tacitus. *runen* bedeutete im Althochdeutschen: heimlich und leise reden, raunen.
- Die Russen nennen die Alraune *adamowa golowa* (Adamshaupt) oder auch *pevenka trava* (das Kraut, das schreit). Im Volksglauben hieß es nämlich, dass eine Alraune beim Ausgraben schreit wie ein Mensch.
- Die Tschechen nennen sie „Hausväterchen". Die Alraune galt ja als mächtiger Zauber auch zum Schutz von Haus und Hof.
- In Island wird sie als „Diebswurzel" bezeichnet. Der Glaube, dass man mittels dieser Wurzel nicht nur Schätze finden, sondern auch Schlösser öffnen konnte, war weit verbreitet.
- In Holland heißt die Alraune *pis-diefje* (Pißwurzel) – womit wohl auf die Legende angespielt wird, derzufolge die Alraunenwurzel unter einem Galgen aus dem Sperma des Gehängten wächst.

Wie man eine Alraune ausgräbt und sie später behandelt

Es hieß, dass eine Alraunwurzel, die man aus dem Boden zog, schrie und stöhnte. Dabei konnte derjenige, der sich auf dieses Wagnis einließ, den Verstand oder sogar sein Leben verlieren. Eine andere Überlieferung besagt, dass die Alraune vor der Person, die sich ihre Wurzel zu verschaffen versucht, in der Erde verschwindet. Dieses Verschwinden ließe sich nur dadurch verhindern, dass man die Alraune, sowie man sie erblickt, mit dem eigenen Harn begießt. Der Volksglaube besagt, dass man die Wurzel nur unter Lebensgefahr aus dem Boden ziehen kann. Will man das – ohne sich in Lebensgefahr zu bringen – dennoch tun, muss man die Wurzel, ohne sie zu berühren, mit einem Graben umziehen, so dass am Ende nur noch der unterste Teil in der Erde steckt. Hierauf muss man einen schwarzen Hund mit seinem Schwanz an der Pflanze festbinden und ihn aus einiger Entfernung zu sich locken. Läuft der Hund los, so zieht er die Wurzel vollends aus der Erde. Allerdings wird nun anstelle des Menschen der Hund eine Beute des Teufels und fällt tot um.

Die Erlangung einer zauberwirksamen Alraune war also schwierig genug. Aber nun musste sie auch noch entsprechend aufbewahrt und gepflegt werden, damit ihre magischen Fähigkeiten nicht verloren gingen: Allwöchentlich wollte sie in Wein gebadet sein, außerdem musste sie danach mit einem frischen weißen Hemd und mit einem roten Seidenmantel bekleidet werden.

Wen wundert es, dass unter diesen Umständen die Kräuterhändler vergangener Jahrhunderte die Mandragora oder Alraune als teuerstes Mittel feilboten? Sie verkauften sie meistens in holzgeschnitzten, mit Seide gefütterten Kästchen und erzählten dabei die schauerlichsten Geschichten, um den Preis hochzutreiben – beispielsweise, dass sie nur unter Lebensgefahr in den Besitz der kostbaren Wurzeln geraten seien.

Möglicherweise wird die Alraune aufgrund ihrer einmaligen Zusammensetzung wieder als segensvolle Heilpflanze entdeckt, denn sie erzeugt nicht nur einen narkoseähnlichen Schlaf, sondern wirkt darüber hinaus schmerzlindernd, krampflösend und beruhigend.

Die **Wünschelrute,** der die Fähigkeit zugeschrieben wird, dass sie verborgene Schätze zu finden vermag, wird immer noch ins Reich der Fabel verbannt. Dabei ist es eine Tatsache, dass es seit Jahrzehnten Wünschelrutengänger sind, die – meistens mit einer einfachen gegabelten Rute – immer wieder verborgene Wasserquellen aufspüren, wo die moderne Technik versagt. Dazu gibt es inzwischen eine umfangreiche Literatur. Immer mehr Menschen lassen heute ihre Wohnungen und Häuser von einem Rutengänger untersuchen, um zu verhindern, dass sie beispielsweise ihre Betten über gesundheitsschädlichen Wasseradern und Strahlungsfeldern aufstellen (im Schlaf ist der Mensch schädlichen Einflüssen dieser Art besonders ungeschützt ausgesetzt). Nicht selten wird ein Rutengänger schon vor dem Bau eines Hauses zu Rate gezogen, um einen vom gesundheitlichen Standpunkt optimalen Bauplatz ausfindig zu machen und die beste Ausrichtung nach den Himmelsrichtungen festzustellen.

Während es heute meistens Metallruten sind, die verwendet werden, benutzte man in früheren Zeiten fast ausschließlich die gegabelten Äste von Bäumen und Sträuchern zu diesem Zweck. Bevorzugt wurden dabei die Äste der Weide, Erle, des Kreuzdorns, der Linde, der Birke, vor allem aber der **Hasel** (*Corylus avelanna*). Kaum ein anderer Strauch hat im Volksglauben eine solche Bedeutung erlangt wie die Haselnuss. Mit den von ihr stammenden Wünschelruten konnte man so gut wie alles erlangen.

Über die Art, wie eine solche Wünschelrute zu beschaffen sei, gibt es verschiedene Anleitungen. Meistens wurde sie von einjährigem Holz geschnitten. Dazu durfte man aber kein Messer (also Metall) verwenden, sondern musste mit einem scharfen Feuerstein arbeiten. Außerdem hieß es, sehr schnell zu arbeiten, damit der Strauch nicht etwa die Zeit fand, seine geheimnisvollen Kräfte aus diesem Zweig zurückzuziehen. Am günstigsten war es, die Wünschelrute am Johannistag zu schneiden.

Die Wünschelrute

„Die Wünschelrut brauchens voran,
Die sie hawen um St. Johann
Von wilder Haselstauden zwar
Und gwachsen ist dasselbig Jahr,
Die zoberst hab ein Gäbelein,
Dabei man sie kann halten fein,
Zu jedem Erz besonderbar.
Die Ruten schneiden nehmens war
Der Tagen und Planeten Stund
Vermeinen deß zu haben rund."

(Gedicht von Hans Rudolf Räbmann aus dem Jahre 1605, in dem genau beschrieben wird, wie eine Wünschelrute beschaffen zu sein hat.)

Die Wünschelrute – in welcher Form und aus welchem Material auch immer – ist wohl so alt wie die Menschheit:

- Der chinesische Kaiser Yü (er regierte von 2205 bis 2197 v. Chr.) wird in alten Abbildungen mit einer Wünschelrute dargestellt.
- Die akkadische Göttin Nan hatte den Beinamen „Herrin des Zauberstabes".(Akkad war das erste semitische Großreich auf mesopotamischem Boden, befand sich in der Nähe von Babylon.)
- Moses verwendete mehrfach einen Stab, um Wasser zu finden – möglicherweise handelte es sich dabei um eine Hasel oder einen haselähnlichen Strauch.
- Homer erwähnt eine Wünschelrute an verschiedenen Stellen der Odyssee.
- Cicero (römischer Politiker, Redner und Schriftsteller, 106–43 v. Chr.) beschreibt sie in einem Brief, und der römische Dichter Vergil (70–19 v. Chr.) in seiner Versdichtung „Aenaeis".

Die Haselrute wurde aber nicht nur als Wünschelrute verwendet, sondern war auch mit zahlreichen Zauberbräuchen verbunden. So glaubte man, dass Hexen gegen die Hasel machtlos waren: Man musste nur mit einem Besen aus Haselzweigen den Staub aus allen Ecken des Hauses zusammenkehren, ihn in einen Sack füllen und kräftig daraufschlagen – schon waren die eventuell schädlichen Hexen überwältigt.

Auch die christliche Kirche umkleidete die Hasel mit vielen Legenden, so dass sie sich bis in unsere Zeit als magisches Gewächs behaupten konnte. Einer solchen Legende zufolge soll die Jungfrau Maria einst mit dem Jesuskinde vor einem Gewitter Schutz unter einer Haselstaude gefunden haben. Maria segnete deshalb den Strauch, und seither soll angeblich kein Blitz mehr in die Haselstaude einschlagen. Diese Kraft soll besonders den Kätzchen tragenden Zweigen innewohnen, welche „Palmbuschen" genannt und am Palmsonntag vom Priester in der Kirche geweiht werden. Wirft man bei einem Gewitter drei oder sieben dieser Kätzchen ins Feuer, so ist das Haus gegen Wetterschäden geschützt.

Einen besonders interessanten Weg, ausgehend von Mystik, Mythologie und Volksglauben, hin zur modernen medizinischen Wissenschaft nahm die **Mistel** (*Viscum album*). Um diese eigenartige Pflanze, die gewissermaßen zwischen Himmel und Erde lebt, ranken sich zahllose Mythen und Sagen. Schon in der Antike erzählte man, dass der trojanische Held Äneas sich „eines goldenen Zweiges, der im Dunkel eines Haines verborgen sproß", bediente, mit dem er die Pforten der Unterwelt öffnete, um diesen Gruß der dorthin entführten Persephone, der Tochter der griechischen Fruchtbarkeitsgöttin Demeter, zu überreichen.

In der Götterwelt der Germanen spielte die Mistel ebenfalls eine besondere Rolle, denn mit einem Mistelzweig, der sich in einen Pfeil verwandelte, wurde der Sonnengott Baldur getötet. Andererseits galt die Mistel in der germanischen Mythologie aber auch Symbol der Wiederbelebung der erloschenen Sonnenkraft, die in ihr lebendig bleibt. Besonders verehrt wurde sie bei allen keltischen Stämmen. Ihre Priester, die Druiden, schrieben vor allem der seltenen Mistel, die auf alten Eichen wuchs, magische Kräfte zu. In feierlicher Zeremonie wurde diese sechs Tage vor Neumond mit einer goldenen Sichel geschnitten. In einem weißen Mantel fingen die Priester diese „alles heilende Pflanze" auf, die nie die Erde berührt hatte.

Wir kennen heute noch den aus England übernommenen Brauch, zur Weihnachtszeit das Haus mit Mistelzweigen zu schmücken. Diese hingen früher das ganze Jahr über in der Diele – zum Zeichen, dass die Gäste, die darunter begrüßt wurden, in diesem Hause sicher waren. Im Volksglauben galt die Mistel als bewährtes Mittel zur Abwehr von Hexen und Dämonen. Man konnte allerdings auch Diebe mit ihr bannen, alle Schlösser sprengen und sie als Wünschelrute verwenden.

Als Arznei wurde die Mistel bereits in der Antike gegen Epilepsie und Schwindelanfälle verwendet. Dioskurides schreibt, sie erweiche (zusammen mit Weihrauch) alte Geschwüre und sogar bösartige, schwer zu heilende Geschwulste. Dies wird von dem römischen naturwissenschaftlichen Schriftsteller Plinius bestätigt; und der griechische Arzt Galen war überzeugt, die Pflanze „vertreibe böse Säfte aus den letzten Tiefen des Körpers". Auch Paracelsus und viele andere Ärzte berichten von guten Heilerfolgen mit der Mistel. Dann wurde es eine Zeit lang still um diese Pflanze, bis Pfarrer Sebastian Kneipp (1821–1897) ihre Heilkraft neu entdeckte und sie vor allem zur Behandlung von Unfruchtbarkeit und Frauenleiden jeglicher Art empfahl.

Die außergewöhnlichen Lebensbedingungen der Mistel

Die Pflanzen nisten sich hoch in den Kronen von Laub- und Nadelbäumen ein. Besonders häufig sieht man die rundlichen Büsche auf Pappeln, Birnen- und Apfelbäumen. Seltener gedeihen sie auf Eichen. Bis heute sind sich die Botaniker nicht einig, ob es sich bei der Mistel um einen echten Schmarotzer oder nur um einen Halbschmarotzer handelt. Einige Forscher nehmen an, dass die Mistel, die mit ihren Wurzeln in den Baum eindringt, diesem nur Mineralsalze und Wasser entzieht. Da sie grüne Blätter und Chlorophyll besitzt, kann sie einen Teil ihrer Nahrung durch Assimilation selbst herstellen. Andere Wissenschaftler sind der Meinung, dass die Mistel ihrem Wirtsbaum auch lebenswichtige organische Substanzen entzieht. Manche Bäume überleben die Misteln nicht und sterben ab.

Seltsame Umwege sind nötig, um eine Mistel gedeihen zu lassen. Die Samen befinden sich in den weißen Beeren und werden durch einen zähen, klebrigen Schleim geschützt, aus dem man früher übrigens Vogelleim herstellte. Eine normale „Aussaat" ist nicht möglich, denn die Samen keimen erst, wenn die Misteldrossel die Beeren verschluckt und die Samen wieder ausgeschieden hat. Mit dem Schnabel drückt sie diese klebrigen Reste, um sie loszuwerden, in die Baumrinde. Erst jetzt kann eine neue Mistel entstehen.

In der anthroposophischen Medizin wird heute ein besonderes Mistelpräparat erfolgreich gegen Krebs eingesetzt. In den zwanziger

Jahren des 20. Jahrhunderts entdeckten Forscher, dass bestimmte Mistelauszüge eine ähnliche Wirkung zeigen wie Fingerhut-Präparate: Sie stärken das Herz. Mistelwirkstoffe sind außerdem Bestandteil zahlreicher Medikamente gegen hohen Blutdruck. Auch Mittel gegen Arteriosklerose enthalten Mistelextrakte, ebenso Präparate gegen Alterskrankheiten. Insgesamt sind gegenwärtig mehrere hundert verschiedene Medikamente zugelassen, die Mistel-Wirkstoffe enthalten.

Talismane und Amulette

„Ich bin doch nicht abergläubisch!", rufen viele Menschen aus – und klopfen trotzdem auf Holz, um Unglück fernzuhalten. Oder freuen sich, wenn sie einen Schornsteinfeger sehen, weil der angeblich Glück bringt. Sie gehen nicht unter Leitern hindurch und stellen auch keine neuen Schuhe auf den Tisch – denn das könnte Unglück bringen. Viele dieser Bräuche haben einen alten, magischen Ursprung. Ebenso ist es mit Talismanen. Wir brauchen uns nur einmal auf einem Parkplatz umzusehen: Da entdecken wir Hufeisen am Kühler, Aufkleber aller Art; von Innenspiegeln baumelnde Maskottchen und nicht zuletzt Christophorus-Medaillen zeigen, welche Bedeutung Amulette und Talismane auch hier und heute noch haben.

Zwischen Glücksbringern und Schmuckstücken besteht ein enger Zusammenhang. So beschwört ja beispielsweise ein Ring schon allein durch seine Form die Vorstellung, dass eine Liebe niemals enden möge. Als Kettenanhänger getragene Kleeblätter, Miniaturschornsteinfeger und Tierkreissymbole sollen dem Träger Glück bringen; Christophorus-, St. Georg- und andere Heiligendarstellungen mögen ihn vor Gefahr und Krankheit schützen. Amulette und Talismane waren zu allen Zeiten und in allen Kulturkreisen bekannt und in Gebrauch. In China etwa sind Amulette schon in vorgeschichtlicher Zeit nachgewiesen.

Immer schon waren diese Glücksbringer als Liebeszauber bekannt und beliebt. Der lateinische Schriftsteller Plinius berichtet, dass die Männer im Alten Rom sich für unwiderstehlich attraktiv hielten, wenn sie an einem Armband den rechten Hoden eines Esels trugen. Ein am linken Oberarm getragenes Armband, bestehend aus dem Darmende einer weiblichen Hyäne, soll auf das Gefühlsleben der Römerinnen eine solch verheerende Wirkung besessen haben, dass sie seinem Träger auf der Stelle folgten. Auch zur Empfängnisverhütung bediente man sich verschiedener Amulette. Plinius berichtet, dass die Römerinnen zu diesem Zweck auf die Wirkung eines Säckchens voll Hasenkot vertrauten, das sie um den Hals trugen. Gleiche Dienste sollte ein Beutelchen aus Mauleselleder tun, in dem Katerhoden aufbewahrt wurden.

Die Juden schrieben Amuletten ebenfalls schützende Funktionen zu. Besonders häufig versuchte man dadurch, den „Bösen Blick abzuwehren". Die Gefahren, die von diesem „Bösen Blick" ausgingen, wurden als so schwerwiegend angesehen, dass ein talmudischer Rabbi auf jeden Todesfall durch natürliche Ursachen weitere neun-

Amulett

Das lateinische Ursprungswort *amuletum* bedeutet eigentlich: „Speise, Brei aus Kraftmehl". Später wurde „Amulett" auf das Wort *amoliri* bezogen, was „abwenden" heißt. Im 16. Jahrhundert wurde es in Deutschland umschrieben mit einer „Artzney so man ann Hals henckt". Es handelt sich dabei also um einen Gegenstand, der böse Mächte, Unglück, Gefahr oder Krankheiten abwehren, die Kraft des Trägers stärken oder ihm Glück bringen soll. Der Gebrauch von Amuletten setzt eine magische Einstellung zur Welt voraus. Meistens werden Amulette am Körper getragen, sie können aber auch im Haus hängen oder am Fahrzeug befestigt sein. Oft wird ein Schmuckstück oder ein geweihter Gegenstand als Amulett verwendet. Ein Gegenstand kann aus vielen Gründen zum Amulett werden: man mag ihn von einem Menschen bekommen haben, der ein geheimes Wissen hat; er kann mit persönlichen Erlebnissen verbunden sein (so einer an der Taschenuhr oder einer Bibel abgeprallten Gewehrkugel); es kann sich um ein Naturgebilde von auffälliger Form (Alraunwurzel) oder von geheimnisvoller Herkunft („Donnerkeil") handeln.

Maskottchen: Dieser Begriff stammt sprachgeschichtlich von dem provenzalischen Wort *Masco* = Zauberin, Hexe ab. Es handelt sich dabei meistens um eine kleine Figur (beispielsweise ein Tier), die Glück bringen soll. Häufig werden Maskottchen als Anhänger getragen.

Talisman: Wenn man die Etymologie dieses Wortes verfolgt, findet man spanische, italienische, arabische und griechische Wurzeln, die die Bedeutung „Zauberbild" oder geweihter Gegenstand haben. Der Talisman soll als aktiver Glücksbringer wirken – im Unterschied zum Amulett, das vor allem Schaden abwenden soll. Ihre Kraft beziehen Talismane hauptsächlich aus der Kraft der Priester oder Zauberer, die diese durch eine feierliche Weihehandlung auf die Talismane übertragen. Bei einem Talisman kann es sich um künstliche Gebilde und Figuren handeln, aber auch um natürliche Gegenstände (Wurzeln, Steine). Als besonders wirksam galten sie, wenn sie Bilder und Inschriften – etwa Zaubersprüche oder Gottesnamen – zeigten.

undneunzig durch die Wirkung des „bösen Blickes“ rechnete! – Amulette, die gegen Krankheiten schützen sollten, wurden nach festgelegten Regeln auf ihre Wirkung hin überprüft. Als „echt“ oder bewährt galten sie, wenn ihnen drei Heilungen einer Person oder die Heilung dreier verschiedener Personen zugeschrieben werden konnten.

Im Islam war (und ist) ebenfalls die Abwehr des „Bösen Blicks“ von besonderer Bedeutung. Als Amulett besonders bekannt ist bis heute die oft reich verzierte und künstlerisch gestaltete „Hand Fatimahs“ (Fatimah war eine Lieblingstochter Mohammeds). Mohammedanische, aber auch andersgläubige Frauen und Mädchen des Mittelmeerraums tragen sie oft als Brosche oder Anhänger. Eine überaus große Wirkung wurde im Islam auch Schriftamuletten zugemessen. Man verwendete dafür Korantexte oder ganze Miniaturausgaben des Koran, die in besonderen Behältnissen um den Hals getragen wurden. Bestimmte Textstellen sollten jeweils gegen bestimmte Krankheiten wirken. Papiere mit solchen Texten wurden sogar als „Medizin“ aufgebrüht und den Kranken eingeflößt.

Im modernen römischen Katholizismus gibt es ebenfalls eine große Zahl von unterschiedlichen Amuletten und Talismanen, vor allem Kreuze und Medaillen. Diese stehen meistens mit besonderen Heiligen, mit religiösen Festen oder mit Wallfahrtsorten in Verbindung und sind von einem Priester geweiht worden.

Das Hufeisen

Das Hufeisen galt schon immer als Glück bringend. Es hat die Form des zunehmenden Mondes, von dem unsere Vorfahren sich Fruchtbarkeit und die Vermehrung alles Guten erhofften. Da man glaubte, dass Hexen Pferde fürchteten – möglicherweise ritten sie deshalb der Sage nach auf Besen oder Ziegenböcken –, wurde angenommen, dass ein Hufeisen über der Tür ein wirksamer Schutz gegen Hexen sei.

Hufeisen müssen gefunden werden – man darf sie aber nicht suchen! Und auf keinen Fall darf man an einem Hufeisen vorbeigehen. Wenn man es aus irgendwelchen Gründen nicht mit nach Hause nehmen kann, soll man wenigstens dreimal darauf treten – das verleiht wirksamen Schutz gegen Hexen und böse Geister.

Zum Schutz von kleinen Kindern

Die hohe Kindersterblichkeit in früheren Jahrhunderten führte zu der Annahme, dass kleine Kinder den natürlichen und übernatürlichen Einflüssen besonders hilflos ausgesetzt seien. Deshalb versuchte man, sie beispielsweise durch Amulette gegen Behexung, Zauberei und alle möglichen Krankheiten zu schützen. Die Amulette wurden häufig von den Eltern selbst hergestellt – besonders, um das Zahnen zur erleichtern. Manche der damit verbundenen Bräuche lassen sich noch bis zum Ende des 19. Jahrhunderts nachweisen.

- So hängte man in Franken dem Kind bei zunehmendem Mond den Zahn eines einjährigen Fohlens um den Hals, oder man legte einen Hosenknopf und die getrocknete Nabelschnur unter sein Kopfkissen.
- In Thüringen fing der Vater einen Maulwurf, drückte ihn mit der Hand tot, schlug ihm eine Pfote ab und nähte diese in ein Beutelchen, das dem Kind umgehängt wurde.
- In Schwaben gab es ein ähnliches Amulett, das aus dem abgebissenen Kopf einer Maus bestand.
- In der deutschen Schweiz rieb man dem Kind das Zahnfleisch mit dem Blut aus dem Kamm des Haushahns ein. Zudem verwendete man das Vorderbein einer Kröte oder Schermaus, das dem Kind danach als Amulett an einem Band um den Hals gehängt wurde.

Der Schuh

Als Fruchtbarkeitsamulett tritt der Schuh bereits im Altertum in griechischen, ägyptischen und etruskischen Sagen auf. In Deutschland gibt es heute noch den Brauch, einem frisch verheirateten Paar alte Schuhe nachzuwerfen. Von den Eskimos wird der kuriose Brauch berichtet, dass sie ihren Frauen Schuhsohlen von englischen Schuhen umhängten, um sie schwanger zu machen – sie hielten das englische Volk nämlich für besonders stark und fruchtbar. Schuh-Amulette wurden außerdem gegen den „bösen Blick“ getragen, der die Fruchtbarkeit hemmte. In diesem Zusammenhang sei auf die Glücksbringer in Form von Miniatur- oder Kinderschuhen verwiesen, die wir heute oft als Maskottchen in Autos finden.

Amulette und Talismane erhalten ihre Kraft teilweise aus ihrer Form (Hand, Hufeisen, Schuh, Kleeblatt) oder Beschaffenheit (Pflanze, Metall, Edelstein), vor allem aber aus den Wünschen, die ihnen mitgegeben werden (Priester, Zauberer). Gedanken und Wünsche sind starke Mächte, über die jeder Mensch verfügt. Moderne Hexen werden diese deshalb nur in positiver und guter Gesinnung anwenden! Dies gilt auch für die sogenannten „Glücksbringer", die wir jemandem zum Geschenk machen möchten – oft in besonderen Situationen – beispielsweise einem neugeborenen Kind, unserem Patenkind, einem Kranken, einem Menschen, der sich gerade in einer schwierigen Situation befindet, und so weiter. Welchen materiellen Wert diese Gabe hat (ob sie etwa aus Gold und edlen Steinen ist oder eine besondere Wurzel, ein merkwürdig geformter Stein), spielt dabei keine Rolle. Wichtig ist, dass wir einen Bezug herstellen zur beschenkten Person. Halten Sie den Gegenstand vor dem Verschenken immer wieder in Ihren Händen, und sprechen Sie Ihre guten Wünsche oder ein Gebet darüber. So laden Sie ihn gewissermaßen mit positiven Kräften auf, die sich auf den Beschenkten auswirken können.

Pflanzen, die Glück bringen

Solche Glücksbringer konnten natürlich auch Pflanzen sein. Dabei ist wohl am bekanntesten der „Glücksklee", also ein vierblättriger Klee. Früher musste man ihn unter den tausenden von gewöhnlichen, dreiblättrigen Pflanzen auf einer Wiese finden – heute gibt es ihn schon als Züchtung. Er galt nicht nur seiner Seltenheit, sondern auch seiner Kreuzesform wegen als Glücksbringer – das Kreuz wehrt ja im christlichen Glauben alles Böse ab und bricht jeden Zauber. Besonders wirkungsvoll ist es, wenn das Kleeblatt vor Sonnenaufgang gepflückt wird. Legt man es vor Antritt einer Wanderung oder Reise in den Schuh, bewahrt es vor Müdigkeit und gewährleistet einen erfolgreichen Verlauf der Reise. In die Kleider genäht, schützt es vor allen Gefahren. Solchem Zweck dienen auch die Autoaufkleber oder Anhänger für Autoschlüssel, die ein Kleeblatt darstellen.

Als besonders wirksame Glückspflanze galt in früheren Jahrhunderten das **Eisenkraut** (*Verbena officinalis,* siehe Seite 32). Wer es beim Aufgang des Hundssterns – des Sirius – sammelte, ohne dass es von Sonne oder Mond beschienen wurde, und sich damit bestrich, konnte alles erlangen, was er sich wünschte. Da dieser Pflanze eine besondere Beziehung zum Planeten Venus nachgesagt wurde, verlieh sie auch große Liebeskraft. Überhaupt sollte das Eisenkraut alle Lebensbereiche positiv beeinflussen:

- Kinder bekamen davon Verstand und Neigung zum Lernen.
- Es brachte Wohlhabenheit und erhielt den Reichtum.
- Die Pferde liefen schneller, wenn man es ihnen an den Schweif band.
- In den Acker gesteckt, verschaffte es eine reiche Ernte.
- Legte man es einer Wöchnerin ins Bett, so konnte weder ihr noch dem Neugeborenen etwas Schlimmes geschehen.
- Wer sich die Hände mit dem Saft der Pflanze bestrich, konnte alle giftigen Schlangen anfassen.
- In der Nacht zeigte es verborgene Schätze an.
- Es vertrieb Fallsucht, Kopfweh und Kröpfe, schützte vor Missgeburten und Pestilenz.

Mit einem Wort: Eisenkraut war das Kraut der Kräuter!

Auch dem **Farn** schrieb man viele gute und Glück bringende Eigenschaften zu. Man benutzte den Strunk der Pflanze im Frühjahr, bevor sich noch die ersten eingerollten Wedel entwickelt hatten, um aus dem breiten Ende ein handähnliches Gebilde zu schneiden. Wer ein solches „Johannis-“ oder „Glückshändchen“ besaß, war gegen alles Böse geschützt und hatte bei allen seinen Unternehmungen eine „glückliche Hand“.

Dem Volksglauben nach blühte und trieb das Farnkraut nur in der Johannisnacht oder zu Weihnachten Samen, die allerdings noch in derselben Nacht wieder verschwanden. Besonders wirksam waren Samen von einer Pflanze, die auf einem Kreuzweg wuchs. Es hieß, der Besitzer könne sich unsichtbar machen, die Sprache der Tiere verstehen und Schätze finden. Zu manchen Zeiten scheint ein richtiggehendes Farnkrautsamen-Fieber ausgebrochen zu sein. So wurde an vielen Orten von kirchlicher Seite das Sammeln von Farnkraut verboten, weil man ein Wiederaufleben des alten Glaubens befürchtete.

Wer viel reiste, schützte sich am besten mit einem Amulett von **Eberwurz** (*Carlina acaulis*), denn man glaubte, dass jemand, der eine Eberwurz bei sich trug, niemals müde wurde. Die Pflanze sollte sogar den Mitwandernden die Kraft entziehen und sie auf ihren Besitzer übertragen. Aus diesem Grund hing man sie den Pferden bei Pferderennen um den Hals.

Die Kriegsleute des Mittelalters trugen eine **Siegwurz** (*Allium victonialis*), auch „Allermannsharnisch“ genannt, als Amulett bei sich, um „hieb- und stichfest“ zu werden. Die Bergknappen schützten sich dadurch gegen die Bergmännchen und deren Tücken. In der Magie wurde die Siegwurz auch als „wilde Alraune“ bezeichnet, und man schrieb ihr ähnliche magische Eigenschaften zu wie der Mandragora.

Heilen mit Edelsteinen

> „Gott schläft im Stein, atmet in der Pflanze, träumt im Tier und erwacht im Menschen.“ (Indisches Sprichwort)

Einen besonderen Platz nehmen die Glückssteine ein. Edelsteine und Halbedelsteine wurden und werden nicht nur als Schmuck getragen, sondern vor allem wegen ihrer magischen Kräfte geschätzt. Glückssteine werden oft den Tierkreiszeichen zugeordnet, man verwendete sie aber auch zur Behandlung von Krankheiten. Dieses uralte Wissen wird heute wieder von der Edelstein-Therapie aufgegriffen, die die heilenden Kräfte der Steine für unsere Zeit neu entdeckt. Moderne Hexen sollten deshalb über die Grundlagen dieser aus ältesten Zeiten stammenden Magie Bescheid wissen. Wann immer Sie also einen Stein verwenden oder verschenken, sollten Sie diesen mit Ihren eigenen guten Kräften aufladen, indem Sie ihn lange in der Hand halten und ein Gebet oder gute Wünsche dabei aussprechen.

Viele Erkenntnisse der modernen Edelstein-Therapie (und zum Teil auch der Überlieferungen aus der Antike und dem Mittelalter) entsprechen den Erkenntnissen der modernen Wissenschaft. So haben Schulmediziner als Grundlage für die überraschenden Erfolge der Edelstein-Therapie eine Kombination aus elektromagnetischen Einflüssen und festem Glauben ausgemacht: die Steine beeinflussen nachweisbar die elektromagnetischen Kräfte im menschlichen Körper. Ihre Schwingungen und Strahlungen sind so fein und klar, dass der Mensch sie mit seinen „normalen“ Sinnen nicht wahrnimmt. Nur der „Astralleib“, die feinstoffliche Aura also, die alle Dinge auf der Welt umgibt, kann sie spüren. Auf dieses Energiefeld wirken die Edelsteine ein, sie verstärken die eigenen Schwingungen eines Menschen positiv – oder stören sie. Deshalb ist es von besonderer Wichtigkeit, für jeden Zweck und für jeden Menschen den richtigen Stein zu verwenden.

Edelsteine können ihre Kräfte entfalten, indem man sie – beispielsweise als Schmuckstück – am Körper trägt. Wenn man sie häufig in die Hand nimmt (aus Halbedelsteinen gibt es die sogenannten „Handschmeichler") oder in den Mund, wie es Hildegard von Bingen empfiehlt, wirken sie ebenfalls auf den Menschen ein. Auch die Meditation über einen Edelstein macht uns mit seinen Kräften vertraut.

Man kann zudem Edelstein-Elixiere – ähnlich den Bachblüten-Essenzen – herstellen. Diese „funktionieren" ganz ähnlich wie die potenzierten homöopathischen Heilmittel oder Blütenessenzen, wie sie aus der Bachblütentherapie bekannt sind. Was hier wirkt, ist nicht der tatsächliche materielle Edelstein, ebenso wie in der Bachblütentherapie von der ursprünglichen Blüte eigentlich kaum etwas Messbares in die Essenz übergeht. Es wird auch kein Edelstein zerstoßen oder zermahlen – wie es in der Antike und im Mittelalter noch üblich war. Hier wirken nur noch die „Schwingungsmuster" der Edelsteine, nachdem sie durch Einlegen in Wasser auf dieses übertragen wurden. (Die Steine werden vor der Anwendung des Elixiers natürlich wieder entfernt.)

Zur Zubereitung der Elixiere wird der jeweilige Edelstein in Wasser gelegt und für längere oder kürzere Zeit in die Morgensonne oder in das Licht des Vollmondes gestellt – je nachdem, welche Wirkung erzielt werden und welches Gestirn auf den Stein einwirken soll. Dann wird der Edelstein herausgenommen und das Wasser in Flaschen abgefüllt. Dieses Elixier kann man trinken, darin baden oder sich damit einreiben oder besprühen.

Homöopathie

Dabei handelt es sich um ein von dem deutschen Arzt Samuel Hahnemann (1755–1843) entwickeltes Heilverfahren. Der Begriff „Homöopathie" setzt sich zusammen aus zwei griechischen Wörtern: *homoios*, was „ähnlich, gleich", und *pathes*, was „empfindend, leidend" bedeutet. Homöopathie ließe sich demnach übersetzen mit „ähnlich empfinden" oder „in ähnlichem Zustand". Damit ist der Grundsatz gemeint, dass Ähnliches mit Ähnlichem geheilt werden soll. „Was eine Krankheit auslöst, kann sie auch heilen", sagte Hahnemann. Allerdings müsse das mit kleinsten Dosen der betreffenden Medizin geschehen, wobei freilich die *Verdünnung* („Potenzierung") keineswegs als eine Verminderung der Wirkung zu verstehen ist – das Gegenteil ist der Fall. Grundlegend ist die Annahme, dass schwache und mittlere Reize die Lebenstätigkeit anfachen beziehungsweise fördern, starke und stärkste Reize sie dagegen hemmen oder aufheben. Zur Behandlung von Erkrankungen werden nur solche Medikamente in bestimmten (niedrigen) Dosierungen verabreicht, die in höheren Dosen beim gesunden Menschen ein ähnliches Krankheitsbild hervorrufen würden – nach dem bereits oben genannten Ähnlichkeitsprinzip *Similia similibus curentur* (Ähnliches wird durch Ähnliches geheilt).

Die astrologische Zuordnung der Glückssteine

Widder (21.3.–20.4.): Amethyst, Diamant, Rubin
Stier (21.4.–20.5.): Achat, Karneol, Saphir, Smaragd
Zwillinge (21.5.–21.6.): Bergkristall, Beryll, Topas
Krebs (22.6.–22.7.): Perle, Smaragd
Löwe (23.7.–23.8.): Diamant, Rubin, Topas
Jungfrau (24.8.–23.9.): Hyazinth, Jaspis, Karneol, Topas
Waage (24.9.–23.10.): Beryll, Topas
Skorpion (24.10.–22.11.): Karneol, Sardonyx, Topas
Schütze (23.11.–21.12.): Amethyst, Chalzedon, Saphir, Topas
Steinbock (22.12.–20.1.): Chalzedon, Chrysopras, Onyx
Wassermann (21.1.–19.2.): Amethyst, Chalzedon, Saphir
Fische (20.2.–20.3.): Chrysolith, Saphir, Topas.

Die medizinische Zuordnung der Edelsteine

Achat: Herzkrankheiten, Haarausfall, Vergiftungen
Amethyst: Hautleiden, Schmerzen, Asthma, Suchtleiden, Stress, Schlaflosigkeit, Stimmungsschwankungen; schafft Energie und Sicherheit, führt zu spirituellem Erwachen
Bergkristall: Hautausschlag, Ekzeme, Gleichgewichtsstörungen, Blutungen, Durchfall
Beryll: Kieferkrankheiten
Chalzedon: Blutungen
Chrysolith: Herzkrankheiten
Chrysopras: Blutungen
Diamant: Schlaflosigkeit, Melancholie; wirkt auf Intuition und den „Sechsten Sinn"
Hyazinth: Leber- und Nierenkrankheiten, Schlaflosigkeit
Karneol: Bluthochdruck, Depressionen, Wechseljahrsbeschwerden, Fieber, Krämpfe; belebt das Gefühlsleben
Onyx: Eiternde Geschwüre
Rubin: Magenschmerzen, Rheuma, Herzschwäche, Fieber, Krämpfe; fördert die sexuelle Energie, stärkt die Lebensfreude
Saphir: Blutungen, Schlaflosigkeit; macht fromm und klug
Sardonyx: Schmerzen aller Art
Smaragd: Angstzustände, Durchblutungsstörungen, Angina; fördert die Ausdauer und entspannt, verleiht Weisheit und Intuition
Topas: Keuchhusten, Zahn- und Kieferbeschwerden, Lebererkrankungen, Schlaflosigkeit; fördert Inspiration und Kreativität, macht sanft, gerecht und sinnlich

Die Kraft der Edelsteine

Schon aus der Antike kennen wir eine umfangreiche Literatur über die Kräfte der Edelsteine. Im Mittelalter waren es vor allem Hildegard von Bingen und Albertus Magnus, die sich mit deren magischer und medizinischer Wirkung befassten. Anfang des 19. Jahrhunderts schrieb der Dichter Theodor Körner (1791–1813) einen Zyklus „Die Monatssteine" (der in *Vom Zauber edler Steine* nachzulesen ist). Er hatte Bergbau, Chemie und Mineralogie studiert, verfügte also über ein qualifiziertes Fachwissen. Aber er durchdrang auch die geistige Wesenheit der Steine, weshalb einige seiner Gedichte im Folgenden zitiert werden sollen als Anregung der eigenen Spiritualität.

Wichtig!

Edelsteine haben mitunter eine sehr starke Kraft – darauf weist beispielsweise Hildegard von Bingen des öfteren hin. Deshalb sollte man sie nicht leichtfertig anwenden oder als Schmuck tragen. Sie können nämlich nicht nur heilen, sondern auch schaden – wie es ja auch bei zahlreichen Heilpflanzen der Fall ist. Luana D. Collins, eine der bekanntesten Edelstein- Therapeutinnen in New York, glaubt sogar, dass die Gesundheit der Schauspielerin Elizabeth Taylor dadurch beeinträchtigt wurde, dass sie einfach zu viele und vor allem die falschen Edelsteine trug. Im folgenden soll deshalb etwas über die physischen und spirituellen Eigenschaften der Edelsteine und Halbedelsteine mitgeteilt werden.

Der **Achat** ist halbdurchscheinend bis undurchsichtig und kann grau oder vielfarbig gestreift sein.

Im Mittelalter glaubte man (unter anderem auch Albertus Magnus), dass der Achat angenehme Träume hervorrufe. Er sollte die Augen stärken, fruchtbar machen und seinen Träger in den Augen anderer angenehm und lieblich machen. Sogar vor Dieben sollte der Achat schützen.

Schutz vor Dieben

„An jedem Abend, bevor sich der Mensch zu Bett legt, soll er einen Achat offen zuerst durch die Länge und dann durch die Breite seines Hauses tragen, also in Kreuzform. Diebe werden dann nicht so leicht ihre Absichten durchführen und Erfolg haben können, und das Stehlen wird ihnen erschwert."

(Heidelore Kluge, *Hildegard von Bingen – Edelsteintherapie,* S. 54)

Der **Amethyst** ist von violetter Farbe, die von Licht- und Dunkelblau bis Rotviolett spielen kann. Sein Name kommt vom griechischen *ametheyn,* was „nicht betrunken sein" bedeutet . Man glaubte nämlich, dass er vor Trunkenheit bewahre – deshalb trank man im alten Griechenland den Wein gern aus Amethystpokalen. Dort trugen Frauen ihn, um ihre Keuschheit, und Männer, um ihren Mut zu bewahren. Im Mittelalter hieß es, dass der Amethyst Vernunft schenke und böse Gedanken vertreibe.

Neben dem Türkis galt der Amethyst als besonders wirksamer Schutzstein der Reiter: Er sollte Reiter und Pferd unverwundbar machen, Hass, Jähzorn, Trauer und Heimweh vertreiben und überhaupt alle Gefahren abwenden – Eigenschaften, die während der Zeit der Kreuzzüge besonders geschätzt wurden. Am Finger oder direkt über dem Herzen getragen, war er ein wichtiges Amulett gegen Angstgefühle. Nach Erkenntnissen der modernen Edelsteintherapie wohnen dem Amethyst tatsächlich besondere Heilkräfte inne – insbesondere wirkt er beruhigend. So lindere und heile es Nervenleiden, wenn man die Stirn des Kranken leicht mit einem Amethyst bestreicht, obwohl diese Krankheiten auf die üblichen Mittel nicht angesprochen hätten.

Der Amethyst

„Er knüpft das Rote mit dem Blauen.
In seiner Farben Lieb und Treu
Magst du der stillen Wirkung trauen:
Er macht die Seele frisch und frei,
Besänftigt das empörte Blut
Und zähmt den trunkenen Übermut."

(Theodor Körner, *Die Monatssteine*)

Der **Bergkristall** ist durchsichtig und farblos. Er mag im üblichen Sinne nicht sehr wertvoll sein, aber seine Reinheit und Klarheit können sich auf den Träger übertragen. Auch in Haus und Wohnung wird der Bergkristall gerne aufgestellt, um seine heilsamen und klärenden Kräfte zu entfalten. Im Altertum sollte der Bergkristall Reisende vor Krankheit schützen und ihnen vor allem eine sichere Fahrt auf dem Meer gewähren. Arabische Ärzte verordneten, dass der Patient einen Bergkristall tragen soll, wenn er Albträume hatte. Er wurde auch bei Nierenkrankheiten, Herzbeschwerden und Magenschmerzen verwendet.

Der **Beryll** ist durchsichtig und kommt in den unterschiedlichsten Farben vor. Am häufigsten ist die grüne Farbe, er mag aber ebenfalls gelb und blau sein. Der goldgelbe Stein heißt Goldberyll, der hellgrüne Heliodor. Es gibt auch graue, rosafarbene und farblose Berylle. Der Name kommt von dem griechischen Wort *beryllos,* aus dem später unser Wort Brille entstand, denn bereits im Altertum wurden aus diesem Material Brillen hergestellt.

Im Mittelalter fertigte man aus dem Beryll Zauberspiegel, mit deren Hilfe man die Zukunft voraussagen zu können glaubte. Auch vor Feinden sollte der Beryll schützen. Außerdem schütze er die eheliche Liebe und sollte sogar entzweiten Eheleuten die Liebe zurückbringen.

Medizinisch wurde der Beryll im antiken Griechenland bei Nieren- und Blasensteinen verordnet. Dazu wurde er für einige Tage in Wasser gelegt, dann trank der Patient das so „aufgeladene" Wasser. Ähnliche Rezepte wurden im Mittelalter bei Asthma und Drüsenkrankheiten eingesetzt.

Der **Chalzedon,** dessen besondere Spielarten Achat, Jaspis und Onyx sind, ist halbdurchscheinend bis undurchsichtig. Man findet ihn in grauen, weißen, bläulichen, gelblichen und roten Farben. In der Antike repräsentierte der Chalzedon die Elemente Luft und Wasser und wurde deshalb zur Behandlung witterungsbedingter Erkrankungen verwendet. Im Mittelalter wurden Gallensteine damit behandelt, Albertus Magnus empfahl ihn auch gegen die Melancholie.

Der Chalzedon

„Drum hat Natur des Chalcedons Kraft,
Die still bescheidene, freundlich geschafft,
Dass er mit wechselndem Farbenspiele
Erfreue des Herzens dunkle Gefühle."

(Theodor Körner, „Die Monatssteine")

Fest verankert war der Glaube, dass der Chalzedon Sachlichkeit im Denken und Redegewandtheit verleihe. Deshalb war er lange Zeit der Schmuckstein der Rechtsgelehrten, denn es hieß, dass jemand, der einen Chalzedon trage, keinen Prozess verlieren könne. Auch Hildegard von Bingen würdigte seine Bedeutung als „Rednerstein".

„Wer beim Reden ruhig und besonnen sein und das, was er zu sagen hat, allgemeinverständlich vortragen möchte, sollte einen Chalzedon in der Hand halten, ihn durch seinen Atem erwärmen und dann mit der Zunge ablecken. So wird er ruhiger und verständlicher zu den Menschen sprechen können.“ (Hildegard von Bingen, „Physica“)

Die Farbe des **Chrysolith** spielt in verschiedenen Grüntönen – von Gelbgrün über Moosgrün und Braungrün zu Olivgrün. Die antiken Römer trugen Chrysolith-Schmuck, um Dämonen abzuwehren. Im germanischen Bereich des Mittelalters wurde er vor allem für kirchlichen Schmuck verwendet, wahrscheinlich in ähnlicher Absicht. Arnoldus Saxo, ein mittelalterlicher Gelehrter, meinte, dass ein in reines Gold gefasster Chrysolith – als Ring an der linken Hand getragen – seinen Träger weise mache. Der Stein sollte neben Dämonen und Nachtgespenstern auch Melancholie und Torheit vertreiben. Ähnliche Anwendungen finden wir auch in der indischen Ayurveda-Medizin. Hier wird darüber hinaus der Chrysolith bei Schlaflosigkeit verordnet. Zu diesem Zweck wird dem Patienten Wasser zu trinken gegeben, in das vorher für einige Zeit ein Chrysolith gelegt wurde. Hildegard von Bingen empfahl eine Chrysolith-Behandlung vor allem bei Fieber und Herzbeschwerden.

Der Chrysolith

„Er ist so klar, so mild, so hold
Wie goldenes Grün, wie grünes Gold.
Und wie des Mannes reife Kraft
Den Frieden in tobender Brust erschafft,
So lässt er auch mit sanftem Walten
Den Zorn im Herzen sich nicht gestalten
Und schützt mit seiner stillen Pracht
Vor bösen Träumen die friedliche Nacht.“

(Theodor Körner, „Die Monatssteine“)

Der **Chrysopras** ist durchscheinend bis undurchsichtig und in der Farbe Gelbgrün bis Smaragdgrün. In der mittelalterlichen Medizin wurde der Chrysopras gegen heftiges Erbrechen verordnet. Er galt zudem als magischer Stein. So empfiehlt Hildegard von Bingen diesen Stein in Zusammenhang mit verschiedenen Zauberformeln zur Teufelsaustreibung bei Besessenheit (ein Verfahren, das heute nicht mehr angewandt wird oder zumindest nicht mehr gebraucht werden sollte). Die große Seherin und Naturheilkundige hält ihn aber auch sehr geeignet für Menschen, die leicht in Zorn geraten.

> „Wenn jemand leicht in starken Zorn gerät, halte er sich so lange einen Chrysopras an die Kehle, bis er warm wird. Dieser Mensch wird keine zornigen Worte mehr hervorbringen, bis sich sein Zorn gelegt hat." (Hildegard von Bingen, „Physica")

Der **Diamant** ist von allen Edelsteinen der härteste, und auch in der Lichtbrechung übertrifft er alle anderen Steine. Er ist durchsichtig, und man findet ihn in weißen, gelblichen, bräunlichen, rötlichen, grünlichen und bläulichen Farben. Daneben gibt es auch weißgraue und schwarze Diamanten.

Im Griechischen nannte man den Diamanten *adamas*, „der Unbezwingliche". Die Inder bezeichneten ihn als ein „Bruchstück der Ewigkeit". Wegen seiner Härte und Strahlkraft galt er von jeher als Symbol alles Mächtigen und Starken und außerdem der Reinheit und des Glücks. Im Alten Rom sollten Diamanten die Bewohner eines Hauses vor Dämonen beschützen. Zudem sollte er die Furcht vertreiben. Auch Albertus Magnus sagte vom Diamanten, dass er Mut im Kampf gegen Feinde mache. Andere Gelehrte des Mittelalters schrieben ihm die Kraft zu, in der Zauberkunst zu helfen; er sollte seinen Träger vor Feinden schützen und ihn vor Gift und Mord bewahren. Darüber hinaus sei er geeignet, wolllüstige Träume zu verscheuchen und die Besessenheit zu heilen.

In der Ayurveda-Medizin gilt Diamant-Asche als körperstärkend und lebensverlängernd. Sie soll außerdem die Durchblutung und die Ausscheidung schädlicher Schlacken fördern. Vorwiegend wurde sie bei psychischen Erkrankungen verordnet. – Der griechische Philosoph Aristoteles (384–322 v. Chr.) empfahl in seinem Buch „Über die Steine" zur Abführung von Nieren- und Blasensteinen ein Wasser, in das man für einige Tage einen Diamanten gelegt hatte. Im Mittelalter empfahl man gebärenden Frauen diesen Stein als Schmuck: Er sollte die Milchdrüsen anregen.

Man glaubte auch, dass ein über dem Herzen getragener Diamant Angstträume verjagen und den Wahnsinn vertreiben könne. Hildegard von Bingen empfiehlt den Diamanten, wie oben bereits erwähnt, gegen die Machenschaften des Teufels, in denen sie die Ursache für die Böswilligkeit des Menschen sieht. Da der Teufel die Kraft des Diamanten fürchte, könnten Menschen, die unter dem Einfluss des Teufels zu stehen glauben, sich durch diesen Stein schützen.

„Diese Menschen sollen oft und immer einen Diamant in den Mund nehmen. Die Kraft dieses Steines ist so groß und stark, dass er die Boshaftigkeit und das Übel, das in ihnen steckt, auslöscht." (Hildegard von Bingen, „Physica")

Die moderne Edelstein-Therapie betrachtet den Diamanten ebenfalls als einen „Meisterheiler", schätzt also seine umfassende Wirkung auf Körper und Geist.

Der **Hyazinth** ist durchsichtig und von brauner bis braunroter Farbe. Durch die Einwirkung des Sonnenlichtes, mitunter auch bei Wetterwechsel, kann sich seine Farbe deutlich verändern. Der arabische Arzt Avicenna (980–1037) schätzte neben dem Lapislazuli vor allem den Hyazinth als herzstärkenden Heilstein und empfahl ihn auch als Stein, der vor Pest schützt.

In vielen Rezepten – vor allem des 16. Jahrhunderts – ist fein zerriebenes Hyazinthpulver ein wichtiger Bestandteil. Das berühmte Allheilmittel „Species de hyacintho" beispielsweise enthielt neben dem zerriebenen Edelstein unter anderem auch rote Korallen, Safran, Myrrhe, Sandelholz, gebranntes Hirschhorn, Elfenbein, Saphir, Smaragd, Topas, Perlen, Rohseide, Blattgold und Blattsilber – alles in Limonensirup angerührt. Ein so unerschwinglich teures Mittel konnten sich natürlich nur die Reichsten leisten. Ob es jemals eine Wirkung zeigte, ist nicht bekannt.

Der Hyazinth

„Im Januar
Beginnt das Jahr
So kalt und klar,
Aller Freuden bar;
Darum hat ihm die Natur tiefglühend Leben
Im Hyazinthe beigegeben,
Der das Auge mit Flammenrot begrüßt
Und tiefes Wirken in sich schließt.
Er wärmt das Herz
Bei kaltem Schmerz,
Besiegelt die Freundschaft
Mit fröhlicher Lust
Und treibt die Feinschaft
Aus tiefer Brust.
Du sollst ihn tragen als heilge Last
Am Halse, im reinsten Gold gefaßt."

(Theodor Körner, „Die Monatssteine")

Der **Jaspis** ist halb durchscheinend bis undurchsichtig, es gibt ihn in den Farben Rot, Gelb, Grün, Braun, Bläulich und Schwarz. Der Blutjaspis, auch „Heliotrop" genannt, ist rot beziehungsweise grün mit roten Punkten. Ägyptische Magier schützten sich mit dem roten Jaspis vor den Dämonen, die sie zu beschwören suchten. Im Mittelalter schenkten sich Eheleute gegenseitig einen Jaspis, weil dieser den Ehebruch verhindern sollte.

Über den Blutjaspis berichtet eine Legende, dass bei der Kreuzigung Christi ein grüner Jaspis am Fuße des Kreuzes gelegen habe, auf den das Blut aus den fünf Wunden heraustropfte. Diese Blutstropfen seien dem Stein dann für immer eingeprägt worden.

In der antiken Medizin fand der rotgesprenkelte Jaspis Verwendung bei der Wundheilung. Man glaubte, dass durch ihn eine blutende Wunde geschlossen werden könne. Die aus Indien stammende Ayurveda-Medizin arbeitet ebenfalls mit diesem Stein. Der Jaspis wird in Wasser getaucht und dann auf blutende Wunden gelegt. Es ist eine interessante Tatsache, dass die moderne Medizin aus dem Blutjaspis ein Oxid gewinnt, das bei lang anhaltenden Blutungen verwendet wird.

Der **Karneol** ist durchscheinend, und man findet ihn in den Farben Gelbrot bis Dunkelrot. Als Glücksstein sollte er vor Unfällen schützen und die Wirkung von Giften aufheben. Mohammed trug der Sage nach einen Karneol, weil dieser Genügsamkeit und Mildtätigkeit fördere. Albertus Magnus schrieb dem Stein die Kraft zu, die Seele von schwermütigen Gedanken zu befreien und die Dämonen der Furcht zu vertreiben. Noch heute trägt man ihn – vor allem in südlichen Ländern – als Amulett gegen den „bösen Blick". Die antike Medizin verwendete den Karneol zur Behandlung von Kreislauferkrankungen und zur Blutstillung.

Der Karneol

„Ein feuerlebendiger Venussohn,
Der in guten, glücklichen Stunden geboren,
Hellglühend wie heißer Minne Lohn.
Er kräftigt das Herz und stärkt das Gemüt,
Dass es neu im Leben und Lieben glüht."

(Theodor Körner, „Die Monatssteine")

Der **Onyx** ist entweder lagig weiß oder schwarz und undurchsichtig. Im Mittelalter galt er als wirksames Amulett gegen den bösen Blick. Man sagte ihm auch nach, dass er das Wachstum der Feldfrüchte fördere und die Bauern vor Unfällen auf ihrem Acker beschütze. Außerdem hieß es, dass er dem Mann garantiere, dass er sich eine gute Frau aussucht. Dem Onyx wurde eine solch ungeheure Kraft zugesprochen, dass das Privatsiegel des Kaisers von China aus diesem Material gefertigt war. Den Untertanen war es bei Strafe verboten, sich dieses Steines zu bedienen.

In der Antike benutzten die Ärzte den Stein zur Heilung von entzündeten Augen und streuten ihn in pulverisierter Form auf entzündete Wunden. Der mittelalterliche Gelehrte Konrad von Megenberg (1309–1374) hielt den Onyx für besonders wirkungsvoll bei der Behandlung von Magenkrankheiten. Auch vor Krätze sollte er schützen und diese seines Wissens sogar vertreiben. Darüber hinaus empfahl er ihn für kosmetische Zwecke, weil er dem Gesicht einen makellosen Glanz verleihen sollte. Noch im 18. Jahrhundert glaubte man, dass der Onyx vor Herzbeschwerden schütze. Er wurde auch bei Kreislaufstörungen getragen.

Der Onyx

„So ward ihm denn zum freudigen Leben
Der doppelt gefärbte Onyx gegeben,
Den Zeus zugleich und Merkur gezeugt
Und dem kein Stein auf Erden gleicht.
Drum stellt er auch zwiefache Wirkung dar;
Denn er macht den Geist lebendig und klar,
Doch stärkt er das Herz auch zu kühnerm Wagen;
Drum mögen ihn die Gewaltigen tragen."

(Theodor Körner, „Die Monatssteine")

Der **Rubin** ist durchsichtig und von roter Farbe, manchmal mit einem Stich ins Gelbe oder Violette. Der Name „Rubin" stammt von dem Sanskritwort *rubeus* und bedeutet „rot". In der blumenreichen Sprache des Orients wurde er auch „Blutstropfen aus dem Herzen von Mutter Erde" genannt. Er gilt als Symbolstein der Liebe. Auch glaubte man, dass der Rubin, wenn er dicht am Herzen getragen wurde, Mut und Tapferkeit verleihe.

„Der Karfunkel wächst bei Mondfinsternis. Denn vor lauter Überdruss möchte der Mond gewissermaßen verschwinden. Deshalb verfinstert er sich, wenn er nach göttlichem Befehl Hungersnot, Seuchen oder Veränderungen in den Regierungen anzeigt. Dann sendet die Sonne alle ihre Kräfte in das Firmament, wärmt den Mond mit ihrer Hitze und entfacht und richtet ihn mit ihrem Feuer wieder auf und lässt ihn wieder aufleuchten wie jemand, der seine Zunge in den Mund eines Menschen legt, der schon gestorben ist, um ihn vom Tode zu erwecken. Und in dieser Stunde entsteht der Karfunkel. Er hat seinen Glanz vom Feuer der Sonne bei zunehmendem Mond, so dass er mehr des Nachts als bei Tage leuchtet. Und so wächst er, bis die Hitze der Sonne ihn auswirft. Und weil eine Mondfinsternis so selten ist, so ist auch der Stein selten. Auch seine Kraft ist selten und zu fürchten, weshalb man sie nur mit großer Vorsicht und Sorgfalt anwenden darf." (Hildegard von Bingen, „Physica")

Die Ayurveda-Medizin stellte aus dem Rubin ein Elixier zur Stärkung des Herzens her. Die Asche eines Rubins wurde bei Verstopfung, Magenschmerzen und Kolik verordnet. Sie sollte auch imstande sein, das Leben zu verlängern. Noch heute verwendet man in Indien Rubin-Elixiere als Arznei gegen Magenverstimmungen und Blähungen sowie als durstlöschendes Getränk bei Fieber.

Hildegard von Bingen empfiehlt die medizinische Anwendung des Rubins (den sie „Karfunkel" nennt) vor allem bei Fieber, Gicht und Kopfschmerzen. Allerdings rät sie zur Vorsicht, da es sich bei seinen Eigenschaften um äußerst seltene Kräfte handle, die man fürchten müsse.

Der **Saphir** ist durchsichtig und tritt in den Farben Blau, Gelb, Rosa, Violett und Weiß auf. Besonders gern werden Saphire am Abend getragen – im Tageslicht erscheinen sie sehr dunkel. Der Saphir soll die Eigenschaft besitzen, die Sünden des Menschen zu tilgen und einen Menschen, der sich schuldig gemacht hat, dazu zu bringen, dass er seine Fehler unter Tränen bereut. Deshalb seien auch die Altäre des sagenumwobenen Gralstempels der Parzival-Sage aus Saphiren errichtet worden. Außerdem schrieb man dem Saphir die Kraft zu, vor Untreue zu schützen. Der Saphir sollte nämlich in der Lage sein, durch Fleckenbildung oder gar durch Zerspringen anzuzeigen, dass sein Träger untreu war. Der Stein schützte vor Unkeuschheit und wurde häufig von Geistlichen getragen. Gleichzeitig sollte der Saphir auch Weisheit und Vernunft verleihen.

Der Saphir

„Er ist ein heiteres Sternenkind,
Wie alle Joviskinder sind,
Blickt das Leben so freundlich an,
Man meint, er hätt uns was Liebes getan.
Mit leichten Scherzen
Versöhnt er die Herzen,
In glühenden Schmerzen
Kühlt er die Herzen."

(Theodor Körner, „Die Monatssteine")

Der mittelalterliche Gelehrte Albertus Magnus schrieb vom Saphir, dass er von der Farbe des Himmels sei, den Geist frei mache und das betrübte Herz tröste. So galt er noch im 18. Jahrhundert als wirksamer Stein, um die Melancholie zu vertreiben. Die Ärzte des Mittelalters verwendeten den Saphir bei einer Vielzahl von Krankheiten, beispielsweise Fieber, Gesichtsrose, Nierenleiden, Augenschwäche, Blattern, Masern, Geschwülste, Pest und Krebs.

Der **Sardonyx** ist undurchsichtig und braun und weiß gebändert. Man schrieb dem Sardonyx die Fähigkeit zu, seinem Träger Verstand zu verleihen. Interessanterweise ist er der Lieblingsstein der englischen Königin Elisabeth II., die privat nur selten Schmuck trägt – jedoch ständig einen Sardonyx-Ring, auf dem ihr Familienwappen zu sehen ist.

Hildegard von Bingen schreibt dem Sardonyx besonders starke Kräfte zu, die speziell auf die fünf Sinne des Menschen wirken. Als Grund dafür nennt sie, dass er im reinen Sonnenlicht entsteht. Sie empfiehlt, den Stein auf die nackte Haut zu legen und ihn immer wieder einmal in den Mund zu nehmen, „dann werden davon Verstand, Wissen und alle Sinne des Körpers gestärkt". Zorn, Dummheit und Unbeherrschtheit – Eigenschaften, die Hildegard auf den Einfluss des Teufels zurückführt – werden dem Menschen abgenommen, denn „der Teufel haßt und meidet diesen Stein wegen seiner Reinheit".

> „Der Sardonyx ist warm. Er wächst an einzelnen Tagen nach Ende der sechsten bis kurz vor Beginn der neunten Stunde. Er wird von der reinen Sonne erwärmt, wenn sie in ihrer Klarheit leuchtet, denn zu dieser Zeit kühlt sich die Luft bereits ab. Deshalb hat der Sardonyx mehr vom Feuer als von der Luft oder vom Wasser. Er enthält starke Kräfte und gibt auch den fünf Sinnen des Menschen Kraft. Für sie wirkt er heilsam, weil er im reinen Sonnenlicht entsteht, wenn nichts dessen Klarheit trübt." (Hildegard von Bingen, „Physica")

Der **Smaragd** ist durchsichtig und von grüner Farbe. Noch bis ins 19. Jahrhundert galt er als Glücksbringer für werdende Mütter. Außerdem wurde er als wirksamer Talisman für Seeleute getragen. Zudem heilte er verschiedene Krankheiten. So glaubte man, dass er die Sehkraft stärke – der römische Kaiser Nero (37–68 n. Chr.) trug ein Smaragdmonokel. Von Smaragdpulver glaubte man, dass es Durchfall beseitige. Ein Smaragdring wurde bei Epilepsie getragen.

Smaragde wurden außerdem bei Angstgefühlen, Hämorrhoiden, Kopfschmerzen, Schlaflosigkeit, Verstopfung und Vergesslichkeit verwendet. Hildegard von Bingen misst dem Smaragd schon deshalb eine starke Heilkraft zu, weil er von grüner Farbe ist. Der Grünkraft der Natur (*viriditas*) wohnen ihrer Meinung nach besonders heilsame Eigenschaften inne. Sie empfiehlt den Smaragd vor allem bei Epilepsie, Geschwüren, Herzbeschwerden, Kopfschmerzen und Magenleiden.

Der **Topas** ist durchsichtig bis halb durchsichtig und kommt in den Farben Gelb, Rosa, Weiß, Braun, Blau und Grün vor. Wegen seiner Klarheit und Reinheit und seines besonders schönen Feuers (im Sanskrit bedeutet *tapas* "Feuer“) wird er besonders hoch geschätzt. Dem Topas wird nachgesagt, dass er die Eigenschaft verleihe, folgerichtig zu denken. Daneben soll er einen positiven Einfluss auf das Zusammenleben der Menschen ausüben, seinen Träger vor Neid und Missgunst bewahren und törichte Gedanken und Übermut vertreiben. In der indischen Ayurveda-Medizin gilt er seit Jahrhunderten als Lebenselixier. Gleichzeitig soll er Intelligenz und Gedächtnis fördern. Er wird außerdem zur Behandlung von Entzündungen, Fieber, Appetitlosigkeit, Verdauungsbeschwerden und Leberschmerzen verwendet.

Der Topas

„Wie sonnenflammendes Glas
Glänzt der Topas
Ins kalte Leben lebendig herein.
An der linken Hand als freundliche Zierde
Stillt er des Herzens wilde Begierde,
Macht die Seele des Zornes frei
Und zügelt die glühende Phantasei.“

(Theodor Körner, „Die Monatssteine“)

Die heilenden Kräfte der Metalle

Nicht nur Edelsteine wirken heilend und helfend, sondern auch die Metalle; ihre Anwendung beruht auf uraltem Wissen:

Eisen wurde erst verhältnismäßig spät vom Menschen verwendet. Die Eisengewinnung bedeutete einen gewaltigen kulturellen Fortschritt, denn durch dieses Metall wurde es möglich, bessere Werkzeuge zu fertigen und mit ihnen schneller und produktiver zu arbeiten.

Dieses Metall ist dem Planeten Mars zugeordnet. Es repräsentiert die menschlichen Willenskräfte. Eisen hat schon im Alltag viel mit Kraft zu tun. Dem entspricht die Bedeutung des Eisens für unseren Körper. Unser wichtigster Eisenspeicher ist die Leber, in der man sich nach alter Überlieferung auch den Sitz des Willens zu denken hat. Eisen hat eine Energie übermittelnde Funktion, da es den in den Lungen aufgenommenen Sauerstoff mit Hilfe der roten Blutkörperchen unter anderem den Muskeln zuführt. Durch Eisenmangel kommt es zu Blutarmut und infolgedessen erlahmt die Tatkraft.

Mann kann Eisen in Form einer Metallscheibe an einer Kette oder Schnur am Körper tragen, man kann es sich in Form eisenreicher Nahrungsmittel (Brennnessel!) und – *nach Rücksprache mit dem Arzt* – in homöopathischen Eisenpräparaten zuführen.

Gold gehört neben Kupfer zu den ältesten vom Menschen verwendeten Metallen. In der Antike und im Mittelalter galt es als lebensverlängerndes Mittel. Aber auch schon im alten Indien kannte man ein goldhaltiges Lebenselixier. Paracelsus verwendete es zur Behandlung von Herzkrankheiten.

Gold ist der Sonne zugeordnet. Es repräsentiert die Ich-Kräfte des Menschen. „Treu wie Gold“, ein „goldenes Herz“, die „goldene Jugend“, „goldrichtig“ sind Redewendungen, in denen die tiefe Weisheit unserer Sprache aufscheint. Nicht von ungefähr sind Eheringe aus Gold, und das Herz ist die stoffliche Analogie zur Sonne im menschlichen Körper.

Kupfer wird als das erste Gebrauchsmetall der Menschheit angesehen. Es ist dem Planeten Venus zugeordnet. Dieser repräsentiert all jene Lebensprozesse, die man unter dem Begriff „Bindung“ zusammenfassen könnte. Die körperliche Entsprechung ist die Haut, die auch eine Ver-Bindung – nämlich zwischen Innen- und Außenwelt – darstellt. Im Fall einer kranken und empfindlichen Haut kann man häufig feststellen, dass der betreffende Mensch Probleme damit hat, Bindungen einzugehen. Auch Verkrampfungen – besonders in Form von Krampfadern – können Folge solcher Probleme sein. Da man Kupfer als Regulator der menschlichen Kontaktfähigkeit bezeichnen kann, ist hier ein Weg zur Harmonisierung der genannten Probleme aufgezeigt.

Die einfachste Möglichkeit ist wohl, dass man Kupfer in Form von Schmuck trägt. Darüber hinaus ist es aber auch ratsam, kupferreiche Kost (Hafer!) zu bevorzugen. Nach Rücksprache mit dem Arzt kann man auch zu homöopathischen Kupferpräparaten greifen.

In früheren Zeiten (so etwa im 3. vorchristlichen Jahrtausend in Mesopotamien) war **Silber** begehrter als Gold. Es ist dem Mond zugeordnet und repräsentiert die Reaktions- und Reflexionsmöglichkeiten des Menschen. Bei der Herstellung eines Spiegels wird die Rückseite der Glasscheibe mit einer dünnen Silberschicht überzogen – so erst kann sie unser Bild reflektieren. Auch der Mond ist ein Reflektor, der das Licht der Sonne auffängt und widerspiegelt. Diesem Widerspiegeln entspricht im seelischen Bereich die Reaktion – die Art und Weise, wie wir Menschen auf das, was uns entgegentritt, reagieren ... was wir fühlen und empfinden. Da unser Reaktionsvermögen eng mit dem Gefühlsleben verbunden ist, beherrscht der Mond alle Prozesse, die sich auf Emotionen und Empfindungen beziehen. Silberschmuck, aber auch Silberbestecke oder -becher können sich auf das Gefühlsleben des Menschen positiv auswirken.

Mit den Elementen leben

Die Natur, die uns umgibt, die Gestirne, das Wetter, vor allem aber die Elemente – Wasser, Erde, Luft und Feuer – werden von vielen kaum noch in ihrer tiefen Beziehung zum Menschen und ihrer Bedeutung wahrgenommen. Für die Menschen früherer Zeiten dagegen waren sie mit magischen Kräften aufgeladen, deren Schaden man abzuwenden und deren Nutzen man herbeizurufen suchte.

In einer Zeit, als die meisten Menschen direkt von der Landwirtschaft als Lebensgrundlage abhängig waren, wurde dem Wetter natürlich besondere Beachtung geschenkt. Dürre, Frost und Hagelschlag konnten zu Missernten und so zu Versorgungsengpässen, wenn nicht gar zu einer Hungersnot führen. Oft lastete man den Hexen an, dass sie diese durch ihren Wetterzauber verursacht hätten. Da sie mit den Pflanzen am vertrautesten waren, wurde angenommen, dass sie auch Pflanzen zu nutzen wussten, die das Wetter beeinflussten. Dazu einige Beispiele:

- Wenn die Hexen den Morgentau mit Weidenruten abstreiften, entstanden verderbliche Reife und Nachtfröste.
- Knickten sie die Blüten der Zaunwinde, konnten sie dadurch Regen herbeizaubern.
- Besonders gefährlich in der Hand der Hexen waren alle rot blühenden Pflanzen, beispielsweise der Klatschmohn, mit dem sie den Blitz anziehen konnten.

Aber nicht nur „böses Wetter" wurde auf die magischen Machenschaften der Hexen zurückgeführt. Hexen konnten ihren Zauber auch segensreich anwenden. So sollte das Bilsenkraut nach Trockenheit und lang anhaltender Dürre Regen bringen. Allerdings nur, wenn es mit dem kleinen Finger der rechten Hand ausgerissen und dann an die kleine Zehe des rechten Fußes eines völlig entkleideten Mädchens gebunden wurde. Um „böses Wetter" – vor allem den Einschlag von Blitzen – abzuwenden, konnten sich selbst ganz gewöhnliche Menschen der magischen Kräfte bedienen, die bestimmten Pflanzen innewohnten. Uraltes Wissen war dabei häufig von der Kirche übernommen und im christlichen Sinn umgewandelt worden.

Zu den wirksamsten Wetterpflanzen, die der Volksglaube kennt, gehört noch heute – vor allem in süddeutschen Gebieten – die Hauswurz, auch „Dachwurz" oder „Donnerbart" genannt (siehe Seite 34). Beim Herannahen eines Gewitters legte man sie auf die Kohlen des

Herdes, um so Blitzschaden vom Haus abzuwenden. Allerdings war es wichtig, dass die Pflanze am Johannistag von einem Dach gepflückt wurde. Weitere Schutzpflanzen waren Johanniskraut, Arnika, Wegwarte und Gundermann.

Die Hasel (siehe Seite 48), eine uralte Zauberpflanze, konnte sich bis in unsere Zeit als magisches Gewächs behaupten – nicht zuletzt deshalb, weil sie von der christlichen Kirche mit vielen Legenden umkleidet wurde. Einer solchen Legende zufolge soll die Jungfrau Maria einst mit dem Jesuskind vor einem Gewitter Schutz unter einer Haselstaude gesucht haben. Maria segnete deshalb den Strauch, und seitdem kann kein Blitz mehr in die Haselstaude einschlagen. Diese vor Blitz schützende Kraft wird nun auch auf Häuser und Orte übertragen, in beziehungsweise an denen Haselzweige liegen. Diese Kraft soll besonders in den kätzchentragenden Zweigen liegen, die Palmbuschen genannt und am Palmsonntag (siehe dazu das Kapitel „Das Hexenjahr" Seite 104 ff.) vom Priester in der Kirche geweiht werden. Wirft man bei einem Gewitter drei oder sieben dieser Kätzchen ins Feuer, so ist das Haus gegen Wetterschäden geschützt.

Schutzzauber der Zigeunerinnen

„Serbische Zigeunerinnen winden aus neunerlei Kräutern, darunter Brennnessel nicht fehlen darf, zu Pfingsten einen Kranz und werfen ihn über das Dach ihrer Hütte. Der soll den Blitz abwehren. Die Brennnessel im Kranz soll dem Blitz den Weg zu den Phovushen (Erdgeister) zeigen ... Auch werden beim Bau einer neuen Hütte von den Zigeunern Brennnessel, Stechapfelsamen und Tannenzweige in den Grund eingegraben, damit der Blitz abgewehrt wird." (H. Marzell, S. 49)

Moderne Hexen nutzen – wie in Wirklichkeit wohl auch die Hexen früherer Jahrhunderte – ihr Wissen um die Gegebenheiten und Kräfte der Natur. Sie „machen" kein Wetter, sondern wirken und arbeiten vor allem im Einklang mit den Gestirnen. Dieses Wissen war durchaus nicht auf die Hexen beschränkt, fast jeder Bauer richtete sich früher danach. Besonders in Gartenbau und Landwirtschaft, aber auch auf anderen Gebieten des täglichen Lebens, erlebt es heute eine Renaissance. Nicht nur Erfahrungen der Menschen, die dieses Wissen anwenden, die moderne Wissenschaft bestätigt die Wirksamkeit ebenfalls.

Der Einfluss des Mondes

Die Sonne beeinflusst zwar das Wachstum und das Gedeihen der Pflanzen, der Mondstand spielt beim Säen und Ernten aber ebenfalls eine große Rolle. Auch er durchwandert die Sternbilder – dazu braucht er jeweils siebenundzwanzig Tage und etwa acht Stunden. Dabei vermittelt er in verschiedenster Weise Impulse für das Pflanzenwachstum. Diese wirken über den Boden, durch den die Pflanzen dann an den jeweils wirksamen Kräften teilhaben. Indem er an den verschiedenen Sternbildern vorüber zieht, teilt der Mond der Erde jeweils verschiedene Wirkkräfte mit, die für die verschiedenen Pflanzenteile von besonderer Bedeutung sind:

- Blatt (gleichzeitig Wassertage): Fische, Krebs, Skorpion
- Frucht (gleichzeitig Wärmetage): Widder, Löwe, Schütze
- Wurzel (gleichzeitig Kältetage): Stier, Jungfrau, Steinbock
- Blüte (gleichzeitig Luft- und Lichttage): Zwillinge, Waage, Wassermann

Wer im Garten die kosmischen Rhythmen berücksichtigt, arbeitet mit der Natur Hand in Hand. Jedes Jahr erscheint der bewährte Kalender *Aussaattage,* von Maria Thun, nach dem man Tag und Stunde für bestimmte Tätigkeiten genau ablesen kann. Vor allem sind auch die Mondphasen zu beachten:

- Wer selbst Saatgut heranzieht, sollte Samenernte und Aussaat bei abnehmendem Mond vornehmen. So bekommt man reichlich Samen.
- Bei abnehmendem Mond sollten vor allem solche Gemüse geerntet werden, bei denen die Frucht und nicht das Grün am wichtigsten ist – also Getreide, Hülsenfrüchte, Kartoffeln; Zwiebeln und Möhren.
- Bei zunehmendem Mond sollten vor allem Blattfrüchte, die frisch verbraucht werden, gesät und geerntet werden: Salat, Spinat, Küchen- und Heilkräuter, Blumen- und Rasensamen.
- Bei abnehmendem Mond wird alles geerntet, was gelagert oder getrocknet wird.

Der Mond und die Pflanzen

Bei einem Wurzelgemüse (zum Beispiel Karotte oder Rote Beete) kann man an den Ringen erkennen, wie alt es war, als es geerntet wurde, da jeder zunehmende Mond einen Ring hinzufügt – auf ähnliche Weise, wie bei einem Baum Jahresringe entstehen. Eine Zwiebel legt bei jedem zunehmenden Mond eine Haut zu. Es gibt wahre „Mondpflanzen", die bei zunehmendem Mond täglich ein neues Blatt bekommen und bei abnehmendem Mond täglich ein Blatt verlieren.

Nach dem Mondkalender Kräuter sammeln

Von manchen Kräutern benötigt man die Wurzel, von anderen Blatt, Blüte oder Samen. Wer Blüten erntet, während sich die stärkste Kraft der Pflanze gerade in der Wurzel konzentriert, bringt sich selbst um einen Teil des Heilerfolges!

- *Wurzeln* von Heil- und Gartenkräutern sollten Sie möglichst im frühen Frühjahr – wenn die Pflanzen ihre Kräfte noch nicht für das Sprossen und Blühen verwenden müssen – oder im Herbst – wenn der Saft schon wieder in die Wurzeln abgestiegen ist – ausgraben. Vollmond und abnehmender Mond sind die günstigsten Zeiten. Graben Sie die Wurzeln möglichst vor Sonnenaufgang oder in den späten Abendstunden aus. Am besten geeignet sind die „Wurzeltage" Steinbock und Jungfrau, wenn nicht anders möglich auch Stier.
- *Blätter* können – je nach Pflanzenart – fast das ganze Jahr über geerntet werden. Allerdings dürfen die Pflanzen nicht zu alt sein. Außerdem sollte es beim Ernten nicht regnen, und auch der Morgentau sollte schon abgetrocknet sein. Der zunehmende Mond ist besonders günstig, am besten sind Blatttage – also Tage, an denen der Mond im Krebs, im Skorpion oder in den Fischen steht.
- *Blüten:* Wenn die Pflanzen in voller Blüte stehen, ist das beste Erntezeit. Besonders gut geeignet sind die Mittagszeit oder die Stunden davor, da dann die Blüten alle ihre Kräfte sammeln, um sich der Sonne zuzuwenden. Am besten werden Blüten bei zunehmendem Mond oder bei Vollmond gesammelt, und zwar wenn irgend möglich an „Blütentagen" – also dann, wenn der Mond im Sternzeichen Zwillinge, Waage oder Wassermann steht.

- *Früchte und Samen* sollten beim Sammeln unbedingt reif sein, weil sie sonst bei der Trocknung leicht verderben. Bei Fenchel, Kümmel und so weiter erkennen Sie die Reife der Samen daran, dass diese sich bräunlich verfärben. Trockenes Wetter ist für die Ernte wichtiger als die Tageszeit, nur sollte man nicht in der heißesten Mittagszeit ernten. Sammeln Sie Früchte und Samen möglichst bei abnehmendem Mond – dann sind sie haltbarer. Gute Erntetage sind die „Fruchttage" – also jene Tage, an denen der Mond im Widder, im Löwen oder im Schützen steht.

Der Mond im Haushalt

Moderne Hexen nutzen den Einfluss des Mondes auch im Haushalt!

- So lassen sich bei abnehmendem Mond Reinigungsarbeiten im Haushalt (Wischen, Putzen, Fenster reinigen und so weiter) nicht nur leichter erledigen – der Erfolg wird auch dauerhafter sein. Ebenso sollte Wäsche möglichst bei *abnehmendem* Mond gewaschen werden. Auch Problemflecken lösen sich dann leichter. Berücksichtigt man noch die Wassertage (Fische, Krebs, Skorpion), so wird die Arbeit erleichtert.
- Natürlich wird jedes Haus und jede Wohnung regelmäßig gelüftet werden. An Luft- und *Wärmetagen* sollte man ausgiebig lüften, an Erd- und *Wassertagen* eher kurz. Federbetten werden am besten bei *abnehmendem* Mond in einem *Luft*- oder *Feuerzeichen* gelüftet. Bei *zunehmendem* Mond sollte man sie nur kurz lüften, weil sonst zuviel Feuchtigkeit in den Federn bleibt.

> „Wertvolle und empfindliche Kleidungsstücke – Lammfell, Leder, Daunen, Seide etc. – sollte man nur bei abnehmendem Mond in die chemische Reinigung geben. Das Gewebe nimmt dann keinen Schaden, und die Farben gehen nicht aus. Wenn möglich, sollte bei der chemischen Reinigung generell das Zeichen Steinbock vermieden werden – es sorgt für den gefürchteten Glanz auf den Kleidungsstücken." (Paungger/Poppe, S. 196)

- Renovierungsarbeiten sollten bei *abnehmendem* Mond vorgenommen werden. Farben und Untergrund trocknen gut ab, Tapeten lösen sich nicht so leicht. Allerdings sollten Wassertage vermieden werden – dann trocknet weder die Farbe besonders gut, noch bleiben die Tapeten haften. Das Gegenteil bewirken die Tage, in denen der Mond im Löwen steht: Dann trocknen Farbe und Kleister zu schnell.

- Beim Einkochen und Konservieren – sei es nun im Weckglas, im Keller oder in der Tiefkühltruhe – hängt die Haltbarkeit von Obst und Gemüse ebenfalls vom Mondstand ab. Früchte werden am besten im Widder, also an einem *Fruchttag,* geerntet und konserviert. Wurzelgemüse werden am günstigsten eingelagert, wenn der Mond im Steinbock oder im Stier steht, also an *Wurzeltagen.* Wer Obst und Gemüse einfrieren möchte, sollte dies am besten an einem *Fruchttag* tun und *Wassertage* vermeiden.

Körperpflege nach dem Mond

Auch in der Körperpflege hat alles „seine Zeit“:

- So wirken Masken, Packungen und Dampfbäder gegen Pickel am besten, wenn man sie bei abnehmendem Mond anwendet. Dabei bilden sich auch fast nie Narben (beispielsweise bei Akne).
- Zum Haareschneiden sind alle Tage geeignet, an denen der Mond im Löwen oder in der Jungfrau steht, während man an Tagen, an denen der Mond in Fische oder Krebs steht, besser nicht zum Friseur gehen sollte. Dauerwellen allerdings sollte man vor allem an Tagen, an denen der Mond in der Jungfrau steht, machen lassen – an Löwe-Tagen werden sie leicht zu kraus.
- Zehen- und Fingernägel wachsen nicht so schnell nach, wenn man sie zu einer Zeit schneidet, in welcher der Mond im Steinbock steht.

Die vier Elemente

Die klassischen Elemente sind Feuer, Luft, Erde und Wasser. Ihre Leben spendenden, aber auch zerstörerischen Eigenschaften sind seit alters her Gegenstand spiritueller Betrachtung und Inhalt von Meditationen und Ritualen. Sich innerlich mit den Elementen verbinden zu können kann gerade in unserer technisch geprägten Welt starke Kräfte verleihen, indem es den Menschen der Natur und ihren Geheimnissen näher bringt.

Das Feuer

Das Feuer – der griechischen Sage nach durch Prometheus den Göttern geraubt – kennzeichnet die Sonderstellung des Menschen innerhalb der Schöpfung: Nur der Mensch kann mit dem Feuer umgehen, während die Tiere sich zwar in den übrigen Elementen bewegen können, vor dem Feuer aber fliehen. Das Feuer – auf der einen Seite verzehrendes, verheerendes Element – ist im „gezähmten" Zustand williger Diener des Menschen: Es spendet Licht und Wärme und macht vor allen Dingen auch seine Nahrung vielseitiger und bekömmlicher: indem sie gekocht, gedünstet, gedörrt und gebacken wird.

Meditative Betrachtung

Wer einen Kamin oder ein offenes Herdfeuer besitzt, wird wahrscheinlich ohnehin gerne in die lebendigen Flammen schauen. Diese können uns mitunter beinahe in Trance versetzen, wir sehen Gestalten und Gesichter. Hinzu kommt die wohlige Wärme, der Duft des brennenden Holzes, den man noch durch darüber gestreute Kräuter intensivieren kann. Auch Kerzenlicht verändert die Atmosphäre durch seinen weichen Schein, durch die Bewegungen der Flamme, durch die Sorgfalt, mit der wir diese Flamme hüten. Sehr stark wirkt es auf unser Seelenleben, wenn wir ein Feuer malen. Deshalb ist Vorsicht geboten, denn der psychische Prozess, der durch die intensive Beschäftigung mit den dem Feuer entsprechenden Farben in Gang gesetzt wird, kann sehr intensiv und erregend sein! Aus diesem Grund sollte, wenn wir über Feuer meditieren – etwa bei einer Visualisierung – vorsichtig und behutsam vorgegangen werden, damit keine unkontrollierten Erregungszustände ausgelöst werden.

Wegen der großen Bedeutung des Feuers ist bei den meisten Völkern – nicht nur im europäischen Raum, sondern zum Beispiel auch in Afrika – der Beruf des Schmiedes ein heiliger Stand gewesen. Indem er das feurige Element beherrscht, ist der Schmied imstande, Umwandlungsprozesse bei den Metallen in Gang zu setzen. Diese Tatsache beschäftigte die Alchemisten noch weit über das Mittelalter hinaus, die für ihre verschiedenen Verfahren immer Hitze benötigten und zu diesem Zweck eine Vielzahl von Öfen entwickelten. Auch in der christlichen Vorstellung vom Fegefeuer, in dem die Seelen gereinigt und veredelt, gleichsam „ausgeglüht“ werden, lebt diese Anschauung weiter. Ähnliches gilt für den Mythos vom Phönix, der aus der Asche immer wieder neu geboren wird. Die Feuerfeste, die in ganz Europa als Oster-, Frühlings- und Johannisfeste gefeiert wurden (und noch werden), sind ebenfalls aus der Idee der Wandlungsmacht des Feuers entstanden. Dass das Herdfeuer heilig ist, ist ebenfalls für viele Völker und Kulturen bezeugt.

Bei vielen Völkern wird Hitze eingesetzt, um zu heilen und die Gesundheit zu kräftigen. Die „Schwitzhütte“ der nordamerikanischen Indianer, das feuchte russische und das trockene römische Bad laufen genau wie die finnische Sauna darauf hinaus, dass der menschliche Körper zum Schwitzen kommt und dadurch Gift- und Schlackenstoffe ausscheidet.

Die Luft

Die Luft ist das Element, das die Menschen am wenigsten zur Mythenbildung veranlasst hat. Zwar existieren in der Vorstellungswelt vieler Völker auch Luftgeister, aber diese haben zweitrangige Bedeutung. Das ist wohl darauf zurückzuführen, dass Luft für die Sinne nicht so klar wahrnehmbar ist wie die anderen Elemente: Man kann Luft ja gewöhnlich weder sehen noch hören, riechen oder schmecken. Deshalb kann man die Luft auch als ein geistiges Element bezeichnen.

Ein Lufthauch – nämlich der göttliche Atem – ist es, der den aus Erde geformten Menschenleib erst beseelt und es ihm möglich macht, die Erdenschwere hinter sich zu lassen, um nach Höherem zu streben. Der uralte Menschheitstraum vom Fliegen ist ja nicht allein dadurch erfüllt, dass der Mensch heute fähig ist, den Luftraum technisch zu beherrschen! Man nimmt in ein Flugzeug schließlich seine ganze Erdenschwere mit. Erst wenn sich der Mensch immer mehr als geistiges Wesen zu betrachten lernt, wird ihm nach und nach die viel tiefere Bedeutung dieses Traums vom Fliegen aufgehen ...

Es ist zwar allgemein anerkannt, dass die Luft die wichtigste Rolle für den menschlichen Körper spielt. Doch da wir genügend Luft haben, halten wir das meistens für selbstverständlich. Ohne Luft aber könnte man nur wenige Minuten überleben. Man macht sich selten klar, dass die meisten Menschen die Fähigkeit verloren haben, richtig zu atmen. Sie atmen nur noch flach, und diese unselige Gewohnheit verurteilt sie dazu, unter ständigem Sauerstoffmangel, mangelnder Vitalität und einem hohen Anteil giftiger Stoffe zu leiden.

Meditative Betrachtung

Wenn wir uns ganz bewusst Wind und Wetter – möglicherweise sogar unbekleidet – aussetzen, können wir die Luft wieder spüren. Es gibt weiche und rauhe Luft, feuchte und trockene, angenehme und unangenehme. Diese können wir mit unserem größten Sinnesorgan, der Haut, erfühlen.

Betrachten wir den Himmel bewusst, so sagt uns das nicht nur, ob es eventuell Regen geben wird, es kann uns sogar in einen meditativen Prozess führen – vor allem wenn wir die verschiedenen Wolkenbildungen beobachten. Auf einer Sommerwiese liegen und das „Wolkentheater" betrachten – wo immer neue Gestalten und Gebilde an uns vorüberziehen – das führt uns näher zu uns selbst, verbindet uns tiefer mit der uns umgebenden Natur.

Und wenn wir tief und voller Dankbarkeit für dieses köstliche Geschenk atmen, entstehen positive Schwingungen in uns selbst, die uns nicht nur gesünder werden lassen, sondern auch entspannen, beruhigen und klarere Gedanken schenken.

Die Erde

Die Erde ist das Element, aus dem in der religiösen Vorstellung wohl aller Völker und Kulturen der Menschenleib erschaffen wurde. Mit seinem Körper ist der Mensch deshalb dem Element Erde verhaftet, während sein Geist (der göttliche Atem, also das luftige Element) über das Irdisch-Sinnliche, nur der Materie Verhaftete, hinaus strebt. Erde ist aber nicht allein der Stoff, aus dem der Mensch geformt wurde – Erde ist das hervorbringende, fruchtbare Prinzip an sich. Die älteste Gottheit – erst in späterer, oft erst in historischer Zeit von männlichen Gottwesen verdrängt – ist deshalb auch immer eine Muttergöttin, die als das erhaltende, gebärende Prinzip verehrt wird. Diese Tatsache wird durch die moderne Mythenforschung eindeutig belegt.

Die ältesten sakralen Handlungen der Ackerbauer bestanden denn auch in Zeremonien, mit denen die Erde beziehungsweise die durch sie symbolisierte Muttergottheit dafür um Verzeihung gebeten wurde, dass man sie beim Pflügen verletzen musste. Diese Vorstellungen reichen noch weit in die römische Zeit hinein, in der gesellschaftlich schon längst ein patriarchalisches System etabliert war.

Es ist sicherlich höchste Zeit, dass wir Menschen – und dies gehört zu den wesentlichen Einsichten moderner Hexen – die Erde, die uns alle trägt und erhält, nicht mit immer rabiateren Methoden ausbeuten und zerstören, sondern ihr mit Ehrfurcht und Dankbarkeit begegnen. Der biologisch-dynamische Garten- und Ackerbau, der immer weitere Verbreitung findet, trägt dieser Idee in praktischer Weise Rechnung und leistet dadurch einen nicht zu unterschätzenden Beitrag zum Schutz und zur Erhaltung der Umwelt.

Für Heilzwecke wird die Erde in Form von Lehm schon seit Tausenden von Jahren verwendet. Es gibt Berichte darüber, dass etwa Hippokrates, Dioskurides, Avicenna (ca. 980–1037) und Galen (ca. 129–ca. 199) mit Lehmbehandlungen wahre Wunder bewirkten. Die großen Heilkräfte des Lehms sind nur zum Teil durch seine chemische Zusammensetzung zu erklären. Die negativen Ionen des Lehms sind fähig, positiv ionisierte Toxine anzuziehen und zu absorbieren – selbst Radioaktivität kann durch Lehm absorbiert werden. Lehm kann verunreinigtes und chloriertes Wasser entgiften und sogar entchloren. Lehm hat sowohl antiseptische als auch antibiotische Eigenschaften und fördert die Wundheilung – eiternde Wunden können erfolgreich damit behandelt werden. Zur Medikation sollte aber nur „jungfräulicher Lehm“ – der zuvor noch nicht benutzt wurde – verwendet werden. In Form von Heilerde ist Erde übrigens auch ein preiswertes und wirksames Kosmetikum.

Meditative Betrachtung

Mit unserem Tastsinn können wir die verschiedenen Qualitäten der Erde erfühlen: Sand, Lehm, krümelige Erde, Walderde und so weiter. Auch Farbe, Struktur und Geruch ist unterschiedlich. Wer einen Garten besitzt – oder auch nur einen Balkonkasten oder Blumentopf – kann, wenn er sich bewusst mit Erde und Pflanzen, mit ihrer Lebensweise und ihren Bedingungen und ihren Bedürfnissen beschäftigt, tiefe spirituelle Einsichten und Glückserlebnisse gewinnen, die stärkend und kräftigend auf den ganzen Menschen wirken und ihn mit der ihn umgebenden und nährenden Natur verbinden.

Die Dankbarkeit, die wir empfinden, wenn wir das tun, sollten wir auch einmal beim bewussten Gehen und Stehen (möglichst oft barfuss) üben. Die Erde trägt uns bei jedem Schritt, den wir auf ihr gehen.

„Erde, ich spüre dich,
Leise berühr ich dich,
Fühl' neu den Menschenfuß,
Hör meinen Liebesgruß:
Trägst mich bei jedem Schritt,
Trägst meine Last noch mit.
Gibst mir die Heimat hier,
Erde, ich danke Dir!"
(Hedwig Diestel/Diestel, S. 48)

Das Wasser

Nach einer der wohl beliebtesten entwicklungsgeschichtlichen Theorien kommt alles Leben aus dem Wasser, haben die Säugetiere und letztendlich auch die Menschen sich aus Fischen entwickelt, die vor Jahrmillionen ihr angestammtes Element verließen, um fortan auf dem Lande ihr Dasein zu fristen. Es mag dahingestellt bleiben, dass es sich hierbei um eine naturwissenschaftliche Vereinfachung sehr viel komplexerer Zusammenhänge handelt. Tatsache ist, dass der Mensch seine Herkunft aus dem feuchten Element – nämlich dem Fruchtwasser des Mutterschoßes – gleichsam als Urerinnerung in sich trägt und dass dadurch sein Verhältnis zu diesem Element geprägt ist.

Dem Wasser wohnt eine reinigende, heiligende Kraft inne – die rituellen Bäder der Inder im Ganges, die Waschungen der Mohammedaner vor jedem Gebet, die Taufe der christlichen Religionen bezeugen neben vielen anderen Beispielen dieser Art, dass dieses Wissen rund um die Welt tief im Menschen verwurzelt ist. Das Heilige ist aber – jedenfalls für den Menschen im Frühstadium seiner kulturellen Entwicklung – immer auch das Erschreckende, Furcht erregende, und so sind für den „primitiven" Menschen die Flüsse, Seen und Quellen mit Geisterwesen aller Art bevölkert, die es zu besänftigen gilt und denen man am besten überhaupt aus dem Weg geht. In unserer „zivilisierten" Welt lebt diese Vorstellung noch fort in den zahlreichen Märchen von Wassermännern und Nixen, die nur darauf warten, eines menschlichen Wesens habhaft zu werden und es für immer in ihr nasses, kaltes Reich zu ziehen.

Weiß man um die Bedeutung des Elementes Wasser für die geistig-seelische Entwicklung des Menschen, so ist es nicht weiter erstaunlich, dass gerade dieses Element in der Heilkunde besonders ausgiebige Verwendung findet. Von Sebastian Kneipp (1821–1897), dem Reformator der Wasserheilkunde, ist der Ausspruch bekannt, dass die Römer durch übermäßigen Gebrauch des warmen Wassers sich verweichlicht und – in Verbindung mit einer üppigen Ernährung – ihren Untergang herbeigeführt hätten. Kneipp hat deshalb in erster Linie die Anwendung des kalten Wassers ausgebaut. Ernst Schweninger (1850–1924), der Leibarzt Bismarcks, dagegen gab dem heißen Wasser den Vorzug und entdeckte in ansteigenden, das heißt langsam heißer werdenden, Teilbädern ein vorzügliches Kräftigungsmittel wieder. In Form von Bädern und wenn wir Heil- und Mineralwässer trinken, können zahlreiche, auch chronische Leiden nachhaltig gelindert und sogar kuriert werden.

Hufelands Lebensregeln

Der Arzt Christoph Wilhelm Hufeland (1762–1836), der auch Goethe und Schiller behandelte, dichtete 1836 auf dem Sterbelager seine berühmten „Lebensregeln", in denen es nach der Abhandlung des luftigen Elements heißt:

„Das Zweite ist das Wasserreich,
Es reinigt dich und stärkt zugleich.
Drum wasche täglich deinen Leib,
Und bade oft zum Zeitvertreib.
...
Das Wasser ist der beste Trank,
Es macht fürwahr dein Leben lang,
Es kühlt und reiniget dein Blut
Und gibt dir frischen Lebensmut."

Eine moderne Hexe wird – wie ihre Vorgängerinnen in früheren Jahrhunderten und Jahrtausenden – in allem die tiefe Eingebundenheit in die Natur spüren und daraus neue Kräfte schöpfen. Deshalb wird sie ihr stets immer mit Ehrfurcht und Dankbarkeit begegnen, denn sie schenkt ihr nicht nur alles, was sie für ihr alltägliches Leben braucht, sondern schenkt ihr auch die magischen Kräfte, die dahinter verborgen liegen.

Den Elementen, den Pflanzen, den Flüssen und Felsen wohnten für unsere Vorfahren lebende Wesen inne, die allerdings nicht menschlicher Natur waren. Jedes Volk der Welt hat Märchen und Sagen darüber, in denen diese Wesen oft sehr detailliert beschrieben werden: Böse Gnomen, listige Zwerge, hilfreiche Elfen – sie alle finden wir in unseren Volks- und Kunstmärchen. Diese zeugen davon, dass es früher ein anderes Naturbild gab, in dem der Mensch sich nicht als Alleinherrscher oder sogar Ausbeuter betrachtete. Die moderne Hexe wird sicher in Einklang mit der Natur leben; sie spürt ihr Leben und Weben wieder ganz bewusst, wenn sie sich mit diesen Märchen intensiv beschäftigt. Die bildhafte Sprache, die tiefe Ehrfurcht vor der Schöpfung und das Bewusstsein, dass es „mehr Dinge zwischen Himmel und Erde gibt, als die Schulweisheit ahnt" (Shakespeare), werden ihr Einsichten und Kräfte zufließen lassen, die ihr im Alltag zugute kommen.

Meditative Betrachtung

Wer am Meer, an einem See oder Fluss wohnt, wird während des Tages und während der Jahreszeiten die immer wieder wechselnden Stimmungen beobachten können. Auch die Bewegung des Wassers – oder seine Stille – laden zur Meditation ein. Deshalb kann man Wasser auch sehr gut visualisieren. Stellen wir uns einen stillen See, einen fließenden Bach, ein stürmisches Meer vor, wird dies unterschiedliche Empfindungen und Kräfte in uns hervorrufen. Noch stärker wirkt es, wenn wir Wasser malen. Durch die Farben, die wir dabei verwenden, hat es einen besänftigenden, beruhigenden Einfluss.

Besonders wirksam ist der direkte Kontakt mit diesem Element, wenn wir etwa wellenbaden oder ruhig in einem einsamen Natursee schwimmen. Aber auch in einem Hallenbad kann man entdecken, dass Wasser uns trägt, wenn wir ihm furchtlos vertrauen. Selbst die heimische Badewanne oder Dusche ist geeignet, uns die nicht nur körperlich reinigende Kraft des Wassers bewusst zu machen.

Sich mit den Rhythmen des Lebens verbinden

Bei dem Wort „Rhythmus“ denken wir hauptsächlich an Musik und Tanz. Beides kann unsere Meditationen unterstützen und beflügeln, uns sogar in eine Art Trance versetzen. Aber die Natur und damit unser eigenes Leben ist bestimmten Rhythmen unterworfen. Wenn wir diese erkennen und mit ihnen schwingen können, profitieren wir von diesen Kräften anstatt ihnen entgegenzuarbeiten. Moderne Hexen vertrauen sich diesen Rhythmen an und spüren, wie sie von ihnen getragen werden. Sie spüren, dass sie zum Rhythmus des Lebens, des Kosmos gehören und haben so an den Geheimnissen der Schöpfung teil. Dies ist keineswegs ein geheimes, esoterisches Wissen, es sind Erkenntnisse, teilweise so alt wie die Menschheit.

Bereits mit unserem ersten Atemzug, mit unserem ersten Herzschlag setzen Rhythmen ein, deren wir uns kaum einmal bewusst werden. Sie bestimmen dennoch ordnend und tragend unser ganzes Leben hindurch unser leibliches Dasein. Jedem Ausatmen folgt ein Einatmen, jedem Einschlafen ein Erwachen, jeder Nahrungsaufnahme der Verdauungsprozess. Und jedes neue Leben gleicht einen Tod aus, und jeder Tod ein neues Leben.

Die Rhythmen irdischen Lebens sind keine isolierten Phänomene, sondern entsprechen ihrerseits den kosmischen Rhythmen. Schon in der antiken Welt wusste man um den gesetzmäßigen (rhythmischen) Aufbau des Weltalls. So sprach man von Sphärenharmonien, die durch die Bewegungen der Gestirne entstanden. Die Sternbilder, auch die Bilder des Tierkreises, hatten eine viel tiefere Bedeutung für die Menschen und für die Erde, als man ihnen heute beimisst, wo sie fast nur noch in der Erstellung von Horoskopen Beachtung finden. Erst in jüngster Zeit besinnt man sich wieder auf die Kräfte, die aus dem Kosmos bis in unser Leben hineinwirken und die sich nutzen lassen, wenn man nur um ihre Gesetzmäßigkeiten weiß – wie beispielsweise im Gartenbau.

Große Verdienste auf diesem Gebiet hat sich Maria Thun erworben, die seit Jahren – jährlich neu – den Kalender *Aussaattage* herausgibt. (Im vorhergehenden Kapitel „Leben mit den Elementen“, Seite 79, wurde bereits darauf eingegangen.) Darin sind anhand der Mondphasen in den einzelnen Sternbildern des Tierkreises die Tage angegeben, die für bestimmte Tätigkeiten am günstigsten sind. Eine Pflanze kann sich tatsächlich recht unterschiedlich entwickeln – je nachdem, ob sie bei zunehmendem oder bei abnehmendem Mond gepflanzt oder gesät wird. Viele Biogärtner arbeiten inzwischen erfolgreich mit den „Aussaattagen“ und erzielen dadurch nicht nur befriedigende Ernten, sondern gewinnen auch ein Gefühl für die kosmischen Zusammenhänge, in die wir verwoben sind.

Der Einfluss der Sonne auf die Pflanzenwelt

Am augenfälligsten sind wohl die durch die Sonne hervorgerufenen Lebensrhythmen bei vielen Blütenpflanzen. So hat die Sonnenblume nicht nur wegen ihrer Blütenform ihren Namen, sondern auch deshalb, weil sie ihren Blütenkorb tagsüber ein wenig mit der Sonne dreht. Junge Bohnen heben und senken ihre Blätter im Tag-Nacht-Rhythmus. Bei manchen tropischen Pflanzen falten sich abends die Fiederblätter zusammen und breiten sich morgens wieder aus. Löwenzahn und Sonnentau stehen nur bei Sonnenschein in voller Blüte. Die weiße Seerose schließt gegen 16 Uhr ihre Blüte. Erst in der Abenddämmerung öffnen sich ruckartig die Blüten der Nachtkerze, und der mexikanische Kaktus „Königin der Nacht“ blüht nur nach Sonnenuntergang. Der schwedische Naturforscher Carl von Linné (1707–1778) war von der Pünktlichkeit, mit der viele bekannte Blumen sich öffnen und schließen, so beeindruckt, dass er eine „Blumenuhr“ erfand und anpflanzte, an der man die Tageszeit ablesen konnte.

Durch die unterschiedliche Stellung der Erde zur Sonne entsteht für uns Mitteleuropäer der Zyklus der Jahreszeiten. Es ist das Charakteristischste der gemäßigten Zonen, dass das Jahr nicht gleichmäßig abläuft. Es gliedert sich in unterschiedliche Abschnitte, die einen bedeutenden Einfluss auf die menschliche Seele haben, indem sie immer neue Empfindungen hervorrufen. Man braucht nur einmal Schilderungen aus den Tropen zu lesen, wo das Jahr nicht aus vier Jahreszeiten, sondern nur aus 365 Tagen besteht, die morgens um sechs Uhr beginnen und abends um sechs Uhr enden!

Wir wissen heute, dass alle Menschen unserer Breiten vom Einfluss der Sonne abhängig sind. So teilte der dänische Lehrer Malling-Hansen bereits 1884 auf Grund zahlreicher Beobachtungen an seinen Zöglingen mit, dass Kinder im Jahreslauf nicht gleichmäßig wachsen, sondern in den Herbstmonaten weniger, von Dezember bis März doppelt so schnell, bis Mitte August nimmt das Wachstum stetig zu, wohingegen es in Herbst und Winter wieder abnimmt. Dass dieser in Kopenhagen beobachtete Rhythmus wirklich mit der Sonne zusammenhängt, geht daraus hervor, dass der Rhythmus in Australien (wo bekanntlich Winter ist, wenn wir Sommer haben) genau umgekehrt verläuft. Übrigens kann jede moderne Hexe ähnliche Feststellungen machen, wenn sie im Jahreslauf beobachtet, wie und mit welcher Geschwindigkeit ihre Haare und Nägel wachsen!

Die systematische Beobachtung der biologischen Rhythmen – die Chronobiologie – ist beileibe keine magische Praxis, sondern eine verhältnismäßig junge Wissenschaft. Erst seit ungefähr Mitte des 20. Jahrhunderts kennt man die Bedeutung solcher Zyklen, die das Tempo unzähliger Funktionen bestimmen, von denen viele unbedeutend und trivial erscheinen – sie beeinflussen aber dennoch die Leistungsfähigkeit unseres Körpers insgesamt.

Der menschliche Körper folgt Hunderten solcher Rhythmen. Es ist nicht immer leicht, ihre Existenz zu beweisen, und oft bedarf es regelmäßiger Beobachtungen mit komplizierten Geräten über lange Zeiträume hinweg. Häufig scheint es keinen „vernünftigen" Grund für ihre Existenz zu geben. So hat man beispielsweise eindeutig festgestellt, dass wir nicht gleichzeitig durch beide Nasenlöcher atmen. Ungefähr drei Stunden lang ziehen wir die Luft durch das linke Atemloch ein, dann wechseln wir für drei Stunden auf das rechte. Warum das so ist, ist bis heute unerfindlich. Unsere Körpertemperatur ist nicht im ganzen Körper gleich. Eine Seite ist immer etwas wärmer als die andere, aber wir erkennen keinen besonderen Grund, warum das so sein muss, und erst recht nicht dafür, dass die linke Seite nachts, die rechte am Tag wärmer ist.

Die offensichtlichsten Rhythmen im Leben eines Menschen sind die *circa diem*, die auf den Tag bezogenen. Es ist leicht zu erkennen, dass viele unserer Aktivitäten, der körperlichen wie der geistigen, einem 24-Stunden-Rhythmus folgen, der sich annähernd dem von Auf- und Untergang der Sonne bestimmten Wechsel von Tag und Nacht anpasst. (Daher rühren auch die Schwierigkeiten vieler Menschen, sich an die Sommerzeit und die damit verbundene Umstellung der Uhrzeit zu gewöhnen!) Wir verspüren das Bedürfnis, bei Dunkelheit zu schlafen und bei Tageslicht wach zu sein. Blutdruck und Pulsschlag folgen ebenfalls einem 24-Stunden-Rhythmus, mit Höchstwerten am späten Nachmittag und Tiefstwerten in den frühen Morgenstunden. Auch die Nieren arbeiten nachts weniger als am Tage, weshalb wir in der Nacht normalerweise nicht durch Harndrang geweckt werden.

Die Geschwindigkeit, mit der unser Körper Kohlehydrate und einige andere Substanzen verbrennt, zeigt ebenfalls Schwankungen innerhalb eines Tages, mit der Tendenz zu niedrigen Werten bei Nacht, in der auch Speichel und Magensaft in geringeren Mengen produziert werden und säurereicher sind, der Dickdarm langsamer arbeitet und die Gehirntätigkeit träge ist. Ob wir wach sind oder schlafen, spielt dabei keine Rolle! Auch wenn wir die Nacht durchtanzen, erreichen wir den Tiefpunkt gegen vier Uhr morgens und bauen dann allmählich wieder auf, so dass wir gegen neun Uhr zum Start in einen neuen Tag bereit sind.

Die Biorhythmen nutzen

Zahlen und Berechnungen können uns helfen, auch im Alltag „Ebbe- und Flutzeiten" unseres Lebens vorauszusagen. Sie können uns helfen, die Tage und Stunden zu errechnen, an denen wir aller Wahrscheinlichkeit nach geistig rege und vital, träge und krankheits- oder unfallgefährdet oder auch sexuell besonders aktiv sind. Man nennt diese Zyklen, die vom Tag der Geburt an errechnet werden und sich in immer gleichen Abständen folgen, „Biorhythmen".

Die individuellen Biorhythmuskurven kann man sich bei Spezialinstituten (mitunter auch bei einem Astrologen) erstellen lassen. Es ist auch möglich, sie selbst zu errechnen, beispielsweise mit einem entsprechenden Computerprogramm oder einem Buch (siehe Literaturverzeichnis, Seite 201). Auf jeden Fall ist es immer wieder erstaunlich, wie viel harmonischer und erfreulicher sich Berufs- und Privatleben gestalten lassen, wenn man seine eigenen Rhythmen kennt und ihnen folgt.

Besonders interessant ist der Wochenrhythmus, der in seinen biologischen Auswirkungen noch kaum erforscht ist. Beispielsweise fällt er bei den Brutzeiten der Vögel (auch beim Hausgeflügel) auf:

- Die Jungen der meisten Singvögel schlüpfen nach dem 13./14. Tag aus dem Ei.
- Eine Glucke sitzt 21 Tage auf dem Nest.
- Um 28 Tage brüten die meisten unserer kleinen Tag- und Nachtgreifvögel.
- Genau 42 Tage brütet der Steinadler.

Inzwischen ist man auch auf eine Fülle von Sieben-Tage-Rhythmen im menschlichen Organismus gestoßen. So werden nach einer Blutspende die fehlenden roten Blutkörperchen alle sieben Tage vermehrt aus dem Knochenmark in die Blutbahn „nachgeliefert". (Über den Rhythmus der Wochentage, deren Zuordnung zu den Gestirnen, Getreiden, Metallen und so weiter wird später in diesem Kapitel noch ausführlich die Rede sein – mit vielen Hinweisen, wie eine moderne Hexe das uralte Wissen um diese Geheimnisse praktisch umsetzen kann.)

Frauen kennen aus eigener Erfahrung den Mondrhythmus: Schlaflosigkeit bei Voll- oder zunehmendem Mond, Menstruation, Dauer der Schwangerschaft und so weiter. Aber biologische Mondrhythmen („Lunationsperiodik") sind bei mehr als hundert Organismenarten gefunden worden! Davon leben über siebzig Prozent in der Gezeitenzone der Meeresküsten, sind also von diesem an den Mondumlauf gebundenen mächtigen Geschehen beeinflusst. Aber auch im Binnenland gilt der Rhythmus des Mondes. Bekanntlich ist im Frühjahr das Keimen und Sprießen der Pflanzen recht wetterabhängig, insbesondere was Wärme und Kälte angeht. Indem man genau nachmaß, konnte man an einigen höheren Blütenpflanzen feststellen, dass die Geschwindigkeit ihres Wachstums um die Neumondzeit herum von den Außentemperaturen abhängig ist. Bei Vollmond hingegen wachsen die Pflanzen gleichmäßiger, also auch witterungsunabhängiger – so die Anemonen, der Lerchensporn und der Geißfuß.

Auch die Biologie des Menschen kennt den Mondrhythmus. Schon in den vierziger Jahren des 20. Jahrhunderts entdeckte man, dass das Helligkeitsempfinden des menschlichen Auges im Tag-Nacht-Rhythmus, im synodischen Monatsrhythmus (Mondmonat) und im Jahresrhythmus schwankt. Wir reagieren auf die Farbe Blau empfindlicher bei jedem Neumond im Jahr, aber besonders um die Sommersonnenwende (21. Juni), auf Rot bei Vollmond mit zusätzlicher Verstärkung um die Wintersonnenwende (21. Dezember). Dies ist bei jedem Menschen der Fall und unabhängig davon, ob wir die Mondphasen bewusst beobachten oder nicht! Eine unbewusste Grundbefindlichkeit ist also ganz offensichtlich an astronomische Rhythmen gebunden. So können eine Reihe von Beispielen dafür genannt werden, dass wir Menschen geistig, körperlich und emotional mit dem Mond „schwingen", etwa:

- die Schwankungen der Harnsäureausscheidungen
- die Geburten- und Sterbehäufigkeit
- der weibliche Menstruationszyklus.

Körperrhythmen und Kosmos

Neben den Rhythmen der Jahreszeiten, den Sonnen- und Mondrhythmen sind noch zahlreiche andere Rhythmen, die sich im menschlichen Organismus äußern, kosmischer Herkunft. Der wichtigste dieser Rhythmen wird durch den Blutkreislauf mit der Pulswelle repräsentiert. Etwa 72 Pulsschläge in der Minute werden erzeugt. Damit befindet sich der Pulsschlag in einem gesetzmäßigen Verbund mit der Atmung: der Atemrhythmus mit etwa 18 Atemzügen pro Minute korrespondiert mit dem Pulsschlag im Verhältnis 1 zu 4. (Gerade hieran lässt sich ablesen, dass dieser Rhythmus vielen Schwankungen unterliegt. Heftige Bewegung, körperliche Anstrengung, Schreck oder Angst verändern das Verhältnis. Die meisten Menschen weisen nur noch gegen drei Uhr nachts dieses harmonische Verhältnis auf – ansonsten gibt es Unterschiede von 1 zu 1,5 bis 1 zu 7.) Diese 18 Atemzüge pro Minute entsprechen der Anzahl der Sonnentage im platonischen Weltenjahr (die Zeit, in der sich ein voller Umlauf des Frühlingspunktes auf der Ekliptik vollzieht).

Der Rhythmus der Wochentage

Auch der gesamte Lebenslauf gliedert sich durch einen bestimmten Rhythmus, in dem die Zahl Sieben (wie wir sie aus dem Wochenrhythmus kennen) eine große Rolle spielt. Seit dem Altertum wird der Siebenjahresrhythmus immer wieder als grundlegend angesehen. Anfang des 20. Jahrhunderts hat ihn der Philosoph, Naturwissenschaftler, Pädagoge und Begründer der Anthroposophie Rudolf Steiner (1861–1925) neu entdeckt und für Menschenkunde, Pädagogik und Medizin fruchtbar gemacht. Auch die Lebenslaufforschung unserer Zeit stößt immer wieder darauf: Sie stellt Stauungszeiten und Knotenpunkte im Lebenslauf fest, aus denen jeweils Neues hervorwächst. Diese Knotenpunkte sind jedoch nicht Fixpunkte, sondern Richtwerte, um die der lebendige Rhythmus schwingt. Das bedeutet, dass manchmal ein „Umschwung" auch früher oder später eintreten kann.

Rhythmen sind also lebenswichtig, werden aber immer mehr außer Acht gelassen – beispielsweise durch angepasste Arbeitszeiten (Nachtschicht, Sonntagsarbeit), veränderte Freizeitgewohnheiten

(Fernsehen rund um die Uhr) und so weiter Deshalb ist es gerade für eine moderne Hexe so besonders wichtig, sich ihrer eigenen Rhythmen, die ja den kosmischen entsprechen, wieder bewusst zu werden. Nur so kann man wieder in Einklang mit sich und der Welt kommen.

Viele der erwähnten Rhythmen laufen mehr oder weniger unbewusst im Menschen ab (zum Beispiel Stoffwechsel). Andere dagegen sind mit dem bewussten Willen zu regulieren (zum Beispiel Atemtätigkeit). Sicherlich kann man mit Genussmitteln (Kaffee, Tee) und Weckaminen seinen Schlaf-Wach-Rhythmus verändern. Aber diese unrhythmische Lebensweise führt zu (nicht nur körperlichen) Schädigungen. Und sie kostet Kraft – jene Kraft, die durch den Rhythmus ersetzt werden kann. Aus dieser Tatsache erklärt sich, warum beispielsweise Kinder und kranke oder ältere Menschen besonders auf Rhythmen angewiesen sind: sie brauchen die Kraftersparnis, das Eingebettetsein in die organische Gesamtheit, damit sie (wieder) eine stabile Lebensorganisation aufbauen können.

Folgt die tägliche Aktivität einem regelmäßigen Rhythmus, so wirkt sich das auf die Gesundheit jedes Menschen aus. Außerdem ist der Heilerfolg der Badekurorte (und Gesundheitsfarmen) im Wesentlichen nicht auf Diät, Ruhe und Heilquellenwirkung zurückzuführen, sondern auf ein System strenger Regelmäßigkeit, das natürliche Rhythmen wiederherstellt, die unter den Zwängen des Alltagslebens verloren gegangen sind. Lernen wir also wieder, auf unsere Rhythmen zu lauschen, uns von ihnen tragen zu lassen – und sie zu genießen.

Im Rahmen dieses Kapitels wurde bereits auf den Sieben-Tage-Rhythmus hingewiesen. Es gibt viele Möglichkeiten, sich im Alltag mit den kosmischen Gegebenheiten zu verbinden und sich ihrer ganz bewusst zu werden – ob in der Meditation oder auch ganz praktisch in der Ernährung (aus der heraus die kosmischen Kräfte ja auch auf uns einwirken). Deshalb soll im Folgenden ein Überblick über die Wochentage, deren Bedeutungen und Zuordnungen gegeben werden.

Jeder Wochentag ist einem bestimmten Planeten und somit bestimmten Eigenschaften zugeordnet. Die Planeten repräsentieren ganz bestimmte Eigenschaften der menschlichen Seele. Da sie über bestimmte Sternzeichen regieren,wirken sie auch prägend auf die unter ihrem Einfluss stehenden Menschen. So hat jeder Mensch eine ganz besondere Beziehung zu „seinem“ Tag – beispielsweise ein Löwe-Geborener zum Sonntag, ein Zwilling zum Mittwoch und so weiter.

Die Namen der Wochentage sind nicht willkürlich gewählt. Dies kann man leicht feststellen, wenn man die ihnen zugeordneten Planeten näher betrachtet. So kreisen Mond, Merkur und Venus – von der Erde aus gesehen – innerhalb der Sonnenbahn; Mars, Jupiter und Saturn außerhalb derselben. Dieser Unterscheidung folgend, kann man Mond, Merkur und Venus als die schicksalsbestimmenden, Mars, Jupiter und Saturn als die schicksalsbefreienden Planeten bezeichnen. In bezug auf die Wochentage bedeutet dies, dass auf je einen Tag, der eher dem praktischen Leben gewidmet ist, ein anderer folgt, der sich eher auf Dinge richtet, die Geist und Bewusstsein erweitern.

So kann ein bewusstes Leben mit den Wochentagen unserer schnelllebigen Zeit nicht nur Struktur und Kontinuität geben, sondern sie auch spiritualisieren. Dadurch können wir wieder lernen, eine innere Beziehung zu den kosmischen Rhythmen herzustellen. Den einzelnen Planeten sind bestimmte Getreide zugeordnet, in denen sich die Wesens- und Wirkprinzipien der Gestirne widerspiegeln, und so gibt es auch für jeden Wochentag ein „passendes" Getreide. Mit diesem kann man die Eigenart des Tages unterstreichen und dadurch das rhythmische Erleben sinnlich vertiefen.

Planeten und Tierkreiszeichen

Sonne regiert Löwe
Mond regiert Krebs
Mars regiert Widder und Skorpion
Merkur regiert Zwillinge und Jungfrau
Jupiter regiert Schütze und Fische
Venus regiert Stier und Waage
Saturn regiert Wassermann und Steinbock

Der Sonntag

Dieser der Sonne zugeordnete Tag sollte als Mitte betrachtet werden – zwischen zwei Wochen, zwischen zwei Tagen, die zwei verschiedenen Planetenprinzipien entsprechen – als ein Tag außerhalb der Alltagsordnung. Sonnenhaftes sollte diesen Tag beherrschen – sei es nun der physische Sonnenschein oder „geistiges Sonnenlicht", etwa indem man sich mit Dingen beschäftigt, die sich vom Alltag abheben: ein Gedicht liest oder schöne Musik hört.

Der Sonne und damit dem Sonntag ist der Weizen zugeordnet. Wie der Roggen ist er formbar – während aus den anderen Getreiden nur Fladen gebacken werden, entstehen aus dem Weizen (dank seiner Formkraft) Laibe. Weizen ist leichter verdaulich als Roggen. Der menschliche Organismus wird durch ihn in harmonischer Weise ernährt. Man sagt auch, dass der Weizen das beste Getreide für die Ernährung des geistig tätigen Menschen sei. Übrigens enthält er als Spurenelement Gold – das der Sonne zugeordnete Metall.

Kulturgeschichtliches über den Weizen

Interessanterweise war der Weizen das Getreide der Römer und der Ägypter. Diese Völker wiesen in ihrem Staatsgefüge einen sehr hohen Organisationsgrad auf – beispielsweise das römische Recht, die Regierungsform, die Architektur. In allen Aktivitäten herrschte also eine starke Formkraft.

Lange galt der Weizen in Europa als das Getreide der Wohlhabenden und Gebildeten, die früher als andere Bevölkerungsschichten die Möglichkeit hatten, ein Bewusstsein ihres Selbst – also ein Selbst-Bewusstsein – zu entwickeln.

Der Montag

Aus der deutschen Bezeichnung ist noch zu erkennen, dass dieser Tag dem Mond zugeordnet ist. Der Mond gehört zu den schicksalsbestimmenden Planeten, fordert uns also auf, zu Beginn der neuen Woche tatkräftig das Naheliegende anzupacken und zu gestalten. Wie der Mond das Sonnenlicht reflektiert, so ist der Montag eine Aufforderung an uns, noch etwas vom Glanz des Sonntags widerzuspiegeln und mit der am Wochenende gewonnenen Kraft den Alltag zu gestalten.

Dem Mond und damit dem Montag zugeordnet ist der Reis. Seine Beziehung zum Mond kommt dadurch zum Ausdruck, dass er das wasserliebendste aller Getreide ist und dass seine wichtigsten Inhaltsstoffe sich in dem das Reiskorn umhüllenden Silberhäutchen befinden. Einerseits vermittelt der Reis nicht die organische Grundlage zur Entwicklung unseres westlichen Bewusstseins. Andererseits entbehrt aber unsere unruhige westliche Zivilisation einer kontemplativen Grundhaltung. Insofern hat der Reis als Vertreter östlicher Sinnesart durchaus seinen berechtigten Platz an unserer Tafel.

Kulturgeschichtliches über den Reis

Der Reis ist eine alte Kulturpflanze Asiens, die in unseren Breiten noch gar nicht so lange heimisch ist. Saat, Pflanzung und Ernte wurden früher nach kultischen Ritualen vollzogen. In vielen Gegenden Asiens wird Reis bis heute oft zeremoniell und vor allem in Ruhe und Gelassenheit gegessen. Die ihm innewohnende Ruhe und das Gleichmaß der strömenden Flüssigkeit (Reis wird ja auch zur Entwässerung verwendet!) wirken auf Geist und Seele.

Der Dienstag

Der Dienstag ist dem Mars zugeordnet. In der französischen Sprache ist dies noch erkennbar: *mardi* ist vom lateinischen *martis dies* abgeleitet, was bedeutet „Tag des Mars". Dabei ist zu berücksichtigen, dass Mars, der Gott des Krieges, durchaus nicht nur Zerstörung und Gewalt symbolisiert, sondern auch für Kampfgeist und Ritterlichkeit steht. Der Mensch kämpft schließlich nicht nur für materielle Dinge, sondern auch um Erkenntnis und um die Entfaltung höherer geistiger und seelischer Eigenschaften. So gehört Mars zu den schicksalserweiternden Planeten, und sein Tag – der Dienstag – ist eine Aufforderung an uns, mutig und kraftvoll neue Gebiete für uns zu erschließen.

Kulturgeschichtliches über die Gerste

Während der Blüte ihrer Kultur ernährten sich die Griechen vorwiegend von Gerste. Demeter, die griechische Göttin des Ackerbaus, erhielt als Opfergabe einen Absud von Gerste. Der griechische Philosoph Plato (477–348 v. Chr.) forderte von den Bürgern seines „idealen Staates", dass sie als Grundnahrungsmittel Brei von Gerste und Brot von Gerste und Weizen zu sich nehmen sollten. Der griechische Arzt Hippokrates gab der Gerste in seiner Heil- und Ernährungslehre ebenfalls den ersten Platz.

Die Gerste ist als Getreide dem Mars und damit dem Dienstag zugeordnet. Früher galt sie bezeichnenderweise als ideales Nahrungsmittel für Gladiatoren und Philosophen, also für körperlich und geistig geforderte Menschen. Man kann selbst feststellen, dass der Verzehr von Gerste die Leistungsfähigkeit verbessert und lang andauerndes Arbeiten erleichtert.

Der Mittwoch

Mittwoch ist dem Planeten Merkur zugeordnet. In der französischen Sprache ist dies noch erkennbar: *mercredi* ist vom lateinischen *mercurii dies,* „Tag des Merkur", abgeleitet. Merkur, der Gott des Handels und der Kaufleute, fordert zum praktischen Denken und Tun auf. Als Götterbote will er uns dazu aufrufen, mit spirituellen Weisheiten unser tägliches Handeln zu durchdringen. Die Verbindung von Oben und Unten, das gegenseitige Durchdringen von Geist und Materie wirkt schicksalsformend.

Als mit Merkur in Verbindung stehendes Getreide gehört die Hirse zum Mittwoch. Die Hirse als eine einzige Getreideart gibt es eigentlich gar nicht, denn man unterscheidet einige hundert Formen. So vielfältig sie uns in ihren Erscheinungsformen begegnet, so ist auch ihre Wirkung: Sie regt zu den verschiedensten Tätigkeiten an. Damit wird sie vor allem dem sanguinischen Temperament gerecht: beweglich, schnell, veränderlich, wärmeliebend und ideenreich. So ist die Hirse das traditionelle Getreide der Afrikaner. Gerade die afrikanischen Völker haben ja viel Sanguinisches – man denke nur an ihre Musikalität, ihre Wärme spendende Gastlichkeit und ihre Bewegungsfreude.

Der Donnerstag

Der Donnerstag ist dem Jupiter zugeordnet. Auch das lässt sich in der französischen Sprache noch erkennen: *jeudi* ist vom lateinischen *jovis dies,* „Tag des Jupiter", abgeleitet. Jupiter war der höchste der antiken Götter, der Herrscher des Olymp. Das nach ihm benannte Gestirn gehört zu den schicksalerweiternden Planeten. Seine Aufforderung an uns ist: über unser Alltags-Ich hinaus zu wachsen, menschliche Größe und Würde zu entwickeln, Herrscher zu werden – über uns selbst.

Der Roggen – neben dem Weizen das wichtigste Brotgetreide – wird mit den Jupiterkräften in Verbindung gebracht und ist damit das Getreide des Donnerstags. Der Roggen ist sehr mineralstoffreich und vermittelt eine gewisse Schwere, die es erfordert, ihn gut aufzu-

Kulturgeschichtliches über die Hirse

Das Grimmsche Märchen vom Hirsebrei verdeutlicht die Lebensfülle, die dieses Getreide spendet:

> „Es war einmal ein armes frommes Mädchen, das lebte mit seiner Mutter allein, und sie hatten nichts mehr zu essen. Da ging das Kind hinaus in den Wald, und da begegnete ihm eine alte Frau, die wusste seinen Jammer schon und schenkte ihm ein Töpfchen, zu dem sollt es sagen: Töpfchen kocheo, so kochte es guten, süßen Hirsebrei, und wenn es sagte: Töpfchen steho, so hörte es wieder auf zu kochen. Das Mädchen brachte den Topf seiner Mutter heim, und nun waren sie ihrer Armut und ihres Hungers ledig und aßen süßen Brei, so oft sie wollten. Auf eine Zeit war das Mädchen ausgegangen, da sprach die Mutter: Töpfchen kocheo, da kocht es, und sie ißt sich satt; nun will sie, dass das Töpfchen wieder aufhören soll, aber sie weiß das Wort nicht. Also kocht es fort, und der Brei steigt über den Rand hinaus und kocht immerzu, die Küche und das ganze Haus voll, und das zweite Haus und dann die Straße, als wollt's die ganze Welt satt machen, und ist die größte Not, und kein Mensch weiß sich da zu helfen. Endlich, wie nur noch ein einziges Haus übrig ist, da kommt das Kind heim und spricht nur: Töpfchen steho, da steht es und hört auf zu kochen; und wer wieder in die Stadt wollte, der musste sich durchessen." (Grimms Märchen. s. 390)

In Deutschland wurde der Braut früher zur Hochzeit Hirse in die Schuhe gestreut, damit sie eine fleißige und arbeitsame Hausfrau wurde. Als Symbol für Fruchtbarkeit und Reichtum war die Hirse auch eine beliebte Fastnachtsspeise.

schließen, um keine Schwierigkeiten mit der Verdauung zu bekommen. So benötigt man für das Verdauen von Roggenbrot bestimmte Säuren, die erst die Mineralien in diesem Getreide lösen und das eigentliche Aroma hervorlocken können. Daher wurde auch der Roggenbrei früher lange eingeweicht, gekocht und nachgequollen, so dass er ganz süß schmeckte. Es ist bezeichnend, dass Roggen bis in unsere Zeit das wichtige Nahrungsmittel bei den osteuropäischen Völkern war, die über eine besonders starke Spiritualität verfügen.

Der Freitag

Der Freitag ist der Venus verbunden. Man erkennt dies noch in der französischen Sprache: *vendredi* ist vom lateinischen *veneris dies* abgeleitet, was „Tag der Venus“ bedeutet. Venus war die antike Göttin der Schönheit und der Liebe. So ist die Aufforderung des Freitags, Liebe zur Schönheit in jeder Form in uns zu entwickeln. Denn was wirklich schön ist – nicht nur scheinbar und oberflächlich –, das ist auch gut. Indem wir unseren Blick für das Schöne schulen, lernen wir auch das Gute erkennen. Die Venus gehört zu den schicksalsbestimmenden Planeten, deren Anliegen es ist, zu einer tätigen Gestaltung der Welt und des Lebens zu ermutigen.

Als Getreide wird der Hafer der Venus und damit dem Freitag zugeordnet. Es ist das Getreide der nördlichen Breiten und des Seeklimas. Es wirkt anregend auf alle Lebensprozesse, steigert Leistungsbereitschaft und Konzentration. Dieser Impuls geht bis zum „Feurigmachen“, was Pferdehalter, die ihren Tieren Hafer als Futter geben, bestätigen können.

Der Samstag

Der Samstag ist dem Saturn zugeordnet, was in der englischen Sprache erkennbar ist: *saturday* ist vom lateinischen *saturnii dies,* „Tag des Saturn“, abgeleitet. Der Samstag ist heute dadurch geprägt, dass viele Menschen Zerstreuung suchen, um auch innerlich vom Arbeitsalltag der vorangegangenen Woche Abstand zu bekommen. Der Saturn gehört zu den schicksalserweiternden Planeten, fordert also geradezu zu einer gewissen Streuung und Ausdehnung der Interessen und Aktivitäten auf. Aber diese sollten den Menschen nicht zersplittern, sondern ihn in die Tiefe und Weite des Lebens tragen. Schauen wir zurück auf die Ereignisse und Taten der vergangenen Woche, so mag das dazu beitragen, bei aller Zerstreuung sich selbst nicht zu verlieren – dies findet sich in der jüdischen Praxis wieder, hier wird „Sabbath gehalten“.

Der Mais, mit Saturn und damit dem Samstag verbunden, gedieh ursprünglich nur im tropischen Klima. Seinem Wuchs entsprechend – man denke an die schweren Kolben –, vermittelt er dem Menschen eine gewisse Schwere, die sich aber nicht körperlich, sondern im geistig-seelischen Bereich ausdrückt. Die Menschen werden fester in die irdischen Zusammenhänge hineingeführt. Das ist spürbar auf dem amerikanischen Kontinent, wo der Mais seine Heimat hat. Die

Indianer, die den Mais kultivierten, zeigen deutlich die Züge des melancholischen, der Erdenschwere verhafteten Temperaments.

Das Hexenjahr

Seit uralten Zeiten wiederholen sich im Jahreskreis nicht nur die Jahreszeiten, der Wechsel von Saat und Ernte, sondern auch viele damit verbundenen Feste magischen Charakters. Um das Überleben und die dafür notwendigen guten Ernten zu sichern, gab es unzählige Rituale der verschiedensten Art. In den meisten Fällen wandten diese sich an die Muttergottheit, die Leben spendende Erde. Vor allem diese Feste wurden vom christlichen Glauben übernommen und umgedeutet. An Stelle der Erdgöttin trat die Himmelskönigin Maria. So lebt in vielen Prozessionen, Umzügen und Bräuchen vorzeitliches Wissen ungebrochen fort. Dies gilt beispielsweise auch für das Sammeln von Kräutern, die Unheil abwehren sollten und gleichzeitig wirksame Heilpflanzen waren.

Viele der in diesem Buch besprochenen Kräuter wurden – und werden – zu ganz bestimmten Zeiten gesammelt, nämlich dann, wenn ihre Kraft und Wirksamkeit am stärksten ist. Das uralte Wissen der Hexen und weisen Frauen hat inzwischen durch die moderne Wissenschaft die Bestätigung erfahren, dass die seit Jahrhunderten überlieferten Daten, die den „richtigen Zeitpunkt" betreffen, durchaus richtig sind. Die genaue und liebevolle Naturbeobachtung und das durch spirituelle Versenkung in das Pflanzenwesen erworbene Wissen kamen bereits vor vielen Jahrhunderten zu den Ergebnissen, die die Wissenschaft erst heute nachweisen kann. Eine Tatsache, die einer modernen Hexe ein Gefühl des Stolzes auf die lange Tradition geben kann, in der sie wurzelt.

Sehr früh schon wurde von den christlichen Missionaren die tiefe Verbundenheit besonders der keltischen und germanischen Volksstämme mit der Natur erkannt. Anfangs versuchte man diesem „Irrglauben" dadurch beizukommen, dass man beispielsweise die Baumheiligtümer (Donar-Eichen und so weiter) fällte. Später ging man klüger vor und wandelte die heidnischen in christliche Kultstätten um. Die vielen Überlieferungen, die mit Bäumen und Kräutern zusammenhingen, wurden ebenfalls „christianisiert" – so wurde aus der Sommersonnenwende mit ihrem vielfältigen Brauchtum das Johannisfest.

Diese Verschmelzung uralter, teils vorgeschichtlicher Überlieferungen und Traditionen mit dem christlichen Glauben verankerte Wissen und Weisheit der Hexen noch tiefer im Bewusstsein der Menschen. Heute stehen wir – die modernen Hexen – an einem ähnlichen Wendepunkt. Viele Erkenntnisse der modernen Wissenschaft bestätigen, was seit Jahrhunderten überliefert wurde, sind also kaum noch als magisches Wissen zu bezeichnen. Eine der wichtigsten Aufgaben einer modernen Hexe ist es deshalb, dieses Wissen wieder mit Weisheit zu verbinden, die Kälte der uns umgebenden technisierten Welt zu erwärmen durch Spiritualität und Sinnlichkeit, unsere Welt wieder zu verzaubern und zu beseelen.

Fest- und Feiertage der modernen Hexe

Im vorangegangenen Kapitel war schon von verschiedenen Rhythmen die Rede, die, wenn sie bewusst erlebt werden, ungeahnte Kräfte in uns wecken können. In diesem Kapitel nun sollen die verschiedenen Jahresfeste in ihrer magischen Bedeutung wieder ins Bewusstsein gerufen werden. Das Erleben und Sich-darauf-Einlassen macht diese zu Fest- und Feiertagen für eine moderne Hexe, wobei sich vorchristliche und christliche Traditionen mit den Anforderungen und Erkenntnissen des modernen Lebens verbinden können – ein heilsamer Prozess, an dem wir aktiv teilhaben können.

Da moderne Hexen mit der Zeit gehen, wird im Folgenden der heute gültige Kalender verwendet, und das Kirchenjahr oder überlieferte Jahresanfänge werden nicht berücksichtigt.

1. Januar: Neujahr

Früher wurde das Neujahr am 6. Januar, dem Tag der Heiligen Drei Könige, gefeiert. In osteuropäischen Ländern (beispielsweise in Russland und in der Ukraine) ist dies heute noch der Fall. Seit dem 17. Jahrhundert gilt der 1. Januar als Jahresbeginn.

Genauso empfindlich wie ein neugeborenes Kind (gegen die Machenschaften böser Geister ist) stellte man sich auch das Neue Jahr vor. Es wurde (und wird) bevorzugt in Gesellschaft erwartet, weil man sich in einer Gemeinschaft sicherer fühlt. Es wurde (und wird) alles getan, um die guten Geister herbeizurufen und die bösen fernzuhalten. Heute sind es vor allem die guten Wünsche und Gedanken, die eine moderne Hexe dem neuen Jahr mit auf den Weg gibt. Die Symbole, die bis heute als Glücksbringer verwendet werden – wie beispielsweise das Hufeisen und der Schornsteinfeger – hatten in früheren Zeiten eine viel tiefere Bedeutung.

Glücksbringer zum neuen Jahr

- *Das Hufeisen:* Die Form des Hufeisens ist die des aufgehenden Mondes, der Fruchtbarkeit und Vermehrung alles Guten anzeigt. Deshalb wird in ländlichen Gegenden auch heute noch ein Hufeisen über der Haustür angebracht. Dabei muss die Öffnung nach oben zeigen, damit das Glück nicht heraustropft. Erst im Mittelalter wurde das Hufeisen ein Abwehrsymbol gegen Hexenwerk – man glaubte, dass Hexen sich vor Pferden fürchten und deshalb auf Besen oder Ziegenböcken ritten (siehe Seite 55).
- *Der Schornsteinfeger:* Dieses Symbol für erhofftes Glück ist neueren Datums. Es stammt aus dem Mittelalter, wo in den engen Städten die meisten Häuser aus Holz gebaut waren. Die offenen Feuer konnten nur bei gut gereinigten Schornsteinen gefahrlos sein. Viele verheerende Brände sind aus dieser Zeit dokumentiert. Deshalb war der Schornsteinfeger ein wichtiger Berufsstand, der ganze Städte vor der Vernichtung bewahren konnte.

Von den Pflanzen gilt vor allem das Kleeblatt als Glück verheißend. Heute ist es besonders das seltene vierblättrige Kleeblatt (siehe Seite 57), das als Symbolpflanze verschenkt und inzwischen gezielt gezüchtet wird. Viel älter ist die Bedeutung des gewöhnlichen dreiblättrigen Kleeblatts, das – wegen der Dreizahl seiner Blätter – schon von den keltischen Druiden als heilig angesehen wurde. In den Anfangszeiten des Christentums war es das Sinnbild der Heiligen Dreifaltigkeit.

Andere Bräuche ranken sich um die Zukunftsdeutung – etwa, wie das Wetter im kommenden Jahr wird oder ob eine Frau heiraten oder ein Kind bekommen wird. Das Bleigießen am Silvesterabend, bei dem man die unterschiedlichen Formen zu deuten und darüber etwas über die kommenden Ereignisse zu erfahren sucht, ist bloß ein Überrest dieser einst voller Ehrfurcht vollzogenen Rituale.

- *Wetterorakel:* Für den sogenannten „Zwiebelkalender“ wurden sechs Zwiebeln durchgeschnitten und die zwölf Hälften in eine Schüssel gelegt. Jede Zwiebelhälfte stellte einen Monat des kommenden Jahres dar. Wie die Hälften die Feuchtigkeit aufnahmen und „herausweinten“, so sollten der Regen und die Fruchtbarkeit im entsprechenden Monat des Jahres sein.

- *Hochzeitsorakel:* Die jungen Mädchen banden einen Goldring an ein Haar und hielten ihn so in ein leeres Glas. So viele Male der Ring an das Glas schlug, so viele Jahre würde es noch bis zur Hochzeit dauern.
- *Schutzzauber:* Der erste Tag des neuen Jahres beeinflusst nach alter Überlieferung den Verlauf des gesamten neuen Jahres. Deshalb wird alles neu begonnen: Man zieht frische Wäsche an, wäscht und badet sich besonders intensiv (Reinigungszauber). Alles ist aufgeräumt – im Haus wie auch in den zwischenmenschlichen Beziehungen. Diese Überzeugung finden wir heute noch in den „guten Vorsätzen“, die man für das Neue Jahr fasst.

Die Jahreswende ist – obwohl der heutige Zeitpunkt etwas willkürlich gewählt erscheinen mag – auch für eine moderne Hexe eine Art Wendepunkt: Sie erinnert daran, zurückzudenken und vorauszudenken. Wir erinnern uns: *hagazussa*, also die Hexe, ist die Frau, die in beide Richtungen schaut – auch in Bezug auf Vergangenheit und Zukunft (siehe Seite 8).

6. Januar: Dreikönigstag

Dieser Tag ist sehr merkwürdig, weil er im christlichen Glauben mehrere Bedeutungen hat. Es ist nicht nur das Epiphaniasfest (Erscheinung des Herrn), sondern auch der Tag, an dem die Heiligen Drei Könige (die ja Weise und Magier waren – und durchaus keine Könige) das neugeborene Kind aufsuchten. Der Jahresanfang wurde, wie oben bereits erwähnt, bis ins Mittelalter hinein am 6. Januar gefeiert. Englische Bräuche der Obstbauern deuten auf ältere, vorchristliche Wurzeln hin. Dort nennt man den 6. Januar heute noch *Twelfth Night* (die zwölfte Nacht), bezeichnet damit also die letzte der zwölf Rauhnächte, in denen Zauber aller Art wirkt: Die Tiere können sprechen, das Wasser hat eine besondere Heilkraft, Verlorenes findet sich wieder und Wünsche gehen in Erfüllung. Diese Erinnerungen sind auch im deutschsprachigen Raum noch geläufig, vor allem im Alemannischen. Dort findet der sogenannte „Perchtenlauf“ statt – Umzug und Tanz in Masken mythischer Gestalten.

Perchta und Frau Holle

Perchta ist eine uralte Naturgöttin, ursprünglich eine Regen spendende Wolke und Gemahlin des Sturmgottes. Sie besaß nicht nur die Macht, Fruchtbarkeit für Feldfrüchte und Mensch und Tier zu gewähren, sondern war ganz allgemein die Schützerin der Frauen. Im norddeutschen Raum jagte sie als Frau Harke oder Frau Gode mit dem wilden Heer. Man erkennt sie auch in Frau Holle wieder (man erinnere sich an das wunderbar pädagogische Volksmärchen aus der Sammlung der Gebrüder Grimm) und in Frau Hulda oder Hulde, der schönen weißen Frau mit den goldenen Haaren.

> „So ist sie das richtige Abbild der irdischen Natur, das sich uns bald grausam und streng, bald heiter und freundlich zeigt. Die schiache [hässliche, grausige] Perchta oder die böse Frau Holle wird gern in der Nacht als Strohpuppe verbrannt, manchmal wandert die Perchtel oder Perchta allein mit einer fürchterlichen hölzernen Maske vorm Gesicht und mit einem alten Zottelpelz durchs Dorf, springt durch die Häuser, scheucht die Leute und die Kinder, fragt, ob alle fleißig und brav sind und verschwindet wieder.“ (Schönfeldt, S. 31/32).

2. Februar: Mariä Lichtmeß

Wie alle Marienfeste hat auch dieser Tag seine besondere Bedeutung darin, dass sich vorchristliche Elemente mit Bräuchen und Riten mischen, durch welche „heidnisches“ Brauchtum gleichsam übernommen und angepasst werden sollte. Schon im 5. vorchristlichen Jahrhundert war dieser Tag ein hoher römischer Feiertag zu Ehren der Göttin Februar, für die ein Umzug mit Kerzen und Fackeln als Zeichen der Sühne und Reinigung veranstaltet wurde. Dieses Fest galt als erstes Frühlingsfest. Im Mittelalter hörte mit diesem Tag für das Handwerk die Arbeit bei künstlichem Licht (Kerzenlicht, Öllampen) auf.

Der christlichen Überlieferung nach ist dies das Fest der Reinigung der Gottesmutter. Dem jüdischen Glauben nach galt eine Frau für eine gewisse Zeit nach der Geburt als „unrein“ (übrigens ungefähr für den Zeitraum, für den auch moderne Gynäkologen vom Geschlechtsverkehr abraten). Nach dieser Zeit ging Maria in den Tempel und brachte auch ihren neu geborenen Sohn dorthin. Den deutschen Namen hat das Fest von der Kerzenweihe in der katholischen Kirche. Dabei wurden sämtliche Kerzen gesegnet, die im Laufe des Jahres benötigt wurden. Sie sollten vor Feuersgefahr und Blitzschlag schützen. Aber – auch hier wieder eine Parallele zu vorchristlichen Ritualen – zusätzlich wurden die Kerzen als Orakel verwendet: So gab es in manchen Gegenden besonders lange Kerzen, die unter den Familienmitgliedern und dem Hausgesinde verteilt und dann auf die Fensterbank geklebt und angezündet wurden. Man achtete (oft beim Beten des Rosenkranzes) darauf, welche Kerzen besonders ruhig oder unruhig brannten, welche am längsten brannten oder zuerst auszulöschen drohten. Diese Beobachtungen nahm man symbolisch und maß ihnen, was die Zukunftsaussichten des einzelnen anbetraf, große Bedeutung zu.

Karneval (bewegliche Festzeit vor der christlichen Fastenzeit)

Es ist sehr wahrscheinlich, dass dieser Begriff aus dem mittellateinischen Wort *carne vale* abgeleitet wurde, was bedeutet „Fleisch, ade". Für unseren Karneval, in dem die Lebenslust überschäumt, können uralte Einflüsse nachgewiesen werden. Wir kennen diese aus spätantik-römischen und byzantinischen Winter- und Frühlingsfesten. Unser Wort „Fasching" oder „Fastnacht" deutet ebenfalls die Vorbereitung auf die „fleischlose" Zeit an. Andererseits leitet man dieses Wort aber auch vom mittelhochdeutschen *vasenaht* ab, das die Bedeutung „Unfug machen in der Nacht aus Freude über das Ende des Winters und aus Vorfreude auf den Frühling" hat. Um diese Zeit wurden ohnehin Frühlings- und Fruchtbarkeitsfeste gefeiert, die den Gottheiten gegenüber die Dankbarkeit ausdrückten, dass nun der Kreis des Lebens neu beginnen würde.

> „Noch heute wiederholen sich die alten Mummenschänze, mit denen sich unsere Vorfahren in vorchristlicher Zeit die Angst vor dem Nebel und den Sturmgeistern, vor Kälte und Krankheit aus der Seele spielen konnten. Die Kirche hat immer wieder versucht, diesen Heidenspuk zu überwinden oder zu verbieten. Das einzige, was ihr gelang: dass der Aschermittwoch diesem Getriebe ein absolutes Ende setzte." (Schönfeldt, S. 52)

Die Freude über das Ende der harten Winterzeit mit ihrer Kälte, wenig Nahrung, mangelnder Bewegungsfreiheit und den in den Rauhnächten ausgestandenen Ängsten ließ die Menschen überschäumen vor Lebenslust und neuer Hoffnung. Dies wurde in ausschweifenden Festen gefeiert, von denen sich heute noch Rudimente in den fast gänzlich kommerzialisierten Karnevalsfesten finden. Aber daneben gibt es – vor allem in ländlichen Gebieten – noch viele alte Bräuche, die an alte Rituale erinnern:

- Fastnachtsspeisen waren reichlich und fettig – man wusste ja, dass die lange Fastenzeit bevorstand, in der Fleisch, Butter, mitunter auch Eier verboten waren. Dazu gehörte traditionell vor allen Dingen auch die Bratwurst, die sich selbst arme Leute leisten konnten. In Russland nannte man die Tage vor Fastnacht die „Butterwoche", wo noch einmal ausgiebig geschlemmt wurde.
- Fastnachtsspiele werden auch heute noch (oder wieder) gerne aufgeführt. Es sind oft derbe Stegreifschwänke. Bei ihnen handelt es sich übrigens um die älteste Form des deutschen Lustspiels – bekannt sind vor allem die Schwänke von Hans Sachs (1494–1576). In diesem Zusammenhang stehen auch die Karnevalsumzüge und –feste mit ihren Verkleidungen und ihrem mitunter wilden Treiben. Überhaupt zeichnet sich bis heute die Karnevalszeit durch eine gewisse Anarchie aus, die den Hexen ebenfalls immer eigen war: die Auflehnung gegen vorgeschriebene Wege und das Bedürfnis, eigene Wege zu suchen und zu gehen.

Die Fastenzeit

Wenn heute gefastet wird, hat dies meistens gesundheitliche Gründe oder ist auch in dem Wunsch begründet, dass man schlanker werden möchte, um eine bessere Figur zu machen. Aber ursprünglich ist Fasten ein religiöser Brauch, eine Form der Askese, die durch den Verzicht auf bestimmte Dinge zu spirituellem Erleben führen sollte. Es gab natürlich noch weitere Gründe, zu fasten:

- Fasten schützte davor, schädliche „Kraftausstrahlungen" (Tabukräfte) mit der Nahrung aufzunehmen: Diese Ausstrahlungen beeinträchtigten nach Ansicht vor allem der östlichen Religionen das „Mana" des Menschen. (Unter diesem Begriff versteht man eine übernatürliche Kraft, die in Naturerscheinungen, Dingen, Tieren, aber auch in Menschen wirksam sein kann. Meistens sind es

Häuptlinge, Zauberer und Medizinmänner, die über sie verfügen, aber sie ist unter bestimmten Voraussetzungen auch bei anderen Menschen vorhanden.)

Vom ursprünglichen Sinn des Fastens

Das Fasten ist ein Weg, Ekstase, Visionen und besondere Träume herbeizuführen. So kann ein direkter Kontakt mit dem Göttlichen herbeigeführt werden, und der Fastende wird zu besonderen Leistungen befähigt. Schamanen und Medizinmänner fasten aus diesem Grunde immer wieder. Im Yoga dient es mit anderen Formen der Askese der Reinigung, der Weltentsagung und der Befreiung vom Karma (vom Schicksal, das durch viele Wiedergeburten bestimmt wird). Gefastet wurde auch als Zeichen der Trauer. Es gab außerdem Fastenpraktiken zur Schulung der geistigen Aktivität wie etwa bei der griechischen Philosophenschule der Pythagoräer.

In den großen Weltreligionen ist das Fasten meistens an feste Zeiten gebunden: im Islam an den Ramadan, den neunten Monat des islamischen Mondjahres. Die meisten buddhistischen Mönche und Nonnen nehmen nur eine tägliche Mahlzeit zu sich, daneben gibt es monatliche Fastentage. Auch die ägyptischen Pharaonen fasteten vor großen religiösen Festen mehrere Tage lang. Die Pythia von Delphi durfte das Orakel erst nach einer Fastenreinigung von vierundzwanzig Stunden befragen. Aus dem Alten Testament erfahren wir, dass Fasten weniger als Möglichkeit verstanden wurde, zur Vollkommenheit zu gelangen, sondern eher als ein Akt der Demut und Buße. In der katholischen Kirche besagt die Fastenregelung von 1966, dass Fastentage die Zeit von Aschermittwoch bis zur Osternacht sind, außer den Osterfreitagen. An diesen Tagen darf kein Fleisch gegessen werden.

- Man vermochte auf diese Art, Willenskräfte zu sammeln: Dies war beispielsweise bei den nordamerikanischen Indianern vor einem Kriegs- oder Jagdzug üblich. Für solche Unternehmungen war die emotionale Stärke mindestens ebenso wichtig wie die körperliche Kraft.
- Es reinigte Körper, Seele und Geist: Vor wichtigen rituellen Handlungen wurde gefastet, um wirklich „rein“ daran teilhaben zu kön-

nen und so ein Gefäß für die spirituellen Kräfte zu sein. Im Hinduismus geschieht dies heute noch vor bestimmten Wallfahrten. In der christlichen Religion wird vor dem Abendmahl gefastet. Auch vor Beginn der Initiationsriten – beispielsweise bei den Indianern oder bei afrikanischen Stämmen – fasten die Menschen, um für diese Zeremonien in den richtigen Bewusstseinszustand zu gelangen. Junge Indianer gingen – und gehen auch heute noch – in die Einsamkeit, wo sie fasten und meditieren, um ihren Namen zu finden, der ihnen – oft erst nach Wochen – im Traum offenbar wird.

Die Fastenzeit im Frühjahr wird oft als „Entschlackung" bezeichnet. Nach den „fetten" Monaten der Weihnachts- und Karnevalszeit verlangt der Körper jetzt nach einer Reinigung – vor allem, weil nun die ersten grünen Gemüse und Kräuter wieder frisch erhältlich sind. Zudem ist sie eine seelische und geistige Vorbereitungszeit auf das kommende Frühjahr, in dem der Kreislauf der Natur wieder beginnt. Die Fastenzeit der katholischen Kirche entspricht also auch hier wieder uralten Gebräuchen. Früher wurde übrigens in der Adventszeit, der Zeit der Erwartung, ebenfalls gefastet, denn Weihnachten beziehungsweise das Fest der Wintersonnenwende erforderte eine spirituelle Vorbereitung.

Moderne Hexen können wiederum alle diese Anschauungen miteinander verbinden: die spirituelle Vorbereitung auf die Veränderungen in der Natur und die körperliche Regeneration. Wann immer gefastet wird: Es verändert sich nicht nur der Körper, sondern auch der Geist und die seelischen Prozesse. Fasten macht uns empfindsamer für die Dinge, die außerhalb des Alltags liegen, für die Magie des Lebens und der Welt.

„Beim Fasten geht etwas Innerliches vor sich. Der Körper wird gleichsam aufgelockert. Der Geist wird freier. Alles löst sich, wird leichter. Last und Hemmungen der Schwere werden weniger empfunden. Die Grenzen der Wirklichkeit kommen in Bewegung: Der Raum des Möglichen wird weiter, der Geist wird fühliger. Das Gewissen wird hellsichtiger, feiner und mächtiger. Das Gefühl für geistige Entscheidungen wächst."
(Romano Guardini, Philosoph und Priester, 1885–1968)

Laetare, der vierte Fastensonntag

Mit diesem christlichen Fest verbinden sich sehr viele Bräuche aus vorchristlicher Zeit, die von der Kirche übernommen wurden und vielerorts noch heute gepflegt werden. An diesem Tag wird der Winter „vertrieben", die Hoffnung auf den Frühling gefeiert. So gibt es den Brauch des „Saatweckens": Mit Fackeln und brennenden Rädern oder mit der Verbrennung von Strohpuppen wurde das Ende der „toten" Jahreszeit gefeiert und gleichzeitig für Frühling und Sommer und die damit verbundene Saat und Ernte Schutz vor Dürre und Hagelwetter herbeigerufen.

Dieses „Winteraustreiben" wurde oft als Fangspiel zwischen Kindern oder jungen Leuten inszeniert. Einer von ihnen wurde durch das Los zum Winter bestimmt und von den anderen zum Dorf hinaus gejagt. Dabei teilen die Menschen Schläge mit der segensbringenden Rute, einem bereits grünenden Zweig, aus. Viele unserer Volkslieder deuten noch auf diesen Brauch hin.

So treiben wir den Winter aus
Durch unsre Stadt zum Tor hinaus
Mit sein'm Betrug und Listen,
den rechten Antichristen.

Wir stürzen ihn von Berg zu Tal,
auf dass er sich zu Tode fall
und uns nicht mehr betrüge
durch falsche Lehr und Lüge.

Nun haben den Winter wir ausgetrieben,
so bringen wir den Sommer herwieder,
den Sommer und den Maien,
die Blümlein mancherleien."

(„Des Knaben Wunderhorn", 1806)

Frühlingsanfang (20./21. März)

Eine Fortsetzung dieser Bräuche finden wir am Tag der Frühlings-Tagundnachtgleiche, wenn die Sonne in das Sternbild des Widders tritt. In vorchristlicher Zeit war dies der Beginn des neuen Jahres, bis ins alte Rom hinein, wo der März der erste Monat des Jahres war. Viele alte Bräuche sind – vor allem in den ländlichen Gegenden Süddeutschlands – in diesem Zusammenhang noch lebendig – beispielsweise dass man die Felder in einem magischen Kreis umreitet. Mancherorts wird auch eine Strohpuppe als Wetterhexe verbrannt, damit sie für die kommende Vegetationsperiode keinen Schaden anrichten kann.

An diesem Tag sind Tag und Nacht von gleicher Länge – markieren also einen besonderen Wendepunkt im Jahr. Die Tatsache, dass das Tierkreiszeichen des Widders (das für Fruchtbarkeit und Durchsetzungsvermögen steht) den Frühlingsbeginn markiert, lässt die modernen Hexen an die Spiritualität ihrer Ahninnen anknüpfen.

Es ist interessant, dass die katholische Kirche am 24. März den Tag Mariä Verkündigung feiert, also jenen Tag, an dem der Erzengel Gabriel Maria von der Geburt des Jesuskindes unterrichtete. Es ist eines der ältesten Marienfeste, das schon im 5. Jahrhundert gefeiert wurde. Maria ist die Schwalbe geweiht – wie in germanischer Zeit Iduna, der Göttin der Unsterblichkeit. Diese wurde durch einen Verrat des Feuer- und Todesgottes Loki vom Winterriesen gefangen, konnte aber mit jedem Frühlingsbeginn befreit nach Walhall, der Wohnstatt der Götter, zurückfliegen.

Palmsonntag (Sonntag vor Ostern)

Dieser Tag ist zwar zutiefst von der christlichen Tradition geprägt, auch hier sind allerdings in den überlieferten Bräuchen noch altes Wissen und alte Magie deutlich erkennbar. Im Neuen Testament lesen wir, dass Christus an dem Tag, an dem er in Jerusalem einzog, das Volk entgegen strömte, Kleider auf dem Boden ausbreitete, über den seine Eselin ging, und ihn mit Palmzweigen begrüßte. Deshalb findet auch am Sonntag vor Ostern die Palmweihe statt. Da bei uns keine Palmen wachsen und die Weide der erste Strauch ist, der Blütenkätzchen treibt, verwendet man ihre Zweige statt der Palmblätter.

In katholischen Gegenden tragen die Kinder bei der Prozession nach der Palmweihe festlich geschmückte Palmstecken oder -büsche in der Hand. In manchen Gegenden besteht ein „richtiger“ Palmbusch aus jeweils drei Zweigen gleicher Art: drei blühende Weidenkätzchen, drei Buchszweige, drei blühende Haselruten, drei Zweige Immergrün, drei Wacholderzweige, drei Eichenzweige mit dem roten Laub vom Vorjahr – alles Bäume und Sträucher, die in vorchristlicher Zeit als mit besonderen magischen Kräften ausgestattet angesehen wurden. Die in der Kirche geweihten Palmbüsche werden zu Hause am Kruzifix, am Spiegel oder an den Heiligenbildern angebracht. Man schreibt ihnen Schutz- und Segenswirkung für das ganze Haus und die darin lebenden Menschen zu. Früher haben die Bauern die Palmzweige an die Ecken ihrer Felder in die Erde gesteckt, um den Acker vor den Verwüstungen des „Korngeistes" zu schützen.

Palmbusch-Orakel

„Will man wissen, wer zuerst im Haus stirbt, so pflückt man so viele Blätter vom Palmbusch, als Personen im Hause sind, bezeichnet jedes mit dem betreffenden Namen und wirft sie alle zusammen in die Glut. Dasjenige Blatt, welches zuerst verbrennt, bezeichnet denjenigen, der zuerst auf den Friedhof wandern wird." (Perger, S. 30)

Gründonnerstag (Sonntag vor Ostern)

Auch an diesem Tag gibt es einen Frühlingsbrauch, der vorchristliche und christliche Tradition verknüpft und zudem von den Erkenntnissen der modernen Ernährungswissenschaft bestätigt wird: das „Grüne Essen". Das bekannteste Gericht dieser Art ist wohl die Gründonnerstagssuppe, die traditionell neun Kräuter enthielt.

Verzehrten sie eine solche Suppe, die ganz bestimmte „Kraftpflanzen" enthielt, so verbanden sich die Menschen in vorchristlicher wie in christlicher Zeit mit den guten und heiligen Kräften. Was in früheren Zeiten als Kultspeise galt, mit der unsere germanischen Vorfahren teilhaben wollten an den Leben spendenden Kräften der Natur und die dann den Christen zur Fastenspeise wurde, hat bis heute seine Berechtigung: Alle in dieser Suppe verwendeten Kräuter haben eine reinigende und belebende Wirkung auf den menschlichen Organismus. Gerade zur Zeit der Frühjahrsmüdigkeit ist unser Körper für eine solche „grüne Anregung" besonders dankbar.

Die Zubereitung der Gründonnerstagssuppe ist denkbar einfach: In eine heiße Fleisch- oder Gemüsebrühe werden die gewaschenen und zerkleinerten Kräuter gegeben. Dann nur noch etwas ziehen lassen – beim Kochen werden nämlich manche Kräuter leicht bitter. Zuletzt etwas Sahne unter die fertige Suppe heben und geröstete Brotwürfel darüber streuen.

Die grüne Neune

„Diese Zahl deutet ... darauf hin, dass sie mit einer kultischen Handlung in Verbindung stand. In allen Kulturen galt die Zahl Neun als heilig, sie war der weiblichen Muttergöttin geweiht, die das neue Leben bringt und schützt. In der Neun liegt das Neue verborgen, mit der Neun sind viele alte religiöse Handlungen verbunden, durch welche sich die Menschen mit der erneu(n)ernden Kraft verbinden wollten. Der Gründonnerstag war das erste Fest im Jahreskreislauf, an dem der nahende Frühling begrüßt wurde, wo man sich mit dem festlichen Ritual und der Neun-Kräuter-Suppe mit den erwachenden Lebenskräften der Mutter Erde verbinden wollte. Sicherlich enthält der Ausspruch ‚Ach, du grüne Neune!' noch das Wissen um die neun Kräuter der Gründonnerstagssuppe." (Fischer, *Medizin der Erde*)

Kräuter für die Gründonnerstagssuppe

Gundermann: Der Gundermann (*Glechechoma hederacea*) ist einer der wichtigsten Bestandteile der Gründonnerstagssuppe. Er gehört zu den Pflanzen, die in unmittelbarer Nähe unserer Häuser wachsen. Diese Pflanzen galten früher als Verkörperung der guten Haus- und Hofgeister, die Menschen in Zeiten der Not wie kleine Heinzelmännchen ihre Hilfe anboten. An bestimmten Tagen sollten sie in besonderer Beziehung zu den kosmischen Kräften stehen – solch ein Tag war nach altem Wissen der Gründonnerstag.

Schon Ärzte der Antike empfahlen den Gundermann bei Bronchialbeschwerden. Neben ihrer lindernden Eigenschaft hat die Pflanze auch die Fähigkeit, die Schleimhäute zu regenerieren. Sie wird daher auch bei Entzündungen der Magenschleimhaut, des Darms und der Harnwege angewendet.

Schafgarbe: Der botanische Name der Schafgarbe (*Achillea millefolium)* weist in die Antike zurück: Als Achill bei der Belagerung von Troja vom vergifteten Pfeil des Paris tödlich an der Ferse getroffen wurde, riet ihm die Göttin Aphrodite, die Schafgarbe zu verwenden, um seine Schmerzen zu lindern. Aber nicht nur in der Antike galt die Schafgarbe als kräftiges Wundheilmittel, das die Vernarbung von äußeren Verletzungen und Wunden beschleunigte. Auch später galt sie als wahres „Soldatenkraut" – immer zur Hand, weil es praktisch auf allen Schlachtfeldern wuchs.

Die Wirkung der Schafgarbe ist nicht nur entzündungshemmend, sondern auch schleimhautberuhigend. Darüber hinaus wirkt sie blutbildend und -reinigend, anregend und stärkend. In der Pharma-Industrie finden Schafgarben-Extrakte Verwendung in krampflösenden Medikamenten sowie in Präparaten zur Behandlung von Magen- und Darmbeschwerden.

Brunnenkresse: Die an Quellen, Bächen, Gräben und am Rande von Teichen wachsende Brunnenkresse (*Nasturtium officinale)* ist eine altbekannte Arzneipflanze, die bereits von Dioskurides erwähnt wird. Später wurde die Brunnenkresse auch in Deutschland sehr häufig verwendet (schon Karl der Große empfahl ihren Anbau) – in der Hauptsache als Salat. Sie galt mit Recht als Vorbeugungsmittel gegen die Vitaminmangelkrankheit Skorbut, weil sie sehr reich an Vitamin C ist. Außerdem wirkt Brunnenkresse appetitanregend.

Spitzwegerich: Schon in der Antike galt der Wegerich als außergewöhnlich wirksames Heilkraut. Auch in späteren Jahrhunderten wendeten Ärzte und weise Frauen ihn gerne an, weil er appetitanregend, blutreinigend und erfrischend für den ganzen Organismus ist. Sogar in der Weltliteratur findet man Hinweise auf die heilsame Wirkung des Wegerichs. So empfiehlt ihn Shakespeare in seinem Stück *Romeo und Julia* als Mittel gegen Hautverletzungen. Und Casanova berichtet in seinen Memoiren, wie er eine französische Adlige durch Waschungen mit Spitzwegerich (*Plantago lanceolata*) von ihrer unreinen Haut kurierte.

Ein Tipp für Wanderer von Paracelsus

> „Wenn einer durch das Gehen Blasen an den Füßen bekommt, soll Wegerich mit Salz gestoßen werden, und ein wenig davon soll über Nacht aufgelegt werden. Wenn man die Schuhe am Morgen damit anfüllt, hilft dies und vertreibt den Schmerz."

Anmerkung: Wanderer legen sich auch heute noch frische Wegerichblätter in die Schuhe, um Blasen an den Füßen zu vermeiden.

In der Pharma-Industrie werden Spitzwegerich-Extrakte heute vorwiegend zur Herstellung von Medikamenten gegen Entzündungen im Mund- und Rachenraum verwendet. Auch ein Presssaft zur Bekämpfung des Hustenreizes ist auf dem Markt.

Gänseblümchen: Der botanische Name (*Bellis perennis*) deutet darauf hin, dass es sich um eine ganzjährige Pflanze handelt. Tatsächlich ist das Gänseblümchen (auch Maßliebchen oder Tausendschön genannt) so ziemlich die einzige Pflanze, die fast ohne Unterbrechung von Januar bis Dezember blüht. Nach einer alten Überlieferung soll seine Heilkraft um die Osterzeit am stärksten sein – deshalb war es in vorchristlicher Zeit der Göttin Ostara geweiht. Das Gänseblümchen wirkt harntreibend, wundheilend, blutstillend und schleimlösend. Daneben regt es die Leberfunktion an, beseitigt hartnäckige Verstopfungen und sorgt für eine heilsame Entschlackung.

Brennnessel: Eine der beliebtesten für Wildkräuter-Gerichte verwendeten Pflanzen ist die Brennnessel (*Utrica didica* und *Letrica urens*). Sie enthält Eisen und die Vitamine A und C, daneben Kalzium, Natrium, Kieselsäure, Phosphor und Schwefel. Durch diese wertvollen Inhaltsstoffe wirkt sie blutreinigend, regt die Funktion von Blase und Nieren an, fördert die Tätigkeit von Magen und Darm und regt die Bauchspeicheldrüse an. Durch ihren hohen Eisengehalt wirkt sie auch in den seelischen Bereich ein – als Mars-Pflanze stärkt sie den Willen.

Vogelmiere: Dieses unscheinbare Kraut gehört zu den wenigen Pflanzen, die praktisch das ganze Jahr über (außer wenn strenger Frost herrscht) wachsen. Die Vogelmiere (*Stellania media*) wirkt kräftigend und blutbildend, außerdem schleimlösend und verdauungsfördernd.

Sauerampfer: Früher war Sauerampfer (*Rumex acetosa*) eine viel verwendete Gemüsepflanze. Auch als Heilpflanze wurde sie gerne eingesetzt – beispielsweise als „wahres Wunderkraut“ gegen Infektionen, Fieber, Skorbut und Vergiftungen. Sauerampfer wirkt verdauungsfördernd, harntreibend und allgemein entschlackend.

Guter Heinrich: Diese Pflanze gehört zu den Gänsefußgewächsen, die als die ältesten Nährpflanzen überhaupt gelten. Bereits in prähistorischer Zeit wurde sie von den Menschen gesammelt und zum Verzehr zubereitet. Da die Blätter wie Gänsefüße aussehen, brachte man den Guten Heinrich (*Chenopodium bonushendricus*) mit Kobolden in Verbindung, die häufig ebenfalls Gänsefüße haben. Auch der Name „Guter Heinrich“ deutet in diese Richtung: Die Kobolde nannten sich gerne Heinz oder Heinrich (daher „Heinzelmännchen“).

Löwenzahn: Der Löwenzahn (*Taraxacum officinale*) ist eine seit uralten Zeiten hochgeschätzte Heilpflanze. Zu Recht – wie man heute wissenschaftlich nachgewiesen hat. Er enthält sehr viel Provitamin A (Karotin), Vitamin B und C, außerdem Kalium, Phosphor, Schwefel, Eisen und Mangan. Er entschlackt die Leber, regt die Tätigkeit von Nieren und Darm an und reguliert den Cholesterinspiegel.

Bärlauch: Diese auch „Wilder Knoblauch“ (*Allium ursinum*) genannte Pflanze wurde schon bei den Germanen als Speise- und Heilpflanze verwendet. Sie wirkt anregend auf die Verdauungssäfte, blutreinigend und allgemein stärkend. Kräuterpfarrer Künzle schreibt über die Heilwirkung des Bärlauchs:

> „Wohl kein Kraut der Erde ist so wirksam zur Reinigung von Magen, Gedärmen und Blut wie der Bärenlauch. Ewig kränkelnde Leute mit Flechten und Ausschlägen versehen, die Skrophulösen und die Bleichsüchtigen sollten den Bärenlauch verehren wie Gold. Die jungen Leute würden aufblühen wie ein Rosenspalier.“

Zusätzlich können alle Küchenkräuter für die Gründonnerstagssuppe verwendet werden: Petersilie, Schnittlauch, Basilikum, Thymian, Majoran, Bohnenkraut, Liebstöckel, Rosmarin und so weiter.

Ostern

Das Osterfest ist zwar – als Auferstehung Christi – ein christlich gefeiertes Fest. Aber die Tatsache, dass es „beweglich“ ist, also am Sonntag nach dem ersten Vollmond nach Frühlingsanfang gefeiert wird, und auch der Name, den es von der germanischen Frühlingsgöttin Ostara erhielt, deutet auf viel ältere Ursprünge hin. Auch hier vermischen sich die spirituellen Traditionen. Das ist beispielsweise in der orthodoxen Kirche sehr deutlich, wo man die Nacht vor dem Osterfest in der dunklen Kirche verbringt, deren Altäre und Heiligenbilder verhängt sind. Erst bei Sonnenaufgang werden die Lichter entzündet und die Tücher von den Altären genommen. Die Menschen tauschen den Bruderkuss aus mit den Worten „Christ ist erstanden“ und der Antwort „Er ist wahrhaftig auferstanden“ – so oder ähnlich wurden einst die vorchristlichen Feste zur Begrüßung des neu erstandenen Frühjahres begangen. Uralter Brauch sind die Osterfeuer, die am Vorabend des Osterfestes heute weit verbreitet sind. Die reinigende Kraft des Feuers hat sich im christlichen Glauben erhalten. So galt die Asche von beiden Feuern als segensreich; man streute sie zur Abwehr von Unwetter und zur Mehrung der Fruchtbarkeit auf die Felder.

Das Osterwasser ist heute in ländlichen Gegenden noch immer ein wichtiger Bestandteil des Osterfestes, der nie richtig „christianisiert" werden konnte. Es besitzt eine besondere Heil- und Segenskraft und erhält vor allem jung und schön. Entweder wäscht man sich am Ostermorgen in fließenden Wasser oder man schöpft das Osterwasser aus einer besonders heilkräftigen Quelle und nimmt es mit nach Hause. Aber das Wasser kann nur dann seine Wunderkraft entfalten, wenn es schweigend geholt wird und man sich dabei nicht umsieht. Wer einen Bach oder eine Quelle in der Nähe hat, wird im tiefsten Innern die wirkliche Kraft eines solchen Osterspaziergangs verspüren: Schweigend in den beginnenden Frühling zu gehen und das Leben spendende Wasser heimzutragen kommt einer Meditation gleich, die uns der Natur und unseren eigenen Wurzeln näher bringt.

Ostertau

Nicht nur das Osterwasser besitzt magische Kräfte, sondern auch der an diesem Morgen gefallene Tau. Sich damit zu waschen oder sich sogar nackt darin zu wälzen verhieß Gesundheit für das ganze Jahr.

Osterei und Osterhase

In fast allen Kulturen hatte das Ei eine magische Bedeutung als Symbol der Fruchtbarkeit. Viele Religionen führen die Weltschöpfung auf das „Ur-Ei" zurück. Auch der Hase steht für Fruchtbarkeit, weil er sehr vermehrungsfreudig ist.

Walpurgisnacht (30. April)

Der letzte Apriltag, die Nacht vor dem 1. Mai, ist das klassische Hexenfest. Den alten Überlieferungen nach ritten in dieser Nacht die Hexen auf Besen oder Ziegenböcken zum Hexensabbat auf den

Blocksberg (der Brocken im Harz), um dort mit dem Teufel zu tanzen. In dieser Nacht waren alle Zaubermächte wirksam. Die katholische Kirche versuchte, auch dieses Fest umzudeuten – als Tag der heiligen Walburga, der Patronin der Bauersfrauen und Mägde, allerdings ohne viel Erfolg. Die alte Hexenangst erkennt man noch deutlich in vielen – auch für Touristen attraktiven – Veranstaltungen: dem Hexenbrennen beispielsweise, bei dem brennende Räder den Berg hinunter gerollt werden. Allerdings regt sich gegen diese Veranstaltungen immer mehr Widerstand, da die durch Kirche und abergläubische Vorstellungen an den „Hexen“ verübten Grausamkeiten im allgemeinen Bewusstsein immer mehr Präsenz finden.

In Irland, Schottland und Wales, den ursprünglich keltischen Gebieten Großbritanniens, wird immer noch (oder wieder) das Frühlingsfest Beltane gefeiert. (*Beal* war ein nordischer Lichtgott, dem germanischen Baldur vergleichbar, und *tine* bedeutet „Feuer“). Dabei werden Feuer entzündet, über die die jungen Leute springen. Ursprünglich war dies ein Fruchtbarkeitszauber und die in dieser Nacht gezeugten Kinder verfügten über besondere, auch magische Fähigkeiten.

Johannistag (24. Juni)

Dieser Tag war nicht nur für unsere Vorfahren (vorchristlich und christlich) mit Zaubermacht erfüllt, er ist auch für jede moderne Hexe, die mit den Rhythmen der Natur lebt und sich ihre eigenen Kräuter sammelt, ein ganz besonderer Tag, denn er liegt dem 21. Juni sehr nahe, dem Tag, an dem die Sonne am höchsten steht, also auch die größte Macht hat.

Wer in der Nacht der Sonnenwende durchs Feuer sprang, überwand so alles Unheil und war für das ganze Jahr vor Krankheit geschützt. Dieses alte Fest, das seit Tausenden von Jahren gefeiert wird, konnte selbst durch die Christianisierung nicht unterdrückt werden. So wurde es einfach um drei Tage verlegt und mit dem heiligen Johannes in Verbindung gebracht: aus dem Fest der Sommersonnenwende wurde das Johannisfest. Der heilige Johannes löste damit einen germanischen Gott ab, mit dem ihn ein ähnliches Schicksal verband. Baldur, der Gott des Lichts, wurde von seinem blinden Bruder Hödur, dem Gott der Zeit, tödlich verletzt. Das mythologische Geschehen steht als Symbol für das Geschehen in der Natur: Die Kraft der Sonne nimmt ab, bis sie ihren tiefsten Punkt, den Tag der Wintersonnenwende, erreicht hat. Aus dem Baldur der germanischen Mythologie wurde der heilige Johannes, der an diesem Tag enthauptet wurde. Es ist uraltes Wissen, dass die Kräuter, die um diese Zeit gepflückt werden, besonders heilsam und Schutz bringend sind.

Aus dem „Kreutterbuch“ des Leipziger Magister Prätorius:

„Doch kann ich mich erinnern, dass anno 1658 ich gleich auf Johannis Tage allhier in Leipzig, mit einem Paar guter Freunden spatziren und herbatim gegangen, von welchen mir einer sagte, wie er erstlich von einem Quacksalber gehöret, dass damalen unlängst eine blocksbergische Hexin sei verbrannt worden, welche hätte bekannt, dass sie allen hätte schaden mögen, nur zween Bauern nicht im Dorf, welche neunerlei Kräuter in ihren Häusern gehabt, die sie am Sonntag gesammelt hätten, solche aber sollen folgende gewesen sein, wie ich sie mit dem Namen Johannes abgefasset:
Iarum (Arum)
Origanum (Dost)
Herba benedicta (Segendistel)
Allium (Knoblauch)
Nigella (Jungfer im Grünen)
Nabelkraut (Potentilla)
Excrementa diaboli (Asa foetida)
Succisa (Scabiosa succisa).“

Aus den Kräutern wurden Sträuße gebunden und über die Türen und ans Fenster gehängt, oder es wurden Kränze geflochten, die das ganze Jahr über in der Stube hängen blieben und das Haus schützten. Man legte auch kleine Sträußchen davon unter das Kopfkissen, um Glück in der Liebe zu haben. Mancherorts wurde ein Blütenteppich, die Johanni-Streu, unter den Esstisch gestreut. Es war je nach Gegend unterschiedlich, ob diese Blütengewinde aus sieben oder aus neun verschiedenen Kräutern bestanden. Zu den wichtigsten Sonnenwendkräutern gehören Kamille, Thymian, Bärlapp, Beifuß, Arnika, Ringelblume und natürlich das Johanniskraut. (Näheres zu den einzelnen Kräutern ist im Kapitel „Kleines Lexikon der Zauberpflanzen“, siehe Seite 24 ff., nachzulesen.) Neben ihren magischen Eigenschaften wurden alle Kräuter wegen ihrer heilenden Wirkung gesammelt und getrocknet oder in Salben und Tinkturen verarbeitet.

Ein Sonnenwendbrauch, der auf den Johannistag übergegangen ist, ist das Sonnenwendfeuer. Hierbei wird um das Feuer getanzt, oft springen junge Paare auch gemeinsam über die Flammen. Früher warf man Zauberpflanzen, vor allem Farnkraut und Johanniskraut, in die Flammen, um die schützende Wirkung des Feuers zu erhöhen.

15. August: Mariä Himmelfahrt

Wie die meisten Marienfeste oder „Frauentage" ist auch der 15. August ein wichtiger Termin, will man Segen bringende und heilende Kräuter sammeln. Diesen Brauch gab es bereits lange vor Entstehung des Christentums, denn die Kräuterhexen und weisen Frauen wussten um die besondere Macht der Gestirne, die diese um die Spätsommerzeit an die Pflanzen weitergeben.

Noch heute findet an Mariä Himmelfahrt in vielen katholischen Kirchen, besonders in Bayern und Österreich, eine Kräuterweihe statt. Deshalb heißt dieser Tag im Volksmund auch „Würzweih" oder „Büschelfrauentag". Das geweihte Kräuterbüschel bekommt einen Ehrenplatz in den Bauernstuben. Früher hat man beim Herannahen eines Gewitters etwas davon ins Herdfeuer geworfen, um das Haus vor Blitzeinschlag zu schützen.

Diese Kräuterbüschel setzen sich meistens aus drei mal drei, also neun Kräutern zusammen. An manchen Orten erhöhte man diese Zahl auf fünfzehn. Mitunter hielt man selbst diese Zahl nicht für ausreichend und band Sträuße von nicht weniger als siebenundsiebzig Kräutern! Immer aber muss in der Mitte eine Königskerze herausragen. Außerdem gehören dazu: Thymian, Johanniskraut, Meisterwurz, Schafgarbe, Arnika, Tausendgüldenkraut, Baldrian, Frauenmantel und Gänsefingerkraut. (Näheres über diese Pflanzen erfahren Sie im Kapitel „Kleines Lexikon der Zauberpflanzen".)

Ende August: Erntefeste

Die Dankbarkeit der Menschen der Natur und den sie beseelenden Geistern gegenüber drückt sich seit Urzeiten in alten Erntebräuchen aus, von denen viele unverändert in unsere Zeit übernommen wurden. So wirft man sich, als Zeichen der Dankbarkeit, die ersten drei Früchte (Ähren, Beeren und so weiter) zu Ehren der Kornmutter oder eines Waldgeistes über die Schulter. Manchmal wird auch eine Handvoll der geernteten Früchte auf dem Boden oder in einem Baumstumpf zurückgelassen. Oft bleibt bei der Getreideernte auch die letzte Garbe zusammengebunden stehen oder wird überhaupt nicht geschnitten – als ein Ernteopfer für die Vögel. Ein anderer Brauch ist es, die Körner der letzten Garbe unter das Saatgut fürs nächste Jahr zu mischen – so soll deren Kraft und Fruchtbarkeit auf dieses übergehen.

Die Kornmutter

Viele Namen und Bezeichnungen hat diese mythologische Gestalt, in der noch immer die Große Göttin, die Erdmutter, verehrt wird. Man nennt sie Frau Gode, Frau Holle, Roggenmuhme oder auch die Mittagsfrau, die darüber wacht, dass alle Schnitter ihre Mittagsruhe halten. Ihr zu Ehren wird die letzte Garbe zu einer Figur zusammengebunden, die möglichst dick sein muss, weil dies Fruchtbarkeit bedeutet.

Der Kornhahn

Der Kornhahn galt als einer der Vegetations- und Wachstumsdämonen, die gleichzeitig auch Dämonen des Todes waren.

> „Der Hahn spielt als Wetterprophet eine besondere Rolle: Sein Kamm stellt den gezackten Blitz dar, und jedes Hahnenopfer soll Unwetter und Gewitter während der Ernte abhalten. Gleichzeitig gilt der Hahn seiner starken Fruchtbarkeit wegen als mächtiger Fruchtbarkeitsgeist, womit blutige Sitten verbunden waren: Beim Hahnenschlagen zum Erntefest wurde ein leibhaftiger Hahn von den Burschen mit verbundenen Augen zermetzelt. Beim Hahnenreiten wurde ihm der Kopf mit einem Säbel abgeschlagen, beim Hahnreißen wurde das arme Vieh am Seil aufgehängt und musste von einem Reiter abgerissen werden. Später ist ein geschnitzter Hahn an die Stelle des lebendigen Opfertiers getreten.“ (Schönfeldt, S. 225)

21. September: Tagundnachtgleiche

Viele uralte Bräuche sind heute noch lebendig, die daran erinnern, wie bedeutungsvoll dieses Ereignis für den Menschen im Zusammenhang mit dem kosmischen Geschehen ist. In vielen Ländern Osteuropas war dieser Tag früher der Jahresbeginn und deshalb mit besonderen Schutzritualen verbunden. In vielen Gegenden war es vor allem ein Orakeltag: So banden die Mädchen einen grünen Kranz aus Immortellen und einen Strohkranz, gingen damit um Mitternacht schweigend zu einem Fluss oder Bach, füllten dort ein Gefäß mit Wasser und legten beide Kränze hinein. Dann tanzten sie zu zweit dreimal um das Gefäß herum und griffen nach den Kränzen. Wer den grünen Kranz ergriff, konnte Glück und Hochzeit erwarten, während der Strohkranz Unglück und Krankheit bedeutete.

31. Oktober: Halloween

Bei diesem Fest handelt es sich ursprünglich um ein altes keltisches Herbstfest, das als Dank für eine gute Ernte zu Ehren des Sonnengottes gefeiert wurde. An großen Freudenfeuern wurden die ersten geernteten Früchte verzehrt. Auf die Holzstöße wurden Strohpuppen in Gestalt von Tieren oder Hexen gesetzt, denn die Kelten glaubten, dass in dieser Nacht Saman, der Herr des Todes, die bösen Seelen zu sich rief. Auch in späteren Jahrhunderten wurden vor allem in Irland und Wales solche Schutzfeuer entzündet, um die Geister, die durch die Macht des Bösen für diese Nacht befreit waren, zu bannen.

Anfang Dezember: Beginn der Adventszeit

Erst durch den evangelischen Theologen Johann Hinrich Wichern (1808–1881), den Begründer der Inneren Mission und des Rauhen Hauses, wurde der „heidnische“ grüne Kranz zum Adventskranz. Ursprünglich geht er auf einen vorchristlichen Ringzauber zurück: Grüne Kränze, aber auch Strohkränze brachten Segen und wehrten Unheil ab. Deshalb umwand man die Zauberkränze zusätzlich mit goldenen und roten Bändern, deren Farben das Licht und das Leben symbolisieren.

Viele Gestalten sind mit den dunklen Wochen vor der Wintersonnenwende (21. Dezember) verbunden, die regional recht unterschiedlich sind. Sie ziehen verkleidet durch die Dörfer und erschrecken die Kinder, damit diese brav sind. Mitunter belohnten sie sie auch mit Nüssen, Äpfeln oder Gebäck. In Bayern und Österreich ist dies die „schiache [hässliche, grausige] Berchtel“, deren Ursprung auf die germanische Fruchtbarkeitsgöttin Perchta zurückgeht. In Norddeutschland zog vor allem der Schimmelreiter durch die Winternächte. Der Schimmel gilt als Glücksbringer und knüpft vermutlich an den germanischen Pferdekult an. In unserer Zeit erinnern Nikolaus und Knecht Ruprecht an diese Bräuche.

Am wichtigsten in dieser Zeit waren die Donnerstage. Deshalb wurde an diesen Tagen vielerorts „geklöpfelt" oder „geklöcklert": Auf Umzügen durch die Dörfer wurde mit Stangen an die Türen geklopft und um Gaben gebeten. Aber auch die bösen Wintergeister sollten durch das Klopfen vertrieben werden. Der Donnerstag ist ja der dem Gott Donar zugeordnete Tag (siehe Seite 100), galt also in vorchristlicher Zeit als Segenstag.

Die Erbsensuppe am Donnerstag

„Die Erbsensuppe am Donnerstag, die es heute noch jede Winterwoche in Schweden gibt, ist in diesen alten Vorstellungen von Donar und den Donnerstagen verwurzelt, an denen es nicht geheuer ist. Man hat früher überall donnerstags Erbsen oder andere Hülsenfrüchte gekocht, weil Erbsen und Bohnen nach dem antiken und dem germanischen Glauben die wichtigste Speise der Götter und Geister sind. Deshalb hat man früher auch nur an Donnerstagen Hülsenfrüchte gesteckt, und in Schlesien hat man gerade an den Adventsdonnerstagen keine Hülsenfrüchte gegessen, weil sie den Geistern gehören, die sich dann mit erbsengroßen Beulen rächen würden, die sie einem anhexen." (Schönfeldt, S. 310)

24. Dezember: Weihnachten

Der genaue Tag der Geburt Christi ist unbekannt. Aus den Evangelien ist nur der Tag seiner Taufe ersichtlich: der 6. Januar. Ohnehin war über Jahrhunderte Ostern als Auferstehungsfest sehr viel bedeutsamer für die christliche Kirche. Erst unter dem römischen Kaiser Konstantin dem Großen (272–337) wurde ein eigenes Geburtsfest gefeiert. An einem Tag, der dem Weihnachtsfest sehr nahe liegt, am 21. Dezember nämlich, fielen gleich zwei „Lichtfeste" zusammen: Im gesamten Mittelmeerraum war das der Geburtstag des indoiranischen Sonnengottes Mithras, der auch in Rom verehrt wurde, und gleichzeitig war er der Tag der nordischen Wintersonnenwende.

Schon in vorchristlicher Zeit holten die Menschen immergrüne Zweige in ihre Häuser und Hütten. Das „treue" Grün sollte den Waldgeistern als Zuflucht für den Winter dienen und als Symbol der Lebenskraft die bösen Geister vertreiben. Besonders zauberkräftig sind: Stechpalme, Rosmarin, Eibe, Buchsbaum, Fichte, Tanne, Stechginster, Wacholder und Efeu. In christlicher Zeit war das unwandelbare Grün das Zeichen dafür, dass Christus in alle Ewigkeit lebendig ist. So hat also unser Weihnachtsbaum durchaus mehrere „Wurzeln“. Eine weitere Wurzel entdecken wir, wenn wir in den Kalender blicken: Der Heilige Abend ist nämlich auch der Adam-und-Eva-Tag. Auch an sie soll der Baum – als Lebensbaum und als Baum der Erkenntnis – erinnern.

Das Julfest

In Skandinavien sind heute noch viele alte Bräuche lebendig, die auf die vorchristlichen Traditionen hinweisen. Der Name „Jul“ stammt aus dem germanischen *giuo*, was „Rad“ bedeutet und auf das Sonnensymbol hinweist. Der Julebock ist immer noch ein wichtiges Weihnachtssymbol, das ebenfalls aus dieser Zeit stammt. Auch der Julklotz, mit dem in den eiskalten Wintern gewährleistet wurde, dass das Feuer niemals ausging, geht auf diese alten Bräuche zurück. Oft wird ein Stück vom Julklotz aufgehoben, um im nächsten Jahr das Feuer damit zu entzünden. Die Asche wird gesammelt und auf die Felder gestreut, um sie fruchtbar zu machen. Man rührt sie auch dem Vieh ins Futter, um es vor Krankheiten zu schützen.

> „Im Norden Europas besteht das Scheit meist aus Eichenholz, im Süden aus Esche, in England auch aus gebündelten Eschenklötzen, und immer wenn sich einer der Klötze befreite und knisternd ins Feuer fiel, musste früher der Hausherr eine Runde Bier ausgeben. Das Scheit wird oft schön mit Immergrün dekoriert, oder: Jedes Familienmitglied steckt einen Stechpalmenzweig in die Holzspalten, was Glück bedeuten soll, weil das Rot und Grün von Blatt und Beere den Weihnachtsfarben entsprechen. Oft wird das Scheit als Orakel betrachtet: Man wirft Getreidekörner oder Münzen ins Feuer, damit es einem im nächsten Jahr nicht ausgeht.“ (Schönfeldt, S. 329)

In dieser Zeit herrschte allgemeiner Friede, die Waffen ruhten. Das Gesetz der Gastfreundschaft wurde besonders genau beachtet und Freunde und Fremde reichlich bewirtet.

Weihnachtsorakel – ein Ritual

- Heißes Kerzenwachs wird in eine Schüssel mit Wasser getropft. Die entstehenden Formen werden ähnlich gedeutet wie beim Bleigießen in der Silvesternacht.
- Miniaturkerzen werden in Walnussschalen geklebt, angezündet und in einem Wasserbehälter zum Schwimmen gebracht. Wessen „Nussschale" am weitesten fährt oder wessen Kerze am längsten brennt, hat im künftigen Jahr besonders viel Glück.
- Als Symbol für ein Mädchen und den Mann seines Herzens werden zwei Stechpalmenblätter in das Weihnachtsscheit gesteckt. Krümmen sie sich beim Verbrennen zueinander, bedeutet dies eine glückliche Verbindung.

31. Dezember: Silvester

Der Vorabend des neuen Jahres war und ist ein wichtiger Zeitpunkt für gute Wünsche und Vorsätze, für Gebete, Rituale und Orakel. Vor allem aber war es in früheren Zeiten ein wichtiger Tag, um sich die Naturgeister gewogen zu machen. In dieser Nacht gingen die Bauern hinaus in ihre Obstgärten und wünschten den Obstbäumen ein gutes neues Jahr. Oft wurden die Bäume auch mit Stroh umwickelt, an dem sich noch volle Garben befanden – so sollte Fruchtbarkeit Fruchtbarkeit erzeugen. Mitunter wurden die Bäume gerüttelt, um den Baumgeist zu wecken und ihn an seine Pflichten für das kommende Jahr zu erinnern.

Die Zwölf Nächte (Rauhnächte)

Die zwölf Nächte nach der Wintersonnenwende (beziehungsweise zwischen Weihnachten und Dreikönigstag) galten als Zeiten besonders starker Zaubermächte. So erhielten die Tiere – von denen man glaubte, dass sie in der Weihnachtsnacht sprechen könnten (oder auch, dass der Mensch ihre Sprache verstehen könnte) – besonders reichliches Futter. Felder und Bäume wurden mit den Getränken begossen, die die Menschen selbst tranken. So sollte Fruchtbarkeit und Schutz vor Krankheiten und Unwetter herbeigefleht werden.

Während dieser Zeit sollte auch die „Wilde Jagd" durch die Nächte toben, in denen in Begleitung von Wotans Zug und den dazugehörigen wilden Tieren die bösen Wintergeister mit den Frühlingskräften kämpften. In diesen Nächten wurden deshalb in christlicher Zeit Häuser, Höfe, aber auch viele Amtsgebäude mit Weihrauch ausgeräuchert, um die Dämonen zu vertreiben. Außerdem lud man sich möglichst viele Freunde und Verwandte ein, um den Schutz des Hauses noch zu verstärken. Dabei wurde reichlich getafelt – vor allem um die Götter durch diese Opfergaben zu erfreuen. Die meisten unserer traditionellen Weihnachtsgerichte gehen auf Symbole alter Tier- und Getreideopfer zurück, die wiederum von der christlichen Kirche übernommen und angepasst wurden.

„Was ihr wollt"

Dieses Stück, das zu William Shakespeares (1564–1616) großen Komödien gehört, heißt im Original *Twelfth Night* und wurde nach den Rauhnächten als Fastnachtsspiel aufgeführt. Am Dreikönigsabend gab es in England traditionell viel Mummenschanz und Fastnachtstreiben; man verkleidete sich und stellte so verschiedene Charaktere dar – wie wir ihnen auch in Shakespeares Komödie begegnen – so den Trunkenbold (Rülp), den dummen, abgewiesenen Liebhaber (Bleichenwang), den verliebten alten Esel (Malvolio).

Geburt, Hochzeit und Tod – drei Schwellen im Leben

Viele der Bräuche und Rituale, die den Jahreslauf begleiten – seien sie nun aus vorchristlicher Zeit überliefert, von der christlichen Kirche übernommen und auch von der modernen Wissenschaft in ihrer Wirksamkeit bestätigt –, haben eines gemeinsam, das für das Selbstverständnis einer modernen Hexe von größter Bedeutung ist: das Gefühl vom Einssein mit dem Kosmos, mit seinen Rhythmen und Schwingungen, in die wir alle eingebunden sind und denen wir uns dankbar anvertrauen dürfen. Rituale und Bräuche, die mit den einzelnen Jahresfesten verbunden sind, können vor allem einer „Stadthexe", die kaum etwas von den Leben spendenden und erhaltenden Prozessen mitbekommt, welche sich in der Pflanzenwelt entfalten, das Bewusstsein für den ewigen Kreislauf der Natur erwecken und erhalten. Die vielen Anregungen, die im vorhergegangenen Kalendarium gegeben wurden, können hier Hinweise zur Entwicklung der eigenen Spiritualität durch die wiederkehrende und bewusste Ausübung der zu den einzelnen Festtagen beziehungsweise -zeiten gehörenden Rituale sein.

Aber nicht nur der Wechsel der Jahreszeiten ist von tiefer Bedeutung für ein spirituelles Leben. Vor allem sind es die einschneidendsten Ereignisse im individuellen Leben eines jeden Menschen, die nicht nur rational betrachtet werden können, sondern denen eine tiefe Magie innewohnt: Geburt, Eheschließung, Tod. Zu diesen Gelegenheiten spendet nicht nur die Kirche ihre Sakramente – schon lange vorher waren dies besondere Schnittstellen im menschlichen Leben, die auch von heilbringenden Ritualen begleitet wurden. Alle schädlichen Einflüsse sollten abgewendet werden, um dem Menschen einen gesegneten Eingang in das Reich des Lebens, des Todes oder auch der Gemeinsamkeit zu gewährleisten.

Schwangerschaft und Geburt

Schon während der Schwangerschaft sollte eine Frau sich nachts möglichst nicht aus dem Haus begeben, vor allem nicht in Zeiten, wo schädliche Geister ihr Unwesen trieben – beispielsweise in der Walpurgisnacht oder in den Rauhnächten. Sie sollte möglichst nichts Hässliches sehen – etwa ein Feuer, von dem das ungeborene Kind ein Feuermal bekommen könnte. Noch heute schauen viele Schwangere sich die Madonnenbilder Rafaels an, um ihren Kindern Anmut und Schönheit mit auf den Weg zu geben. Immer wurden (und werden) Schwangere mit Ehrfurcht behandelt. Sie durften Obst und Wein pflücken, denn die Bauern glaubten an den „Sympathiezauber": Fruchtbarkeit ruft Fruchtbarkeit hervor.

Während der Schwellen im Leben eines Menschen – bei der Geburt ist dies der Eintritt ins Leben – ist der Mensch besonders gefährdet, weil er noch weder ganz hier noch ganz in seiner vorherigen Lebenswelt ist. So haben Dämonen und böse Geister leichtes Spiel. Aber auch die Mutter, die gerade bei ihrer ersten Geburt durch einen Umwandlungsprozess geht, ist diesen Kräften schutzlos ausgeliefert. Um beider Leben zu schützen und um den schmerzhaften Vorgang des Lebengebens und Ins-Leben-Tretens zu erleichtern, wurde zu vielen magischen Praktiken gegriffen. Diese waren natürlich mit einem uralten Heilwissen verbunden, das die weisen Frauen und Kräuterhexen aufgrund ihrer Naturbeobachtungen und spirituellen Fähigkeiten einsetzten. Nicht umsonst wurden wegen dieses „geheimen" und „zauberischen" Wissens um die Naturvorgänge in früheren Jahrhunderten so viele Hebammen als Hexen verbrannt.

Heilbringende Amulette (siehe dazu das Kapitel „Talismane und Amulette", Seite 53) wurden der werdenden Mutter umgehängt oder aufgelegt. Wichtig waren aber auch die Räucherungen des Geburtszimmers – damit sollten nicht nur böse Geister fern gehalten werden, die aufsteigenden Dämpfe wirkten außerdem beruhigend und entspannend auf die Mutter (moderne Hexen würden dieses Verfahren „Aromatherapie" nennen) und desinfizierten durch entsprechende Kräuter (Salbei, Rosmarin und so weiter) die Umgebung der Wöchnerin.

Möglichst bald nach der Geburt wurde das Neugeborene mit den Leben spendenden Elementen in Verbindung gebracht: Es bekam einen sanften Klaps auf den Po – so konnte es die Luft einatmen, von der es während seines weiteren Lebens abhängig sein würde. Vor allem in bäuerlichen Gegenden wurde das Kind auf die Erde gelegt – von ihr sollte es Kraft empfangen, weil die Erde als Muttergottheit galt und durch die von ihr gespendete Nahrung das Überleben gewährleistete. Ein uralter Fruchtbarkeitsritus war es, das Kind mit Wasser zu begießen – ein Ritual, das in der christlichen Taufe weiterlebt.

Familienplanung

Zu allen Zeiten ging es nicht nur um den Schutz des Neugeborenen. Mitunter war eine Schwangerschaft auch unerwünscht – etwa weil die Braut nicht verheiratet war oder auch, weil die Mutter bereits zu viele Kinder hatte und ein weiteres weder gesundheitlich noch wirtschaftlich zu vertreten gewesen wäre. Auch hier wussten die weisen Frauen Rat und halfen meistens mit Kräuterabsüden.

So wirkte der Absud von Petersiliensamen abtreibend (war aber auch mitunter lebensgefährlich für die Frau, die ihn anwendete). Das Gleiche gilt auch für den Salbei und den Diptam (einen Verwandten unserer Gewürzpflanze Dost).

Vor allem waren es Pflanzen, die das Gift Thujon enthalten, die für Abtreibungen verwendet wurden – Wermut, Rainfarn und vor allem der Sadebaum, ein Verwandter des Wacholders. Schon im Altertum wurden dessen giftige Triebspitzen als Abortivum verwendet. Über die Verwendung des Sadebaums in der Neuzeit berichtet ein Göttinger Professor aus den ersten Jahrzehnten des 20. Jahrhunderts:

> „Wenn ich in Schwaben aufs Land reiste und an einem Dorfgraben vorüberkam, ich welchem ich einen Sevenbaum [Sadebaum] oder – busch sah, so wusste ich aus vielen Fällen, wo meine Vermutung eingetroffen war, dass der Garten dem Barbier oder der Hebamme des Dorfes gehörte. In welcher guten Absicht mag wohl der Sevenbaum so sorgfältig gepflanzt werden? Betrachtet man die Bäume und Stauden, so sind sie gewöhnlich ihrer Krone beraubt und verkrüppelt, weil sie so oft gerupft, auch mitunter bestohlen werden.“ (Leoni, S. 328)

Die richtige Dosierung des gefährlichen ätherischen Öls des Sadebaums ist eine sehr heikle Angelegenheit, so dass bei einer Behandlung immer mit einem tödlichen Ausgang gerechnet werden musste. L. Levin gibt in seinem Buch *Die Fruchtabtreibung durch Gifte* an, dass nach zweiunddreißig in der Literatur beschriebenen und von ihm untersuchten Fällen von Abtreibungsversuchen mit Sadebaum-Öl dreizehn Frauen starben und in elf Fällen der Abort nicht eintrat ...

Andere empfängnisverhütende Pflanzen wurden ebenfalls mit mehr oder weniger großem Erfolg verwendet. Dazu gehört die Weide, von der heute noch geglaubt wird, dass sie Unfruchtbarkeit und Impotenz bewirken könne. Schon im Altertum stellte man aus Weidenblättern Scheidenzäpfchen her, die den Samen schädigen und die Empfängnis verhindern sollten. Auch um erst gar keine Liebeslust aufkommen zu lassen, wurden Pflanzen – in diesem Fall sehr wohlschmeckende Gewürze – verwendet. Dazu gehörte beispielsweise der Dill. In größeren Mengen und über längere Zeit genommen, soll Dill sich dämpfend auf die Libido auswirken. Auch vom Kümmel nahm man an, dass er die Geschlechtslust dämpfe – weshalb kinderreiche Frauen ihren Männern gerne Kümmelsuppe vorsetzten. Bei der Weinraute war die Anwendung nicht ganz einfach: Bei Männern wirkt sie nämlich als „Liebestöter“, während sie bei Frauen die Lust eher anregt. Dazu schreibt der Arzt Tabernaemontanus:

> „Rauten gegessen und getruncken dämpft und trucknet aus den natürlichen Samen und vertreibt die unmäßige Unkeuschheit; ist

eine heilsame und gesunde Artzney vor die Geistlichkeit; den Weibern aber mehret sie die Lust zur Unkeuschheit, deretwegen die geistlichen Weibspersonen, Jungfrauen und Wittiben den Gebrauch der Rauten fliehen sollten" (nach Haerkoetter, S. 118).

Auch unsere Geburtstagsbräuche haben einen magischen Ursprung. Ähnlich wie bei der Geburt glaubte man das Geburtstagskind ungeschützt und den Einflüssen böser Kräfte leichter ausgesetzt, weil es ja „zwischen den Jahren" stand – ähnlich wie in der Neujahrsnacht. Unsere heutigen Geburtstagsfeiern resultieren aus dem Brauch, dass sich möglichst viele Angehörige und Freunde um den betreffenden Menschen scharten, um ihn zu schützen. Je eher an diesem Tag ein Glückwunsch überbracht wird, desto sicherer wirkt er, weil er ja den bösen Geistern zuvorkommt. Schaden abwehrende Geschenke sind vor allem Kette und Ring. Denn beide sind Symbole der Geschlossenheit eines Kreises, in den die bösen Mächte nicht eindringen können.

Hochzeit

Die Zeit, bis ein junges Paar sich findet (und zwar die Richtige den Richtigen), war und ist mit vielen magischen Praktiken verbunden – Liebeszauber, Liebestränke und so weiter Schließlich geht es um ein (ursprünglich) lebenslanges Bündnis, zu dem sich zwei Menschen zusammenschließen. Über den heute noch möglichen Liebeszauber erfahren moderne Hexen Näheres in einem späteren Kapitel („Rezepte für die moderne Hexe", Seite 177 ff.). Hier soll nun von den traditionellen Bräuchen die Rede sein, die alles Böse – das ja auch heute noch ein junges Glück gefährden kann – von dem Brautpaar abwenden sollten.

Sehr wichtig war natürlich der Vorabend der Hochzeit – der Polterabend. Der Lärm, den zerbrochenes Geschirr und Glas machen, sollte alle bösen Dämonen vertreiben. Früher wurde niemals Glas geworfen, weil dieses ein Symbol für Glück ist („Glück und Glas – wie leicht bricht das").

Auch Kette, Ring und Schleier sollen die bösen Geister vertreiben. Die Erntefrüchte, die mit dem Hochzeitsfest verbunden sind, haben ebenfalls einen uralten symbolischen Charakter. So stehen Reis, Erbsen oder Weizen für Fruchtbarkeit. Brot spielt ebenfalls eine große Rolle: das gemeinsame Brotbrechen als Zeichen, dass zwischen den Eheleuten Friede herrschen soll; das Brotbrechen mit den Gästen zeigt, dass immer genug Brot im Haus sein möge und dass das gemeinsame Haus ein gastfreundliches sein soll.

Die bösen Hochzeitsgeister

„Überall hat man geglaubt, dass das Brautpaar bis zur Hochzeit von bösen Geistern und Mächten umdroht sei, die ihm sein Glück mißgönnten. Deshalb wand man der Braut bestimmte schützende Kräuter in den Strauß, auch rote Bänder, weil die rote Farbe das Übel abwehren kann. Deshalb schlang sich die Braut ein rotes Seidenband um den Hals, deshalb ging das Brautpaar nicht alleine zur Kirche, sondern war von Brautjungfern und Brautführern dicht umgeben. Deshalb tragen der alten Sitte nach auch die Brautjungfern die gleiche oder zumindest eine ähnliche Kleidung wie die Braut selbst, damit die Geister über die wahre Braut im Ungewissen bleiben. Deshalb durfte die Jungfrau auch nicht die Türschwelle ihres neuen Heims mit den Füßen berühren, sondern musste darüber springen oder getragen werden, damit sie nicht mit den ihr noch fremden Geistern des Hauses in Berührung kam, die unter der Schwelle leben." (Schönfeldt, S. 408)

Tod und Beerdigung

Im Gegensatz zur Geburt, in der ein neues Wesen zu uns ins Leben tritt, ist der Tod für die meisten Menschen ein noch viel geheimnisvollerer Prozess: Wir *wissen nicht,* wie das Leben ist, das diesen Menschen nun erwartet. Geschützt und geleitet werden soll einerseits der Verstorbene – aber auch die Trauernden versuchen sich gegen die Mächte zu schützen, die in dieser Übergangszeit zwischen zwei Welten verstärkt den Zugriff auf die Menschen suchen.

Die verschiedenen Bräuche und Rituale, die heute – vor allem in ländlichen Gegenden – noch üblich sind, deuten auf diese uralten Vorstellungen hin.

- Obwohl bei uns Schwarz als Farbe der Trauer getragen wird, sind vielen Menschen weiße Blumen (vor allem, wenn sie einem Kranken geschenkt werden) unheimlich, weil man glaubte, sie lockten den Tod an. Früher war nämlich – wie in anderen Gegenden der Welt, zum Beispiel in China – Weiß die Farbe der Trauer.

- Um dem Sterbenden oder Toten den Übergang in die nächste Welt leichter zu machen, öffnet man die Fenster, manchmal nimmt man auch einen Ziegel vom Dach.
- Augen und Mund des Toten werden geschlossen – nicht nur, um den trauernden Hinterbliebenen den erschreckenden Anblick zu ersparen. Man glaubte früher, dass der Blick des Toten den nach sich ziehen könnte, den er traf. Deshalb bedeckte man die Augen des Toten oft mit einem Geldstück. Auch der offene Mund könnte einen Lebenden zu sich rufen.
- Die Totenwaschung geschah ursprünglich durchaus nicht nur aus hygienischen Gründen. Da Dämonen und böse Geister eine Abneigung gegen Wasser haben, wollte man auf diese Weise alle übelwollenden Wesen vertreiben.
- Auch Kerzen und Lampen sollen die bösen Geister vertreiben. Erst in späteren Zeiten sah man im flackernden Licht einer Kerze ein Gleichnis für das menschliche Leben.
- Der hölzerne Sarg hat seine Wurzeln ebenfalls in vorchristlichen Zeiten. Diese Art der Beisetzung ist mit dem germanischen Mythos verbunden, dass der Mensch aus einem Baum hervorgegangen sei. Es besteht eine auffällige Ähnlichkeit zwischen diesem „Totenbaum" und dem Einbaum, einem Boot, das nichts weiter als ein ausgehöhlter Baumstamm war. Die frühesten Särge waren tatsächlich solche Boote, die den Toten auf seiner letzten Reise über das Wasser beförderten.

Für jede moderne Hexe ist – wie bei ihren Ahninnen – der Tod ein ebenso wichtiges Ereignis im Leben wie die Geburt. Hier können wir uns unserer Aufgaben im irdischen Leben bewusst werden und darüber meditieren, ob wir dem Leben alles gegeben haben, was wir geben konnten, und andererseits alles vom Leben wahr- und aufgenommen haben, was dieses uns anbietet. Die Welt danach und alle Fragen und Ungewissheiten, die damit verbunden sind, werden in unseren Gedanken auftauchen. Wenn wir in Gedanken unseren Toten verbunden bleiben, können diese – nachdem unsere heftige und meistens auf unseren eigenen Verlust bezogene Trauer abgeklungen ist – uns manchmal näher und hilfreicher sein als im irdischen Leben.

Magische Orte

Wie kommt es, dass wir uns an manchen Orten wohler fühlen als an anderen, die möglicherweise eine geradezu feindselige Aura haben und uns schaudern machen? Ist es Einbildung und Aberglaube, der auch heute noch Menschen an uralte „Stätten der Kraft“ zieht? Oder ist es etwas Tieferes, nicht Messbares – eine Ausstrahlung, die diesen Orten durch jahrtausendealte Verehrungsrituale geradezu „einverleibt“ wurde? Oder hatten sie möglicherweise schon immer magische Qualitäten? Und wie „fanden“ die Menschen damals ihre Kultstätten? Warum wurden immer wieder dieselben Orte aufgesucht – von Menschen, die von ihren Vorgängern und deren religiösen Gepflogenheiten keinerlei Ahnung haben konnten? Oft liegen Jahrhunderte oder sogar Jahrtausende zwischen den einzelnen Kulturen, aber immer wieder wurde an denselben Stellen geopfert ...

Nicht zuletzt sind es kosmische Kräfte, die dabei wirken. Es ist eine mittlerweile wissenschaftlich gesicherte Tatsache, dass das Magnetfeld der Erde die zielsicheren Flüge der Zugvögel bestimmt, die Termiten ihre Bauten wie nach dem Kompass ausrichten und Schnecken, Muscheln und Tauben sich in ihren Bewegungen noch zusätzlich an den Mondphasen orientieren. Wie sich aber der Erdmagnetismus auf Menschen auswirkt, ist längst noch nicht ausreichend erforscht. Radiästhetische Untersuchungen (Radiästhesie ist die Kunde von den Strahlenwirkungen) des Innsbrucker Bauingenieurs Jörg Purner (siehe Literaturverzeichnis S. 203) an Kirchen und Kultstätten ergaben bereits in den achtziger Jahren des 20. Jahrhunderts „signifikante Reaktionsphänomene“ an den heiligen Orten, „Überlagerungen und Reizzonen, zu denen die Anlagen in deutlicher Lagebeziehung stehen“. Zahlreiche Kreuzungspunkte von „Reizstreifen“ wurden auch an keltischen Viereckschanzen entdeckt. Chemische Untersuchungen wiesen an einer Reihe von vorgeschichtlich verehrten heiligen Quellen erhöhte Bor-, Schwefel- und Radiumhaltigkeit nach – alles Stoffe, deren Heilwirkung heute bekannt ist. Offenbar spürten und wussten die Menschen in der Zeit, als sie diese Orte fanden, mehr als wir.

Obwohl sich der *Genius loci*, jener Schutzgeist der heiligen Orte, durch wissenschaftliche Messungen nicht nachweisen lässt, erfuhren schon die ersten christlichen Missionare seine Macht. Die germanischen und keltischen Völkerstämme weigerten sich lange, ihre heiligen Quellen, Felsen und Bäume zu verlassen und sich statt dessen der Kirche zuzuwenden. Auf den Kirchenkonzilen des 5. und 6. Jahrhunderts wurde jede religiöse Handlung bei Gewässern, Bäumen und Felsen unter Strafe gestellt. Eine Zuwiderhandlung wurde mitunter sogar mit dem Tode bestraft. Aber selbst diese drakonischen Strafen brachten nicht das gewünschte Ergebnis – die Abwendung vom alten Glauben. So errichteten die Missionare vielerorts ihre Kirchen und Kapellen auf oder unmittelbar neben dem Kultplatz, damit das Volk „zu den Orten, woran es gewohnt ist, um so vertrauter sich versammle und den wahren Gott erkenne und anbete“ (Papst Gregor d. Gr., 540–604). So soll der Dom von Paderborn auf achtzig Quellen ruhen, die Kathedrale von Chartres auf vierundvierzig und der Kölner Dom auf einer Weihestätte für keltische Muttergottheiten, einem Tempel für römische Gottheiten und einem Heiligtum des Lichtgottes Mithras.

Wohl jeder Ort – vor allem in ländlichen Gebieten – bewahrt Erinnerungen an uralte Kultstätten auf. Wo diese noch nicht zu Touristen-Attraktionen vermarktet wurden, ist der alte Zauber spürbar, der diesen Orten ihre besondere Kraft verleiht. Häufig waren es die Leben spendenden Quellen, stille Teiche, geheimnisvolle Wälder oder besonders starke und alte Bäume, an denen die kultischen Rituale gefeiert wurden, die den Menschen mit der ihn umgebenden Natur in Einklang brachten.

Wer als moderne Hexe mit offenen Sinnen durchs Leben und durch die Welt geht, wird immer wieder auf solche Stätten stoßen, sich ihrer Magie hingeben und daraus Kraft schöpfen. Aber es können auch ganz „gewöhnliche“ Orte sein, die diese Wirkung haben. Das mag ein besonderes Gebäude sein – beispielsweise eine Kirche, ein Museum, eine Kunstgalerie, manchmal vielleicht sogar ein Bahnhof oder eine U-Bahn-Station. Es mag eine besondere Ecke im Wald, im Park oder im eigenen Garten sein. Auch alte Friedhöfe können als kraftvolle Orte wirken. Und manchmal spürt man solche Kräfte in den Wohnungen oder Häusern von Menschen, die ein intensives spirituelles Leben führen und deren Wohnumfeld ganz mit ihrer Ausstrahlung durchdrungen ist. Vor allem ist es das Wasser, das immer wieder seine magischen Kräfte auf die Seele des Menschen übertragen kann – nicht umsonst ranken sich um Bäche, Seen und um das Meer viele Sagen, die uraltem Wissen entspringen. Wer den Ort gefunden hat, dessen Schwingungen im tiefsten Innern positiv und aufbauend berühren, wird immer wieder dorthin zurückkehren – zur Meditation und zur Erneuerung der eigenen Kräfte.

Berühmte Kultstätten

Die Externsteine: Die bizarren Felsen im Teutoburger Wald sind seit Jahrtausenden Ziel der Gläubigen verschiedener Kulturen. Die Kultstätte soll ursprünglich ein Heiligtum der Germanen gewesen sein. Deren Priester schlugen in einen der Steine eine Höhlung, in der noch heute die Erdenergie besonders stark schwingen soll. Das „Steingrab" unterhalb des ersten Felsens am See diente einem Initiationsritus – bei der sinnbildlichen Beerdigung sollte der Mensch zu sich selbst finden. Später gelangten die Externsteine in kirchlichen Besitz. Es wurden zwei Kapellen in den Stein gehauen, die den heiligen Stätten in Jerusalem nachempfunden waren.

Die Menhire von Carnac: An der Atlantikküste im südlichen Teil der Bretagne stehen fast dreitausend Megalithen (große Steinblöcke), die aus bis zu dreizehn parallelen Reihen bestehen. Sie bilden Alleen, die zum Teil in hufeisenförmigen Steinkreisen enden, und umfassen insgesamt eine Länge von vier Kilometern. Auffallend ist die geometrische Anordnung der bis zu vier Meter hohen Steinblöcke. Die starken Schwingungen göttlicher Energie an diesem Ort veranlassen noch heute moderne Druidenorden, vor allem zur Sonnenwende, Prozessionen in Carnac durchzuführen.

Stonehenge: Die wohl berühmteste Kultstätte aus vorgeschichtlicher Zeit befindet sich in Südengland in der Nähe der Stadt Salisbury. Diese Steinkreisanlage stammt aus dem 2. vorchristlichen Jahrtausend. Der Innenkreis besteht aus sechzehn (ursprünglich dreißig) aufrecht stehenden, über vier Meter hohen Pfeilern. Die Anlage diente nicht nur kultischen Zwecken, sondern auch der Beobachtung des Laufes von Sonne und Mond. In Stonehenge finden bis heute ebenfalls noch Kulthandlungen moderner Druiden oder Wicca-Hexen statt.

Die Kraft der Bäume

Seit Urzeiten sind es die Bäume, die von Geheimnissen umwoben sind, an denen der Mensch teilhaben kann. Ihre Krone streckt sich zum Himmel, die Wurzel ist tief „geerdet". Dazwischen wächst der Stamm, gewissermaßen zwischen Himmel und Erde. Dieses Bild –

in einer Meditation visualisiert – mag die moderne Hexe immer wieder auf sich selbst zurückweisen. Denn auch die *hagazussa* hat an beiden Welten bewusst teil.

Berührt man einen Baum, seine Rinde, seine Blätter in den verschiedenen Jahreszeiten, so kann man eine sehr tiefe Verbindung schaffen zu diesem Geschöpf. Wer mag, kann sich auch im Tanz mit seinem „Kraftbaum" verbinden – etwa mit der Elastizität einer Birke oder der Festigkeit einer Eiche, damit, wie ein Baum unbeirrt wächst und sich dabei dem Jahresverlauf hingibt und wie er seine Blätter im Herbst loslässt. Hier können eigene Rituale entwickelt werden, die an altes Wissen anschließen und die in der Gruppe mit anderen Frauen gefeiert werden können. Wenn wir auf diese Art mit Bäumen in Kontakt treten, können sie trösten, Kraft spenden und heilen. Um die Bäume näher kennen zu lernen, werden einige von ihnen im folgenden kurz vorgestellt – mit ihren magischen und medizinischen Wirkungen.

Wer würde unserem freundlichen **Apfelbaum** magische Qualitäten zumessen? Aber schon in den keltischen Mythen schrieb man ihm die Fähigkeit zu, ewige Jugend zu verleihen. Deshalb wurden die toten Helden, Könige und Weisen in einer Barke auf die Reise nach Avalon geschickt, ins sagenumwobene Apfelland, in dem ewige Jugend herrschte. Die Germanen maßen dem Apfelbaum ebenfalls besondere Kräfte zu – sie glaubten, dass er unter dem besonderen Schutz der Götter stand und ihm nicht einmal der Blitz des Donnergottes etwas anhaben konnte. Aus diesem Grund pflanzten sie Apfelbäume in die Nähe ihrer Wohnstätten. Vor allem aber war der Apfel der Göttin Iduna geweiht, die die Göttin der Jugend war. Die goldenen Äpfel, die sie den Asen zu essen gab, verliehen diesen ewige Jugend. Die griechische Mythologie kennt die Äpfel der Hesperiden, die Herakles – als eine seiner zehn Aufgaben – beschaffen muss. Der Apfel des Paris führt später zwischen den Göttinnen Hera, Aphrodite und Athene zu Zwietracht und löst den Trojanischen Krieg aus. In der Bibel ist es ein Apfel vom Baum der Erkenntnis, der zur Vertreibung aus dem Paradies führt.

Zu allen Zeiten galt der Apfel als Symbol des Lebens, der Liebe und der Fruchtbarkeit. Seine Kugelform war ein Sinnbild für die Vollkommenheit der Erde und des Kosmos. Deshalb war er vor allem den weiblichen Gottheiten geweiht: Ischtar, Hathor, Demeter, Aphrodite, Venus und Iduna.

Im deutschen Volksmärchen „Frau Holle“, die uns in diesem Buch bereits in verschiedensten Zusammenhängen begegnet ist, ruft der Apfelbaum die beiden in die „Anderwelt“ versetzten Mädchen (Goldmarie und Pechmarie) zur Ernte auf:

„Rüttle mich und schüttle mich.
Wir Äpfel sind schon alle miteinander reif!“

An apple a day keeps the doctor away (Wenn man am Tag einen Apfel isst, braucht man keinen Arzt), sagt ein altes englisches Sprichwort. Deshalb sind Äpfel schon immer nicht nur als wohlschmeckende Speise, sondern auch als Heilmittel verwendet worden. Tatsächlich enthält der Apfel etwa zwanzig verschiedene Vitamine und Mineralien. Sie sind sowohl verdauungsfördernd als auch stopfend bei Durchfall. Sie senken den Cholesterinspiegel und wirken harntreibend. Apfelschalentee wirkt beruhigend und Fieber senkend.

Aus der sanften **Birke** wurden nach dem Volksglauben die Besen gebunden, auf denen die Hexen zum Blocksberg ritten. Vielleicht deutet dies darauf hin, dass die Hexen in Wirklichkeit weise Frauen waren. Denn in vorgeschichtlicher Zeit wurde die Birke als Baum der Weisheit verehrt. Mit Birkenruten wurden deshalb auch die Schulkinder geschlagen, um ihnen die Lernfaulheit auszutreiben.

Vom pädagogischen Nutzen der Birkenruten

„Das Holtz ist gar zäh und biegig, wird zu vielen Sachen benutzt. Fürnehmlich ist es aber ein edles Gewächs für die bösen, ungerathenen Kinder, dieselben damit fromm zu machen.“ (Tabernaemontanus)

Wegen des schnellen Schwellens der Knospen und der frühen Laubentwicklung galt die Birke als Baum der Fruchtbarkeit. Deshalb schlug man – vor allem zu Himmelfahrt oder Pfingsten – Frauen und Mädchen mit Birkenruten vorsichtig auf die Geschlechtsteile, um sie fruchtbar zu machen. In nordischen Gebieten, wo er früher fast als einziger Baum gedieh, war die Birke das Frühlingssymbol. Deshalb sind unsere Maibäume auch heute noch Birken, deren geglückter Raub als besonders segenbringend galt.

Verwendung der Birkenrinde

Wer je in Russland gereist ist, kennt die wunderschönen und kunstvollen Schnitzereien – etwa als Dosen oder Kästchen – aus Birkenrinde. In Skandinavien sind die eher rustikalen Birkenrindenkörbchen ein beliebtes Souvenir. In diesen nördlichen Gebieten wurde die Birkenrinde früher ebenfalls zum Abdecken der Häuser verwendet, weil sich dadurch wasserdichte und gut isolierte Dächer schaffen ließen. In Lappland wurde die Rinde junger Birken wie Leder verwendet – etwa für wetterfeste Umhänge. Die Indianer Nordamerikas verwendeten Birkenrinde, um besonders leichte Kanus zu bauen.

In der Volksmedizin spielt die Birke vor allem bei der Behandlung von Wassersucht und rheumatischen Erkrankungen eine wichtige Rolle. Als Frühjahrskur wird ein Blutreinigungstee aus Birkenblättern verwendet. Bei den Kelten galt vor allem der Birkensaft als Schönheitstrunk. Extrakte aus Blättern und Rinde der Birke werden noch heute viel in Haarwuchs- und -pflegemitteln verwendet.

Die **Buche** ist ein ganz besonderer Baum, denn aus ihr wurden in germanischer Zeit die Stäbe geschnitzt, die benutzt wurden, um die Zukunft zu bestimmen. Hier hat unser heutiges Wort „Buchstabe" seinen Ursprung. Aber ganz diesseitigen Dingen war die Buche ebenfalls hold: Ihre Bucheckern waren wegen ihres hohen Ölgehaltes ein begehrtes Mastfutter, weshalb man auch im Herbst die Schweine in die Buchenwälder trieb. Die medizinische Wirkung der Buche ist vor allem aus Nordamerika bekannt, wo die Indianer den Absud der Blätter warm gegen Erfrierungen und abgekühlt bei Verbrennungen verwendeten.

Als Symbol für das Wiedererwachen der Natur nach der langen Winterzeit galt die **Eberesche** (*Sorbus domestica*). Die keltischen Druiden schrieben ihr die Kraft zu, vor Unheil und bösem Zauber zu schützen. Bei den Germanen galt sie als Glücksbringer. Sie war dem Gott Donar geweiht, dessen Ziege ihr Laub besonders schätzte. Sie wurde auch als „Drachenbaum" bezeichnet und vor die Stalltüren gepflanzt, um das Vieh vor Drachen und sonstigen Ungeheuern zu schützen – ein Brauch, der in Schweden bis heute weit verbreitet ist.

Die Beeren der Eberesche – die Vogelbeeren – gelten als giftig, obwohl es inzwischen ungiftige Züchtungen gibt, die man für Säfte und Marmeladen verwenden kann. Für die moderne Pharma-Industrie sind die Beeren besonders wichtig geworden, weil sie Sorbit enthalten (ein süß schmeckender Alkohol, der bei der Rückführung von Glukose zu Fruktose entsteht). Dieser hochwertige Zucker wird in der Diabetestherapie eingesetzt, weil er die Blutzuckerwerte nicht erhöht. Als künstlicher Süßstoff wird Sorbit inzwischen auch synthetisch hergestellt.

Ein recht unheimlicher Baum ist die **Eibe.** Sie galt mehr als ein Unheil- denn als ein Heilbaum. Alle Teile der Pflanze sind nämlich giftig. Die alten Römer hielten es sogar schon für tödlich, unter einem Eibenbaum einzuschlafen. Bei den Kelten wurden Speer- und Pfeilspitzen mit Eibensaft vergiftet. Die Eibe war den Göttern der Unterwelt geweiht. Vor allem in Nordeuropa wird die Eibe deshalb gerne auf Friedhöfen angepflanzt.

„Der Weg zur Unterwelt ist mit Eiben gesäumt. Dunkel und unheimlich umgibt sie ein düsteres Licht. In der Luft liegt ein strenger und intensiver Geruch. ... Diese schweigenden Eiben sind den Göttern des Todes geweiht, und jeder muss durch diese schreckliche Allee, bevor er sein letztes Ziel erreicht. ... In allen Kulturen, die die Eibe kannten, galt sie als heiliger Baum. Sie war immer mit dem todbringenden Aspekt der Götter verknüpft. Am oberen Ende der Allee zur Unterwelt steht sie noch heute auf den Friedhöfen. Hier scheint sie geradezu am üppigsten zu wachsen, ernst und gewissenhaft hält sie hier Wache." (Fischer, *Blätter von Bäumen,* S. 51)

Als Medikament wird die Eibe – deren Potential als Heilbaum gerade erst am Beginn der Erforschung steht – in der Homöopathie verwendet, beispielsweise gegen Herz- und Leberleiden sowie gegen Rheuma.

Allen Völkern, die diesen Baum kannten, war die **Eiche** heilig. Schon die Griechen vernahmen in ihrem Rauschen die Worte des Gottes Zeus. Das uralte griechische Orakel von Dodona befand sich in einem Eichenwald. Bei den Germanen war die Eiche dem Gott Donar geweiht, der sie besonders liebte und ihr deshalb häufig seine

Blitze zusandte. Daraus entstand wahrscheinlich die alte Volksweisheit bei Gewittern: „Eichen sollst du weichen“. In der keltischen Sprache hieß die Eiche *duir* oder *dair*. Davon ist das Wort „Druide“ abgeleitet. Diesen keltischen Priestern war die Mistel, die auf einer Eiche wuchs, besonders heilig.

> „Die Eiche ist ein Wahrzeichen für Durchhaltevermögen, Stärke und Triumph. Dass das letzte Blatt nie von einer Eiche abfällt, ist eine alte Beobachtung. Das letzte Blatt ist ein Motiv in einer Gruppe nordeuropäischer Volksmärchen, in denen ein Mensch dem Teufel eine Schuld zurückzuzahlen verspricht, wenn das letzte Blatt gefallen ist, wohl wissend, dass das letzte Blatt nie von einer Eiche fällt.“ (Hetmann, *Baum und Zauber*, S. 208)

Medizinisch wirkt die Eichenrinde entzündungshemmend, blutstillend und zusammenziehend. Sitzbäder mit einem Zusatz vom Absud von Eichenrinden wirken besonders gegen Hämorrhoiden und Ausfluss. Badezusätze sind zur Behandlung von Hautproblemen aller Art geeignet.

> „Alles, was an dem Eichbaum ist, als nämlich die Rinde, die Blätter, Eicheln und deren Häutlein haben ein Kraft und Natur, damit sie zusammenziehen.“ (Tabernaemontanus)

Die **Erle** wächst vorwiegend in der Nähe von Gewässern oder in Feuchtgebieten. Deshalb wird sie mit Irrlichtern, Elfen und Moorgeistern in Verbindung gebracht – Goethes Gedicht vom „Erlkönig“ knüpft an diese Überlieferungen an. Aber sie hat auch die merkwürdige Eigenschaft, dass ihr Holz sich rot färbt, wenn man sie fällt oder anschneidet. In Irland war es deshalb unter Strafe gestellt, eine Erle zu fällen – bis heute werden sie nur selten gefällt. Die germanische Mythologie berichtet, dass das erste Menschenpaar aus einer Erle beziehungsweise einer Esche geschaffen wurde.

Die medizinische Wirkung von Erlenrinde und -blättern ist zusammenziehend und entzündungshemmend. Aus den frischen Blättern wurde früher ein Brei bereitet, der als Auflage beim Abstillen verwendet wurde.

„Yggdrasil" heißt die **Esche** (*Fraxinus excelsior*) in der nordischen Mythologie. Sie ist der Weltenbaum, dessen drei Wurzeln in die Götterwelt Asgard, in das Land der Riesen Jötunheim und in die Unterwelt, nach Niflheim, reichen. Unter ihren Wurzeln wohnen die Nornen, die Schicksalsgöttinnen. Aus der Esche wurde der germanischen Mythologie nach der Mann geschaffen, während die Frau aus der Erle entstand – und wirklich wachsen beide Baumarten häufig dicht nebeneinander.

Die medizinische Wirkung der Esche wird schon von dem griechischen Arzt Hippokrates erwähnt, der sie als harntreibendes und abführendes Mittel einsetzte. Bei rheumatischen Erkrankungen wirkt die Esche innerlich als Tee und äußerlich durch Einreibungen mit Eschengeist, der hergestellt wird, indem man Eschenblätter mit hochprozentigem Alkohol aufgießt, das Ganze einige Tage in der Sonne stehen lässt und dann durch einen Kaffeefilter abseiht.

Die großen Geigenbauer Stradivari und Amati lauschten auf den Klang der **Fichte** (*Picea abies*), wenn sie an deren Stammholz klopften. Daraus entstanden die wunderbaren Geigen, deren Klang uns noch heute bezaubert. Wohnt gerade der Fichte ein besonders musikalisches Element inne? Man könnte es fast glauben, wenn man sieht, wie sie sich – vor allem im Mittel- und Hochgebirge – im Sturm wiegt. In der germanischen Überlieferung galt sie als Schutzbaum, der Krankheiten von den Menschen fernhielt.

Wie kommt die Fichte ins Meer?

„Bei den alten Griechen war die Fichte ausgerechnet dem Meergott Poseidon geweiht. Wie kommt die Fichte ins Meer? Die Fichte ist ein riesiger Baum, sie liefert die längsten und besten Schiffsmasten. Poseidon sollte deshalb als Dank für die Weihung die Schiffe vor Sturm beschützen. Nicht nur auf griechischen Schiffen erhoben sich die langen Fichtenmasten. Bei uns wurde so manche unheimliche Geschichte vom Klabautermann erzählt, der im Fichtenmast wohnt. Die Masten waren nicht von einem Gott wie bei den Griechen bewohnt, sondern ein Baumgeist hatte sich im Holz eingenistet und begleitete die Seemänner über die Meere. Besonders nachts soll der Klabautermann dann den Stamm verlassen und sein Unwesen getrieben haben." (Fischer, *Blätter von Bäumen*, S. 81)

Fichtennadelbäder sind heute ein wirksames Mittel gegen Erkältungen, Gicht und Rheuma. Fichtenhonig ist nicht nur besonders wohlschmeckend, sondern hilft auch hervorragend gegen Grippe und Husten.

Die **Haselnuss** (*Corylus avellana*, siehe Seite 48) ist kein Baum, sondern ein Strauch. Viele Sagen und Märchen ranken sich um sie. Man denke nur an das Märchen „Aschenputtel", in dem das Mädchen vom Vater einen Haselzweig von einer Reise mitgebracht bekommt, den es auf das Grab seiner Mutter pflanzt. Aus diesem wächst ein schöner Strauch, auf dem ein Vöglein sitzt, das Aschenputtel jeden Wunsch erfüllt, den des ausspricht ... jeder weiß, wie diese Geschichte ausgeht. Außerdem wurde die Hasel in früheren Zeiten als Wünschelrute verwendet – was bis heute der Fall sein kann bei Rutengängern, die Wasserquellen oder schädliche Erdstrahlen aufspüren.

Da sie Erdstrahlen anzieht, diente sie in früheren Zeiten auch als Blitzableiter. Daneben waren natürlich auch die nahr- und schmackhaften Nüsse sehr begehrt. Diese galten als Symbol für Liebeskraft und Fruchtbarkeit. Dies ist in vielen Volksliedern erkennbar. Deshalb wurde in christlicher Zeit der Haselstrauch auch Sinnbild für Untreue und Unkeuschheit.

In medizinischer Hinsicht tritt die Haselnuss bislang kaum in Erscheinung. In der Volksmedizin kannte man allerdings die Blut stillenden und Fieber senkenden Eigenschaften ihrer Blätter und Rinde. Haselnussöl ist ein gesundes Nahrungsmittel – beispielsweise bei der Zubereitung von Salaten –, weil es reichlich Mineralien und Vitamine enthält. Auch in Kuchen und Likören wird die Haselnuss gerne verwendet.

Wiederum ein Busch und kein Baum ist die **Hundsrose** (*Rosa canina*) . Bevor unsere Edelrosen gezüchtet wurden, wuchs bei uns wild die Hundsrose (nach dem „Hundsstern" Sirius benannt, weil sie im Juni/Juli blüht) und wurde in christlicher Zeit in Klostergärten als „Apothekerrose" angebaut. Schon in einem der ältesten deutschen Volksmärchen taucht sie auf – im „Dornröschen". Die Hundsrose war der Göttin Freya geweiht; an einem Freitag gepflückt, war sie besonders heilkräftig.

Die Hundsrose ist medizinisch äußerst wirksam: Ihre Knospen, über längere Zeit hinweg als Tee getrunken, wirken gegen Verstopfungen, Magenkrämpfe und Blutungen. Die getrockneten und zerstoßenen Blütenblätter der voll erblühten Hundsrosen waren früher ein bekanntes Wundstreupulver für Kleinkinder. Auch Augenkompressen oder ein kühlendes, heilendes Augenwasser lässt sich daraus herstellen.

> „Sammle die Rosenblätter bei Tagesanbruch und lege sie über die Augen, sie machen dieselben klar und ziehen das trieffeno heraus.“ (Hildegard von Bingen)

Aus den Früchten wurden nicht nur wohlschmeckende, sondern wegen des hohen Vitamin-C-Gehaltes dieser Früchte sehr heilsame Zubereitungen hergestellt, beispielsweise Suppe und Wein.

> „Tschinka Milla
> Wenn ihr jetzt schön leise seid,
> wie der Schnee, der draußen schneit,
> wird, wenn sie sich’s vorgenommen,
> wird die Tschinka Milla kommen.
> Klein wie eine Hagebutte
> Und in buttenroter Kutte,
> wie vom Wald ein Reisigbuschen,
> wird sie durch die Stube huschen.
> ‚Tschinka Milla! – Schenk mir Milch!
> Für die Kinder Zwirn und Zwilch!
> Milla! Milla!‘ wird es flüstern,
> nach dem großen Milchtopf lüstern,
> und zwei Augen werden glühn,
> nadelspitz und grasegrün.
> Schlecken wird es, schmatzend schmecken,
> keiner darf mir dann erschrecken.
> Manchem schon hat über Nacht
> Tschinka Glück ins Haus gebracht.
> Ist gekommen, ist gegangen,
> andern Tags hat’s angefangen.
> Nicht mit einem goldnen Wagen
> Und vier Schimmeln, blitzbeschlagen –
> Nein, behutsam in der Stille
> Blüht das Glück der Tschinka Mille.

Ist ein kleines Trippelding,
Waldgelichter, moosgering.
Uralt – eines von den letzten,
die der Zeit sich widersetzten,
und bei denen sich nun laben,
die noch Frieden um sich haben,
um an ihrem Gotterbarmen
heimchenheimlich zu erwarmen.
Schaut! – Jetzt ist sie dagewesen!
Raspelnd strich es um den Besen.
Auch dem Kater, buckelkrumm,
sträubt das Fell sich rundherum,
fauchend sprüht er Feuerfunken:
Eins hat seine Milch getrunken,
eins in buttenroter Kutte,
klein wie eine Hagebutte,
und doch wie die Welt so alt:
Tschinka Milla aus dem Wald!"
(Friedrich Bischoff, 1896–1976)

Auch der **Holunder** (*Sambucus nigra, Sambucus racemosa*) ist eher ein Busch als ein Baum. In ihm wohnen alle guten und schützenden Geister, die der Mensch braucht. Es ist merkwürdig, dass der Holunder nicht angepflanzt zu werden braucht, dass er sich von selbst in der Nähe des Menschen ansiedelt. Seine Blüten und Beeren sind eine wohlschmeckende, vitaminreiche und vielseitig zu verarbeitende Ergänzung auf unserem Speisezettel. Früher hielt man den Holunder für den Wohnsitz einer Leben spendenden Göttin, deshalb wurde auch kein Holunder gefällt oder gar verbrannt. Mitunter wird auch der Name „Frau Holle" oder „Hulda" mit diesem Strauch in Verbindung gebracht. Der wunderbare starke Duft der Holunderblüten allein schon scheint diese Beziehung zu bestätigen.

Durch ihren hohen Vitamin-C-Gehalt sind Holunderbeeren ideal gegen Erkältungskrankheiten und ganz allgemein zur Stärkung des Immunsystems. Den wohlschmeckenden Saft kann man selbst herstellen oder fertig im Reformhaus kaufen. Der Tee aus den Blüten wirkt beruhigend und Fieber senkend, vor allem bei Erkältungskrankheiten.

Die Heilkraft des Holunders

„Wir sind uns seiner Heil- und Nährkraft viel zu wenig bewusst. Alles an ihm ist nämlich brauchbar und wirksam: Die Wurzeln ergeben einen Trunk, der unschätzbar ist für Wassersüchtige und Korpulente, die wieder schlank werden möchten. Tee von der Bastrinde räumt mit schlechten Magensäften gründlich auf. Holunderblätter geben uns den einfachsten und besten Blutreinigungstee. Auflagen frischer, zerquetschter Holunderblätter heilen Geschwüre an Fingern. Holunderblüten treiben den Schweiß und sind unschätzbar für Rheumatiker, sowie bei Grippe und Erkältungen. Die Beeren reinigen ebenfalls das Blut und treiben zähe, verhockte Stoffe aus dem Körper." (Johann Künzle, Schweizer „Kräuterpfarrer", 1857–1945)

Die **Kirsche** galt als Wohnstätte von Wald- und Baumgeistern. Auch tanzenden Elfen konnte man unter diesem Baum begegnen, die den Menschen nur zu gerne in ihren Kreis und damit in die Feenwelt zogen. Ursprünglich war die Kirsche der Mondgöttin geweiht. Obwohl die Kirsche in der christlichen Kirche ebenso wie der Apfel als verbotene Frucht galt, hat sich doch der Brauch der „Barbarazweige" durchgesetzt und bis in unsere Zeit erhalten. Am Tag der heiligen Barbara, dem 4. Dezember, werden Kirschzweige geschnitten und in einer Vase an einen warmen Ort gestellt. Sind sie bis Weihnachten erblüht, so gilt dies als gutes Omen für das neue Jahr.

In der Volksmedizin wurden die Blätter und Stiele als schleimlösende Tees verwendet. Das gummiartige Harz wurde in Wein gelöst und als Hustentrank eingenommen. Kirschsaft ist Blut bildend und wird noch heute gerne als Diätgetränk bei niedrigem Blutdruck empfohlen. Bekannt sind auch die Kirschkernkissen, die aus gewaschenen und getrockneten Steinen hergestellt werden und die Füße fast ebenso gut warm halten wie eine Wärmflasche.

Kann man einen Baum liebenswert und warmherzig nennen? Wenn ja, dann ist es die **Linde.** Sie finden wir fast nur in der Nähe menschlicher Ansiedlungen. Nicht umsonst war sie der Mittelpunkt des Dorfes, eben die „Dorflinde". Und sind nicht ihre Blätter herzförmig? Daher war sie der germanischen Göttin Freya, der Herrin der Liebe und des Glücks, geweiht. Das Lied „Am Brunnen vor dem Tore" spiegelt besonders innig die Beziehung zu diesem Baum wieder.

Ihr weicher Bast diente schon unseren Vorfahren zur Herstellung von Matten und Kleidungsstücken. Den Holzschnitzern späterer Jahrhunderte galt die Linde als *lignum sanctum*, heiliges Holz. Daraus schnitzte beispielsweise Tilman Riemenschneider (1460–1531) seine wunderbaren Altäre.

> „Die Linde ist nicht zuletzt deshalb stets gesucht und geliebt worden, weil man sich unter ihren weit ausladenden Ästen so wohl fühlt. Wie man heute weiß, hat das seinen guten Grund: Unter einem so großen Baum befindet man sich, ähnlich wie im dichten Wald, wie unter einem Schutzschild: Das natürliche statische und magnetische Erdfeld mit seinen massiven Reizen auf den Organismus, aber auch Störfelder verschiedenster Art sind aufgehoben. Der Raum unter dem Baumdach, erfüllt mit Sauerstoff, gereinigt durch die Baumäste, bietet Entspannung wie kein anderer. Die Nerven können sich beruhigen, die Seele befreit ausatmen. Da eine Linde darüber hinaus nicht nur in der Blütenzeit, sondern immer, solange sie Laub trägt, einen heilsamen, wiederum stark beruhigenden Duft ausstrahlt, ist der Platz in ihrem Schatten einfach der ideale Ort, zu sich selbst zu finden." (Allgeier, *Die Heilkraft der Bäume*, S. 93)

Lindenblütentee ist eines der bekanntesten natürlichen Heilmittel bei Erkältungskrankheiten. Lindenkohle (aus dem Holz des Baumes gewonnen) wird in Apotheken als Mittel gegen Koliken und Durchfälle geführt.

Wie der Holunder und die Hasel ist auch der **Wacholder** (*Juniperus communis*) eher ein Busch als ein Baum. Er ist der „Machandelboom" aus dem Volksmärchen. Mit dem Rauch des Wacholderkrautes und -holzes vertrieb man die Hexen und alle bösen Geister. Wollte man die Milch davor schützen, dass sie verhext wurde, musste man sie mit einem Wacholderstock rühren. Auch in die Weinfässer legte man einige Wacholderspäne, um so den Wein davor zu schützen, dass er durch Verzauberung verdarb. Ein aus den Beeren des Wacholders gebrauter Trank (möglicherweise Wacholderschnaps?) verlieh die Gabe, in die Zukunft zu sehen. Müde Wanderer, die unter einem Wacholderstrauch ausruhten, fühlten sich schon nach kurzer Zeit erholt und geradezu verjüngt.

Wacholder enthält ätherische Öle und Bitterstoffe, die vor allem verdauungsfördernd und harntreibend wirken. Zu allen Zeiten galt der Wacholder als ein wahres Allheilmittel. Seine Früchte gehören zu den ältesten bekannten Blutreinigungsmitteln. Während der Pestepidemien, die früher immer wieder in Europa wüteten, wurde mit Wacholder geräuchert, um sich vor Ansteckung zu schützen. Heute weiß man, dass dies durchaus zu Recht geschah, da einige der im Wacholder enthaltenen ätherischen Öle antiseptisch wirken.

Der Kräuterpfarrer Sebastian Kneipp hielt sehr viel vom Wacholder und verordnete ihn zusätzlich bei allen pflanzlichen Reinigungs- und Entschlackungskuren, besonders wenn eine Entgiftung des Blutes nötig war. Heute ist Wacholder Bestandteil von über sechzig Medikamenten, die von der Pharma-Industrie hergestellt werden.

„Die Samenkörner sind gut bei Magen-, Lungen- und Seitenschmerzen; sie bringen Schwellungen und Erkältungen zum Abklingen, lindern die Schärfe des Hustens und bringen, örtlich angewandt, Geschwüre zum Stillstand; in Wein getrunken, festigen sie den Leib, so dass der Durchfall aufhört, fördern Verdauung und Harn und sind ein Schutz- und Gegenmittel bei Vergiftungen." (Plinius (23–79), in „Naturalis historiae")

Bei Griechen und Germanen galt die **Weide** als Sinnbild des Schattenreiches und des Todes. Nach der Christianisierung wurde sie im Volksglauben zum Geister- und Hexenbaum. So soll die Königin der Hexen eine Weidenrute als Zepter in der Hand gehalten haben. In vielen Gebieten ist bis heute der Glaube verbreitet, dass die Weide Unfruchtbarkeit und Impotenz bewirken könne. So sind in Island viele Menschen davon überzeugt, dass Frauen, die mit Haushaltsgeräten aus Weidenholz arbeiten, keine Kinder gebären könnten.

Die Weide enthält neben Gerb- und Bitterstoffen vor allem Salizylsäure – also den Stoff, der unser „Aspirin" so wirksam gegen Fieber und Schmerzen macht. Jahrtausendelang wurde Weidenrinde zur Linderung dieser Beschwerden verwendet. Und noch heute empfiehlt sich Weidenrinden-Tee besonders dort, wo Salizylpräparate eher schädlich wären: bei Magen- und Darmbeschwerden.

Von vielen Mythen umwoben ist der **Weißdorn** (*Crataegus laevigata* und *Crataegus monogyna*). Schon bei den Hethitern galt er als heilig und die Priesterinnen zelebrierten ihre Reinigungszeremonien unter ihm. Außerdem schritten unter ihrer Anleitung kranke und sündige Menschen durch ein Tor aus Weißdornzweigen.

Spruch der Priesterin

„Du bist ein Weißdornstrauch,
im Frühling kleidest du dich weiß,
zur Zeit der Ernte aber kleidest du dich blutrot,
dem Schaf, das unter dir hinweggeht,
rupfst du das Wollvlies,
dem Rind, das unter dir hinweggeht,
rupfst du das Fell,
so ziehe auch eben diesem Opfermandanten,
der durch das Tor hindurchgeht,
Böses, Unreinheit und den Zorn der Götter hinweg."
(Haas, S. 182)

Aus der keltischen Mythologie wissen wir um den starken Zauber, der dem Weißdorn innewohnt. Der Zauberer Merlin verliebte sich in hohem Alter in die schöne Niniane und verriet ihr all seine Künste. Mit diesem Wissen bannte das Mädchen ihn unter einen Weißdornbusch, und nur sie selbst konnte diesen Bannkreis durchbrechen, wenn sie ihn besuchen wollte. Daraus entwickelte sich später der Brauch des Hexenbannens: über die Stalltüren wurden so viele Weißdornzweige angebracht als Kühe im Stall standen, um sie so vor bösem Zauber zu schützen.

Weißdorn hat als herzstärkendes Mittel schon immer seinen Platz in der Volksmedizin gehabt. Er ist auch in vielen Medikamenten der modernen Pharma-Industrie zu finden, die bei Kreislaufstörungen, Herzschwäche und Schwindel eingesetzt werden.

Die Wohnung – ein magischer Ort

Auch das eigene Haus, die eigene Wohnung kann zum magischen Ort, zu einem Ort der Kraft werden. Dazu ist es zunächst einmal wichtig, negative Einflüsse möglichst auszuschalten oder abzulenken. Gegen Verkehrslärm oder laute Nachbarn lässt sich wenig unternehmen, in diesen Fällen kann die moderne Hexe nur in ihrem eigenen Innern einen Ort der Ruhe und Stille finden. (Mehr dazu im folgenden Kapitel „Innere Orte“, Seite 166 ff.) Aber schädliche Wasseradern oder Magnetströme, die das gesundheitliche Wohlbefinden stören und die spirituelle Entwicklung behindern, können sehr wohl aufgespürt werden. Ein *erfahrener* und ernst zu nehmender Rutengänger ist dafür erforderlich! Am besten bewährt hat sich bei der Suche nach einer geeigneten Person die Mundpropaganda. Nachdem der Rutengänger die entsprechenden Stellen in Ihrer Wohnung oder Ihrem Haus gefunden hat, wird er die von ihnen ausgehenden negativen Kräfte neutralisieren. Dies geschieht meistens dadurch, dass Quarzsteine über diesen Stellen aufgestellt werden. Mitunter werden zu diesem Zweck auch Metallscheiben verwendet.

Sehr wichtig ist es außerdem, sich in seinen vier Wänden nur mit Möbeln und Gegenständen zu umgeben, die eine positive Wirkung haben. Ein ungeliebtes Bild, eine hässliche Vase oder ein ärgerliches Möbelstück können eine starke negative Ausstrahlung haben. Von solchen Gegenständen sollten Sie sich unbedingt befreien – auch wenn es sich um Geschenke oder Erbstücke handelt. Ähnliches gilt für ärgerliche oder sogar schmerzlich empfundene Briefe und Schriftstücke. Am wirksamsten ist hier natürlich die reinigende Kraft des Feuers, dessen Flammen man die Blätter mit einem kleinen Ritual übergeben kann. Manchmal aber müssen die Schriftstücke aufgehoben werden. Hierfür empfiehlt sich eine kleine Kiste oder Truhe, deren Deckel man fest verschließen kann. Diese bewusst durchgeführte kleine Zeremonie wirkt sich auch innerlich aus, so dass die entsprechenden Briefe keinen Schaden mehr anrichten können.

Die Wirkung der Farben

Farben haben eine sehr starke Wirkung auf unsere körperlichen, geistigen und seelischen Kräfte. Deshalb sollte die Farbgestaltung der Wohnung sehr bewusst gewählt werden. (Dasselbe gilt übrigens für die Kleidung, die ebenfalls Stimmungen hervorrufen und beeinflussen kann.) Seit Urzeiten haben Farben magische und heilende Bedeutung. Auf dieses Wissen, das inzwischen auch wissenschaftlich bestätigt wurde, können moderne Hexen zurückgreifen.

Schon die Priester und Magier im alten Ägypten und im antiken Griechenland wussten um die Macht der Farben. Sie gaben den Räumen ihrer Tempel – die Heilstätten für Leib und Seele waren – verschiedene Färbungen, um die Hilfe suchenden Menschen günstig zu beeinflussen. Was die Weisen des Altertums intuitiv erfassten, bestätigt die moderne Psychologie. Inzwischen gibt es außerdem die

Farbtherapie, die hilfreich und unterstützend sowohl im physischen als auch im seelisch-geistigen Bereich wirken kann.

Farben visualisieren

Oft hilft es schon, sich eine Farbe vorzustellen, um Schmerzen zu lindern oder sich insgesamt einfach wohler zu fühlen. Eine solche Meditationsübung braucht nur ein paar Minuten, und man kann sie fast immer und überall durchführen. Setzen oder legen Sie sich entspannt hin, schließen Sie die Augen, atmen Sie tief und ruhig. Dann malen Sie sich aus, dass Sie ganz von der gewählten Farbe umgeben sind.

Die Farbe **Rot** wurde in allen Kulturen als eine besonders stark wirkende Farbe empfunden, die mit Gefahr, aber auch mit Macht in Verbindung gebracht wurde. So wurde in Ägypten durch sie die negative Kraft der Götterwelt – der Gott Seth – symbolisiert. Ebenso wie er hatte auch der germanische Gott Loki rote Haare. Im Mittelalter waren rothaarige Menschen, besonders Frauen, von vornherein der Hexerei verdächtig. In der katholischen Kirche steht Rot für Grausamkeit und Märtyrertum, weshalb die liturgischen Gewänder an den Märtyrertagen in dieser Farbe gehalten sind.

Im Volksglauben allerdings galt Rot als Glück bringend – als Farbe der Gesundheit und Lebensfreude. Deshalb wurde in vielen Gegenden Deutschlands und der Schweiz Kindern ein rotes Seidenbändchen ins Bett gelegt. Auch die Schutzwirkung der Korallen gegen den „bösen Blick" beruht zu einem großen Teil auf ihrer roten Farbe. In China hatte die rote Farbe zu allen Zeiten eine Glück verheißende Bedeutung. Sie stand für den Süden, die Sonne und das Glück. Außerdem war sie das Symbol für die positive, maskuline Energie. Gebäude wurden des öfteren rot bemalt.

Mit Rot werden Blut und Feuer assoziiert. Deshalb halten wir uns mit dieser Farbe (weil sie uns vielleicht überwältigen könnte?) häufig zurück – man findet sie versteckt ... beispielsweise im Futter der Kleider und der Betten. In roten Aufschlägen, Krempen und Dessous leuchtet allenfalls durch. Wir finden sie außerdem in Etuis und Futteralen und überall da, wo ein Geheimnis gehütet wird – so in Schmuckkästchen und Schatullen.

Rot wirkt anregend – nicht nur auf den Menschen, sondern auch auf seine Organe. Vorsicht ist also geboten bei zu hohem Blutdruck und auch dann, wenn Sie zu innerer Unruhe neigen. Rot fördert die Durchblutung und das Wachstum, regt Leberfunktion und Atmung an. Besonders wirksam kann es bei Hautkrankheiten (auch bei Kinderkrankheiten wie Masern, Scharlach und Röteln) sowie bei Blutarmut eingesetzt werden.

Weitere Anwendungsgebiete:
Kreislaufschwäche, Verspannungen und Krämpfe, Appetitlosigkeit

Das **Blau** schafft Distanz vom unmittelbar Gegenständlichen, „entgrenzt“ uns gewissermaßen. Blau ist die Farbe des Himmels, der Weite, der Sehnsucht nach dem Wunderbaren und Transzendenten. Im alten Ägypten wurde die Farbe Blau dem Gott Amun, dem Gotteskönig und Weltenschöpfer, zugeordnet. Auch bei den Hebräern galt Blau als Glücksfarbe. So ist die Fahne Israels dem blaugestreiften Gebetsteppich nachgebildet, den der Mann auf den Boden legt, wenn er sich dem Unendlichen zuwendet. Auch im alten China trugen die Kaiser Blau, wenn sie zu den Göttern beteten. Vor allem in katholischen Ländern bezeichnet Blau als Farbe der Jungfrau Maria das Reine und Keusche. So trägt sie auf Bildern und Plastiken nicht nur einen blauen Mantel, sondern häufig auch einen blauen Saphir als bevorzugten Schmuckstein. Die Cherubim, die nicht nur die Engel der Weisheit sind, sondern auch das heranwachsende Kind beschützen, tragen ebenfalls blaue Gewänder. In der mittelalterlichen Sakralkunst steht die Farbe Blau für das schöpferische Hineinwirken Gottes in die irdische Welt, das besonders in der Kindheit zu spüren ist.

Man schrieb Blau die Kraft zu, Dämonen und Unglück abzuwehren. So schützen türkische Kraftfahrer beispielsweise sich und ihre Fahrzeuge häufig durch blaue Perlen aus Glas oder Keramik. Auch an Maulesel- und Pferdegeschirren werden solche blauen Amulette angebracht. Und noch heute werden kleine Jungen bei uns sehr häufig in Blau gekleidet. Gerade Kinder waren besonders gefährdet, was Dämonen und bösen Zauber anbelangt. Die Himmelsfarbe aber konnten alle diese bösen Geister nicht ertragen. Einen kleinen Jungen blau anzuziehen war also nicht eine Sache der Vorliebe, sondern eine Vorsichtsmaßnahme.

Blau ist eine heilende, beruhigende Farbe. Wenn Sie sich physisch und psychisch erschöpft fühlen, sollten Sie sie jedoch nicht verwenden – die beruhigende Energie dieser Farbe könnte das Gefühl der

Kraftlosigkeit noch vertiefen. Da Blau kühlend wirkt, ist es besonders geeignet zur Behandlung von Fieber und Entzündungen. Auch die Schmerzbereitschaft wird herabgesetzt.

Weitere Anwendungsgebiete:
Schlaflosigkeit, Nervosität, Nierenleiden, alle Arten von Infektionen, Rheumatismus, Ischialgie, Blutungen, Brandwunden, Kopfschmerzen, Erkältungen, hoher Blutdruck

Die Farbe **Gelb** wird im Allgemeinen als Farbe der Sonne und des Glücklichseins, des Lichts und des Lebens betrachtet. Diese Verbindung von Licht und Energie spiegelt sich in vielen Volksbräuchen wider. So wirkte die Blüte der gelben Arnika – der „Donnerblume" – gegen Blitzschlag, wenn man sie bei Gewitter ins Fenster stellte. Wer dagegen eine gelbe Königskerze zu pflücken wagte, bei dem schlug der – ebenfalls gelbe – Blitz ein. Schwefelgelb ist die Farbe des Teufels, der ja auch Luzifer (Lichtbringer) heißt. So reicht hier die Symbolik der Farbe von Gott bis zum Satan.

In den Religionen vieler Kulturen hatte Gelb als Farbe der Sonne und des Göttlichen symbolische Bedeutung. So steht sie im Hinduismus für Leben, Wahrheit, Licht und Unsterblichkeit. Die Buddhisten sehen Gelb als Farbe der Wunschlosigkeit und Demut – deshalb tragen Nonnen und Mönche safrangelbe Gewänder als Zeichen ihres Strebens nach Erleuchtung. Auch in der christlichen Symbolik spielt Gelb eine zentrale Rolle – etwa bei den Engeln, vor allem bei dem Erzengel Gabriel. Hier mag diese Farbe den Schein der Strahlen des Geistes, die als Weisheit die Engel berühren, andeuten.

Gelb ist eine aufheiternde Farbe, sie lässt uns besser denken. Wenn allerdings der Intellekt in Ihrem Leben eine zu große Rolle spielt, sollten Sie diese Farbe besser nicht allzu verschwenderisch verwenden. Die Schwerelosigkeit des Gelb wirkt aufmunternd und nervenstärkend. Es reinigt und läutert den Körper und wird so gern bei Darmerkrankungen angewendet.

Weitere Anwendungsgebiete: ***Erkrankungen von Magen und Leber, Gallenleiden, Schnupfen, Kopfschmerzen.***

Die Farbe **Orange** hat ihren Namen von den Apfelsinen. Im Orange wird – auch wenn es nur ein wenig Rot enthält – das Gelb von seiner schwefelfarbenen Blässe erlöst und steht nun in vielem für das Gegenteil der Grundfarbe. In seiner „Farbenlehre" schreibt Goethe dazu: „Das Rotgelb gibt dem Auge das Gefühl vom Wärme und Wonne, indem es die Farbe der höheren Glut sowie den milderen Abglanz der untergehenden Sonne repräsentiert."

Im Straßenbild begegneten wir bis vor einiger Zeit häufig den Jüngern von Osho, die in auffallende orangefarbene Gewänder gekleidet waren (dies ist heute – Jahre nach Oshos Tod – kaum noch der Fall, denn seine Anhänger sind heute in allen Farben gekleidet). Osho selbst begründete die Farbwahl damit, dass ein „bisschen Narrheit" in die Welt kommen solle. Weisheit und Narrheit liegen oft sehr nah beieinander. In diesem Zusammenhang ist es interessant, dass auch Sophia, die abendländische Göttin der Weisheit, in lichtem Orange dargestellt wurde.

Die Farbe **Grün** wird mit Wachstum und Fruchtbarkeit sowie mit dem daraus entstehenden Reichtum verbunden. Sie ist deshalb auch die Farbe der Hoffnung und der Zuversicht. Im Buddhismus wird alles mit Grün in Verbindung gebracht, was mit dem Leben zusammenhängt. In der jüdischen Kabbala steht Grün für Sieg – ebenso wie im Islam. Auch die christliche Symbolik kennt das Grün. So erinnert am Palmsonntag (siehe Seite 114) der Palmzweig an jenen Tag, als Jesus in Jerusalem einzog und ihm Palmwedel auf die Straße gelegt wurden. Am Gründonnerstag (siehe Seite 115) wird bis heute junges Grün auf den Tisch gebracht – Spinat oder die ersten Kräuter in Form der „Gründonnerstagssuppe" (siehe Seite 115). Dabei vermischt sich die christliche mit der vorchristlichen Symbolik. (Näheres dazu finden Sie im vorhergehenden Kapitel „Das Hexenjahr", Seite 104 ff.)

Für Goethe stellte die grüne Farbe in seiner „Farbenlehre" den Mittelpunkt seines Farbsystems dar. Er schrieb über sie: „Unser Auge findet in derselben eine reale Befriedigung." Zudem betonte er ihre statische, Ruhe schaffende Bedeutung: „Man kann nicht weiter, und man will nicht weiter."

Hildegard von Bingen, die erste Naturforscherin des Mittelalters, feierte in ihren Schriften das Grün als göttliche Farbe (sie nannte es den „Finger Gottes") und sang in ihrer „Physica" Hymnen auf die *viriditas*, die Grünheit:

„Am lichten Grün sind Himmel und Erde erschaffen und all die Schönheit der Welt."

Grün ist eine regenerierende, harmonisierende Farbe. Sie beruhigt und entspannt. Vor allem hat das Grün der Natur diese heilsame Wirkung. Es ist besonders dem Nervensystem förderlich. Grün wirkt hohem Blutdruck entgegen und entlastet ein bedrücktes und überanstrengtes Herz.

Weitere Anwendungsgebiete:
Asthma, Bronchialleiden, Magen- und Darmstörungen, Erbrechen, Geschwüre, Augenkrankheiten, Diabetes, Gleichgewichtsstörungen, Wetterfühligkeit

Schwarz ist eigentlich gar keine Farbe, es symbolisiert die Nacht und den Tod, deshalb wird es in westlichen Ländern als Trauerkleidung getragen. Ursprünglich hatte Schwarz nichts mit Andacht, dem Gedenken an einen Toten oder dem Wunsch, die Trauer auch äußerlich zu zeigen, zu tun. Im Gegenteil: In vorchristlicher Zeit war schwarze Kleidung ein Zeichen, dass man sich vor den Toten fürchtete. Mit ihren schwarzen Gewändern wollten sich die Menschen verkleiden, damit sie nicht von dem Geist des Toten erkannt wurden, der sie sonst verfolgen könnte. Schwarze Kleidung zu tragen und das Gesicht zu verschleiern sollte auch vor dem eigenen Tod schützen. Die Dämonen, die noch am Orte des Todes weilten und nach weiteren Opfern Ausschau hielten, sollten dadurch irregeführt werden. In der hebräischen Kabbala dagegen steht Schwarz für Tradition, Gnade und Verständnis.

Weiß – ebenfalls keine Farbe im eigentlichen Sinne – symbolisiert die Reinheit und das Jungfräuliche. So sind Kleid und Schleier der Braut weiß. Auch bei Taufe, Firmung und Erstkommunion werden die Kinder in Weiß gekleidet. Aber auch das Totenhemd ist weiß. In vielen Ländern – etwa in Korea, Vorderindien, Borneo, Java und China – ist die Trauerkleidung ebenfalls weiß. Im Buddhismus wird Weiß als Symbol für die Fähigkeit betrachtet, sich selbst „gemeistert“ zu haben. Im christlichen Glauben steht es für die Freude. So werden auch die Engel vorwiegend in weißen Gewändern dargestellt – besonders jene Engel, die eine göttliche Botschaft zu überbringen haben, beispielsweise der Erzengel Gabriel aus der Verkündigung Mariens oder der Auferstehungsengel.

Grau ist eine merkwürdige Farbe oder Nicht-Farbe. Trist erscheint uns oft der „graue Alltag“ – es sei denn, es zeigt sich die höchste Veredelung dieser Farbe, nämlich das Silber, als der berühmte „Silberstreif am Horizont". Auch das graue Haar des Alters hat eine andere Qualität als das schon fast verklärende Silberweiß.

> „Grau scheint keinen Ausdruck zu haben, aber eben in dieser Ausdruckslosigkeit liegt sein Sinn – ähnlich der Null unter den Zahlen." (Beer, S. 51)
>
> (Das ist die Meinung eines Psychologen, die Autorin möchte dazu nur noch anmerken: Was wäre unsere Mathematik ohne die Null?)

Auch die Farbe **Braun** ist eher „gesichtslos". Es gibt keine volkstümlichen Redensarten, in denen sie vorkommt. Dabei ist Braun als Farbe der Erde bereits in frühen Kulturen häufig verwendet worden. Auch die Nationalsozialisten machten Braun (leider!) zu ihrer Farbe. Braun ist die Farbe alles Nahrhaften: Brot, Kuchen, Schokolade, Tee, Kaffee, Bier und Braten ... und braun sind natürlich auch die menschlichen und tierischen Exkremente.

Violett ist eine Farbe der Verinnerlichung, Einkehr und Beseelung. Deshalb wurde wohl auch kaum eine andere Farbe so viel besungen und beschrieben – vom Veilchen bis zum Amethyst. In dieser Farbe stoßen sehr gegensätzliche Gefühlswerte – nämlich Rot und Blau – zusammen, also Elemente der Ruhe und solche der Aktivität, der Ideale und der Affekte, des Irdischen und des Himmlischen.

In der katholischen Kirche ist das Violett die Farbe des Advents und der Fastenzeit – also des In-sich-Gehens und der Vorbereitung auf kommende Dinge. Am Zweiten Vatikanischen Konzil (1962–1965) müssen erfahrene Farbsymboliker mitgewirkt haben, denn seitdem wird bei Beerdigungen und Trauergottesdiensten das finstere Schwarz der Stola und des Messgewandes durch Violett ersetzt – eine Farbe, die zum Überdenken von Tod und Vergänglichkeit, rotfarbiger Lebenslust und des dem Blau entrückten Jenseits anregt. Es ist die Farbe des Übergangs, des „Zwischenreichs".

Auch in anthroposophischen Kreisen ist Violett eine bevorzugte Farbe, weil sie den Zusammenhang mit den kosmischen Mächten dokumentiert. Durch die Vereinigung der Gegensätze wird Violett auch zur Symbolfarbe des Androgynen – des „Weibmännlichen" – und bot sich darum heute als Farbe der feministischen Bewegung besonders an.

Violett ist eine ausgleichende Farbe: Sie schwächt die Kälte ab und ebenso die Hitze. Violett wirkt regenerierend auf das Nervensystem und ist ganz allgemein Kraft spendend. Besonders wirksam ist diese Farbe bei Erkrankungen der Milz und des Lymphsystems.

Weitere Anwendungsgebiete:
Schlaflosigkeit, Augenverletzungen

Die Qualität der Düfte

Neben den Farben sind es auch die Gerüche, die Emotionen (wieder)erwecken und zu den unterschiedlichsten Seelenregungen führen. Deshalb wurden und werden in den meisten religiösen Zeremonien duftende Kräuter verwendet – beispielsweise der Weihrauch in der katholischen Kirche. Aber auch im „ganz normalen Hexenalltag" spielt der Geruch eine wichtige Rolle, weshalb man ihn auch unbedingt im Haus verwenden sollte.

Die verschiedenen Kräuter mit den ihnen innewohnenden Duftqualitäten haben unterschiedliche Wirkungen auf Körper, Psyche und Geist, können also ganz gezielt eingesetzt werden. Viele Kräuter kann man selbst ernten – im Garten oder auf der Wiese, viele Düfte gibt es als Konzentrate zu kaufen – in der Apotheke oder auch in Naturkost- oder Esoterikläden.

Die duftenden Kräuter und Essenzen können auf unterschiedlichste Art genutzt werden:

- Frische und getrocknete Kräuter können zerrieben und in eine Schale gelegt werden. Allerdings verfliegt der Duft so recht schnell.
- Getrocknete Kräuter können im offenen Feuer (Kamin, Herd) verbrannt oder – wenn stark duftend – einfach mit kochendem Wasser übergossen werden.
- Ätherische Öle verdampfen in speziellen Aromalampen oder werden einfach in einem Schälchen mit kochendem Wasser übergossen.

Anis ist sicherlich als Backgewürz und als Teekraut bekannt. Es wirkt lindernd und lösend, vor allem bei Angstgefühlen; gibt Trost und Geborgenheit.

Basilikum ist ein beliebtes Gewürz für mediterranere Gerichte. Es wird als frisches Kraut zerrieben und entfaltet so seinen intensiven, wohltuenden Duft. Es wirkt anregend vor allem bei geistiger Überanstrengung und Erschöpfung, fördert die Konzentrationsfähigkeit und macht den Kopf klar.

Bergamotte ist eine Zitrusfrucht, deren duftende Extrakte gerne in der Parfümindustrie verwendet werden. Sie wirkt lösend und entspannend bei Depressionen und Angstzuständen, stimmungsaufhellend und belebend, dabei nervenberuhigend.

Bohnenkraut wirkt kräftigend und regt den Intellekt an, vor allem bei geistiger Überarbeitung. Die entspannende Wirkung ist dabei nicht einschläfernd.

Dill kann wegen seines intensiven Geruches auch einfach als Sträußchen hingestellt werden, an dem man immer wieder schnuppert – beispielsweise auf dem Schreib- oder Arbeitstisch. Es wirkt sanft anregend bei der seelischen „Verdauung“ von Problemen – besonders geeignet für empfindsame Menschen.

Eukalyptus steigert die Konzentrationsfähigkeit, unterstützt logisches Denken; wirkt klärend und abkühlend, verhindert voreilige Entscheidungen.

Der sanfte **Fenchel** verhilft zu innerer Stabilität und größerer Klarheit; gibt das Gefühl von Geborgenheit und löst so Einsamkeitsgefühle und seelische Erstarrung.

Fichte kann auch in Form von frischen Zweigen die Atmosphäre eines Hauses verändern. Getrocknete Fichtennadeln kann man ins Kaminfeuer geben und verbrennen. So tröstet die Fichte, sie stärkt und vertreibt die Einsamkeit.

Die Blüten des **Ginsters** durchdringen – frisch in eine Schale gelegt – mit ihrem herb-süßen Duft den ganzen Raum. Ginster wirkt stimmungsaufhellend und entspannend, ohne zu ermüden, gibt neue Antriebskräfte.

Die **Hyazinthe** duftet am stärksten als frische Blume. Deshalb wird sie auch bereits in der Winterzeit aus der Zwiebel auf der Fensterbank gezogen. Ihr Duft lädt zur Sinnlichkeit und zum Lebensgenuss ein, besonders geeignet für Menschen, die nur an andere denken und sich selbst nichts gönnen.

Vorsicht: Manche Menschen reagieren allergisch auf ihren Duft!

Ingwer duftet, frisch aufgeschnitten, sehr stark und setzt so seine ätherischen Kräfte frei. Er mobilisiert die Willens- und Entscheidungskräfte und hilft, sich selbst zu vergeben und nicht zu hart mit sich umzugehen.

Frische **Jasminblüten** duften durchs ganze Haus. Man stellt die Zweige entweder in eine Vase oder legt die abgezupften Blütenblätter in eine Schale. Der Duft bringt Freude, Sinnlichkeit, Hingabe an das Hier und Jetzt..

Kalmus wurde noch bis ins 20. Jahrhundert auf die Böden ländlicher Wohnstuben gestreut. Heute steht diese Pflanze unter Naturschutz und ist in getrockneter Form nur noch in Apotheken erhältlich. Auch die getrockneten und geschnittenen Kalmusblätter verströmen ihren Duft im ganzen Raum. Ihre Wirkung ist stärkend und aufbauend, vor allem bei psychischen Erschöpfungszuständen und bei geistiger und seelischer Überforderung.

Die sanfte **Kamille** ist sehr wirksam gegen Schmerz, Ärger und Unzufriedenheit; ihre harmonisierende Wirkung schafft ein Gefühl der Geborgenheit.

Kampfer wird in Kristallform seit Jahrhunderten in Riechfläschchen zur Belebung verwendet und ist wichtiger Bestandteil der berühmten Schwedenkräuter. Er wirkt ausgleichend auf den Gefühlshaushalt, stärkend und belebend in Stress- und Schocksituationen. Wirkt auch als Antidepressivum.

Kiefer ist uns aus dem medizinischen Bereich bekannt – beispielsweise in Form von Badeölen oder Einreibungen. Auch diese wirken auf die Psyche. Daneben wirkt ihr Duft ebenfalls, wenn Sie die Nadeln verbrennen. Kieferduft entspannt, erholt und stärkt; er ist besonders geeignet für Menschen, die unter starken beruflichen oder privaten Belastungen leiden.

Kümmel wirkt wärmend und anregend. Er hilft nicht nur dem Magen beim Verdauen von schweren Gerichten (beispielsweise Kohl), sondern auch der Seele beim „Verdauen" von unbewältigten Gefühlen.

Der frische Duft von **Lavendel** parfümiert, in kleine Säckchen abgepackt, nicht nur die Wäscheschränke und vertreibt die Motten – er vertreibt auch die bösen Geister, die das Gemüt belasten. Deshalb ist Lavendel in jeder Form ein aromatherapeutisch wirksames Antidepressivum. Man kann natürlich auch Lavendelsträußchen aufhängen.

Liebstöckel, auch „Maggikraut" genannt, beruhigt die Nerven, so dass Probleme leichter bewältigt werden können. Liebstöckel kann man frisch und getrocknet als Sträußchen im Haus aufhängen.

Der **Majoran** wirkt nicht nur als Gewürz wärmend und liebkosend auf den Menschen. Auch sein Geruch ist tröstlich, er stabilisiert das innere Gleichgewicht und wirkt vor allem sehr ausgleichend in Ausnahmesituationen wie Angst und Trauer.

Erfrischend und durchwärmend – nicht nur als Tee genossen – wirkt die **Melisse.** Sie ist lindernd, hellt unser Gemüt auf bei Migräne und Depressionen und bewirkt ganz allgemein Heiterkeit und Ausgeglichenheit.

Mit der **Nelke** ist die Gewürznelke gemeint, die wir alle aus der Küche kennen. Im physischen Bereich wirkt sie antiseptisch, das Seelenleben beeinflusst sie klärend und Kraft spendend – besonders vor anstehenden Entscheidungen.

Die Schalen der **Orange** sollten nie achtlos fortgeworfen werden. Getrocknet kann man sie ins offene Feuer werfen oder in Duftschalen aufbewahren. Der Duft wirkt beruhigend und gleichzeitig belebend und schenkt ein Gefühl von Leichtigkeit und Heiterkeit. (Zarter, aber gleichzeitig intensiver als Orangenöl duftet Mandarinenöl.)

Stark duftet auch die heilsame **Pfefferminze.** Als Tee genossen, aber auch aromatherapeutisch eingesetzt, wirkt sie gegen Kopfschmerzen und Übelkeit. Vor allen Dingen aber befreit sie Geist und Seele durch ihren frischen Duft von dumpfen Spinnweben. Man kann wieder klar denken und Entscheidungen treffen.

Nicht nur einen der beliebtesten, sondern auch der wirksamsten Düfte schenkt uns die **Rose.** Ihre besänftigende und belebende Wirkung bestätigt sich in vielen Medikamenten auch der Schulmedizin. Auf die Psyche wirkt die „Königin der Blumen“ ebenfalls. Sie öffnet unsere Seele für die Liebe – vor allem auch als Aphrodisiakum – und für die Möglichkeit, uns selbst und andere liebevoll anzunehmen und zu akzeptieren. Wer liebt, kann verstehen und verzeihen – sich selbst und anderen. Aus diesem Grund ist der Rosenduft ein besonders wirksames Antidepressivum. Frische oder getrocknete Rosenblüten sollten das ganze Jahr hindurch das Haus beleben. Besonders stark wirkt das kostbare Rosenöl, das man tröpfchenweise in die Aromalampe gibt.

Rosmarin wirkt stark desinfizierend. Deshalb wurde diese Heilpflanze früher häufig bei Pestepidemien verwendet und wird heute noch in Häusern gestreut oder verbrannt, wo ein Verstorbener aufgebahrt ist. Im seelischen Bereich stärkt Rosmarin die Ich-Kräfte, regt an und muntert auf. Man kann zum Beispiel frische oder getrocknete Rosmarinzweige im Haus aufhängen.

„Wie kann ein Mensch sterben, wenn **Salbei** in seinem Garten wächst?“, hieß ein Lehrspruch der berühmten italienischen Ärzteschule von Salerno. Der belebende Duft stärkt die Seele des empfindsamsten und verzagtesten Menschen und hilft ihm, sich gegen ungünstige äußere Einflüsse zu schützen. Die frischen oder getrockneten Blätter können im Haus aufgehängt werden.

Aus einem ganz entgegengesetzten Kulturkreis, nämlich aus Australien, stammt der **Teebaum.** Die Ureinwohner Australiens benutzten seine Blätter und seine Rinde zu heilsamen Räucherungen, wenn ein Kind geboren wurde. Neben seinen desinfizierenden Eigenschaften kann er auch auf die Psyche einwirken: Er unterstützt das logische Denken und die Konzentrationsfähigkeit. Außerdem wirkt er beruhigend auf cholerische Temperamente.

Thymian wirkt desinfizierend, weshalb es auch als Räuchermittel über die Jahrhunderte hinweg gerne bei Infektionskrankheiten verwendet wurde. Das Öl oder die aufgegossenen getrockneten oder frischen Blätter verbreiten im Haus eine Atmosphäre, die den Willen stärkt, gleichzeitig aber Wärme und Mitgefühl verbreitet.

Das **Veilchen** ist mit seinem sanften Duft ein beliebter Grundstoff für Parfüms. Sein Duft wirkt lindernd und heilend bei allen seelischen Verletzungen und nimmt sachte alle Dunkelheit von der Seele.

Wacholder wird als Gewürz kräftigen Fleisch- und Kohlgerichten beigegeben, um diese leichter verdaulich zu machen. Sein Duft stärkt und kräftigt die Psyche in der Auseinandersetzung mit dem täglichen Leben, wenn manchmal gar nichts klappen will. Er bringt Klarheit in die Gefühle und zeigt uns, dass wir uns von äußeren Ereignissen nicht zu sehr beeinflussen lassen dürfen.

Die Wirkung von **Weihrauch** ist gleichzeitig beruhigend – sie hilft dem Menschen, seine alltäglichen Sorgen und Probleme abzulegen – und anregend – vor allem für spirituelle Einsichten. Weihrauchduft schlägt also gewissermaßen eine Brücke von der materiellen zur geistigen Welt. Deshalb wird er seit vielen tausend Jahren bei rituellen Handlungen verbrannt – auch bei uns in den katholischen und orthodoxen Kirchen. Weihrauch kann als Öl in der Aromalampe verdampft werden, oder man verbrennt die Kristalle oder das Pulver in einer Räucherpfanne.

Der bittere Duft des **Wermut** kann uns helfen, dass wir die Süße des Lebens wieder empfinden. Er regt die Lebensenergien an und vertreibt die Dunkelheit aus der Seele.

Zimt wirkt nicht nur als Gewürz erwärmend und aufheiternd – auch als Duft schenkt er emotionale Wärme und Geborgenheit. Er öffnet das Herz und stärkt die Nerven. Vor allem aber entspannt er und regt zum Träumen an.

Aussehen, Geschmack und Duft der **Zitrone** wirken gleichermaßen erfrischend und belebend. Der Duft vermittelt ein Gefühl der Leichtigkeit, wirkt ermutigend und verbreitet ganz allgemein Aufbruchsstimmung. Getrocknete Zitronenschalen können in Körbchen oder anderen Gefäßen im ganzen Haus verteilt oder auch ins offene Feuer geworfen werden.

Das Öl der **Zypresse** beruhigt und stärkt die Nerven und unterstützt vor allem die Konzentrationsfähigkeit.

In allen alten Religionen wurde Weihrauch sowohl zur körperlichen als auch zur geistigen Reinigung, vor allem aber auch zur Vertreibung von Dämonen verwendet. In Ägypten war Weihrauch nicht nur ein Symbol für die Offenbarung der Gottheit, er verkörperte diese sogar. Die ägyptische Bezeichnung für Weihrauch bedeutet nämlich „Gottesduft" und darüber hinaus sogar: „der Stoff, der göttlich macht". – Auch in den jüdischen Tempeln war Weihrauch die Hauptzutat für die rituellen Räucherungen. Nach der jüdischen Glaubensüberlieferung durfte Weihrauch überhaupt nur zur Ehre Jahwes verwendet werden – jede andere Verwendung stand lange Zeit unter Todesstrafe. Im Alten Testament ist mehrfach die Rede davon, dass ein Gott wohlgefälliger Mensch einen Duft wie Weihrauch ausströmt.

Im Alten Rom glaubte man, dass Weihrauch die Nahrung der Götter sei und man sich diese bereits mit einer kleinen Gabe davon geneigt machen könne. Für die Einäscherung eines römischen Adeligen wurden allerdings nicht selten bis zu fünfundzwanzig Kilo des wertvollen Harzes verbrannt. Im frühen Christentum dagegen wurde das Weihrauchopfer zunächst abgelehnt, weil es mehr äußerlich als spirituell sei. Erst im 5. Jahrhundert wurde Weihrauch als Opfergabe akzeptiert und auch als besondere Ehrung für kirchliche und weltliche Würdenträger verbrannt. Im Volksglauben schützte die Räucherung mit Weihrauch gegen Hexen, Zauberer und Dämonen und schützte vor allem auch die Reisenden vor Räubern. Noch in unserer Zeit wird Weihrauch bei Teufelsaustreibungen (Exorzismen) verwendet.

Innere Orte

Es gibt nicht nur äußere magische Orte, Stätten der Kraft, an denen man die eigenen Energien wieder aufladen kann. Nicht immer ist es möglich, sich zur Meditation an solche Orte zurückzuziehen – ob es nun Kultstätten sind oder die eigenen vier Wände. Dann können wir jederzeit einen magischen, Kraft spendenden Ort aufsuchen, der ständig bei uns ist: das eigene Innere. Oft sind gerade dann besonders starke Kräfte notwendig, wenn ein äußeres Sich-Zurückziehen nicht möglich ist – etwa, wenn man kranken oder sonst wie in Not geratenen Menschen helfen möchte oder wenn es nötig ist, unerreichbar zu werden für negative Einflüsse.

In diesen Fällen ist es wichtig, auf eingeübte und gewissermaßen „in Fleisch und Blut" übergegangene Meditationen zurückgreifen zu können. Deshalb ist es von besonderer Bedeutung, regelmäßig zu meditieren unter den denkbar günstigsten Umständen – beispielsweise an einem Ort in der Natur oder auch im eigenen Zimmer, umgeben von Düften, Farben und Klängen, die man sich selbst gewählt hat. Dann ist es auch möglich, in Notfällen die „Techniken abzurufen" und aus ihnen die Kraft zu ziehen, die eine moderne Hexe braucht, um hilfreich handeln zu können.

Ob in der überfüllten Straßenbahn, bei einem langweiligen Vortrag, während einer überhitzten Diskussion, unter Menschen, die eine offenkundig feindselige Einstellung haben, bei Unfällen und Krankheiten (dabei spielt es keine Rolle, ob diese uns selbst oder andere betreffen) – in Stress-Situationen aller Art gibt es für jede moderne Hexe eine Möglichkeit, an ihren inneren Ort zu gehen, wo nichts und niemand sie verletzen kann – in ihr eigenes Innere.

Im folgenden sollen deshalb verschiedene Formen und Möglichkeiten besprochen werden, die Kräfte wachsen lassen, positive Energien wecken und negative Einflüsse abwenden. Einige Möglichkeiten wurden bereits in früheren Kapiteln erwähnt – beispielsweise die Visualisierungen im Kapitel „Mit den Elementen leben" (Seite 77) oder die Meditationen über Edelsteine im Kapitel „Talismane und Amulette" (Seite 53).

Innerlich zur Ruhe kommen

Das ruhige und tiefe Atmen

Atmen wir „falsch“, so macht uns das nicht nur krank – es bedrängt auch unsere Seele. Der Atem ist immer bei uns, er stützt und trägt uns und ist unser Lebenselixier, das wir viel zu wenig zu würdigen wissen. Dabei kann der Atem ungeahnte Kräfte schenken! Der Geist wird „frisch durchlüftet“, neue Ideen entstehen und können durchgesetzt werden.

In manchen Sprachen ist der Zusammenhang zwischen Atem und Seele deutlich erkennbar. So gibt es im Indischen, Griechischen und Lateinischen nur ein einziges Wort für Atem, Geist und Seele. Schon von alters her ist deshalb versucht worden, auf Körper, Geist und Seele durch eine Veränderung der Atemgewohnheiten einzuwirken.

Tatsächlich hängen Atem und Stimmung stark voneinander ab:

- Wer aufgeregt ist, spricht nicht nur schneller – er atmet auch schneller. Mitunter gerät er sogar in Atemnot. Der ganze Körper ist in Unruhe: Das Herz klopft schneller, Darm und Blase arbeiten verstärkt.
- Wer ruhig und tief atmet, kann nicht gleichzeitig aufgeregt oder ängstlich sein – so eng sind Atem und Stimmung verbunden. Schauspieler und Manager machen vor ihren Auftritten oder wichtigen Konferenzen deshalb zunächst Atemübungen. Moderne Hexen nutzen die uralten Weisheiten, die von diesen Menschen auch in unserer Zeit genutzt werden.

Yoga und Atmung

Nach der Yoga-Lehre bringt jeder Mensch die Anlage für eine bestimmte Anzahl von Atemzügen mit auf die Welt. Atmet er schnell und hastig, stirbt er früher, weil er das für ihn bestimmte Pensum an Atemzügen schnell verbraucht hat. Atmet er aber ruhig und friedlich, erhält er sich seine Gesundheit und ein langes Leben. Deshalb sind tiefe, lange Atemzüge ein wesentliches Merkmal der Yoga-Lehre. Dabei sollte man sich immer vorstellen, den Stress auszuatmen und neue Energien einzuatmen.

Wenn Sie tief und ruhig atmen und sich so stärken wollen, wird die „Sechser-Regel“ Sie unterstützen:

- Zählen Sie langsam bis sechs, und atmen Sie dabei erst einmal vollständig aus. Dabei wird nicht nur die verbrauchte Luft aus den Lungen gedrückt – alle negativen Gefühle können mit diesem Strom nach außen fließen. Erst wenn die Lungen leer sind, kann man wieder tief einatmen.
- Halten Sie nun inne, zählen Sie bis sechs, erst dann atmen Sie wieder ein.
- Holen Sie tief und gleichmäßig Luft, dabei zählen Sie wieder bis sechs. Bauch und Brust wölben sich von selbst kräftig nach außen. (Den Bauch mit Kraft herausdrücken, das wäre nur eine unnötige Verkrampfung!) Es ist wichtig, möglichst *frei* zu *atmen*. Denken Sie nun voller Dankbarkeit an die belebende und tragende Lebenskraft, die Sie dabei in die Lungen einziehen.
- Halten Sie nun erneut die Luft an, und zählen Sie dabei noch einmal bis sechs. Diese „Atempause“ ist sehr wichtig – ein Innehalten der Seele gewissermaßen. Verkürzen Sie sie beim bewussten Atmen nicht, da Sie sich sonst leicht gehetzt fühlen mögen.

Atmen Sie öfters am Tage einmal drei Minuten lang auf diese Weise, das wird Sie entspannen, Ihre Energien in Fluss bringen und innere Ruhe und Konzentration entstehen lassen.

Dieser bewusste harmonische Dreiklang von Luftholen, Ausatmen und Atempause gewährt nicht nur körperliche Gesundheit, er beeinflusst gleichermaßen die seelisch-geistige Verfassung. Im Zustand der Ruhe atmen wir automatisch richtig. Also können wir umgekehrt auch durch den harmonisch fließenden Atem zu Entspannung und seelischer Ausgeglichenheit gelangen. Machen wir uns deshalb die unbewusste und natürlichste Form der Tiefenatmung bewusst, lernen ihren Rhythmus kennen und erleben, wie Vitalität und Lebensfreude uns durchströmen. So können wir auch ganz bewusst trainieren, Atemfluss und Wohlgefühl zuzulassen. Oft hilft es, sich vorzustellen, wie eine Welle vom Meer auf den Strand läuft, anhält, umkippt und langsam zurückfließt. Atmen Sie im Einklang mit dieser imaginären Welle.

Fasten – eine uralte Tradition

Ruhiges und tiefes Atmen befreit Sie von Unruhe, Angst und anderen negativen Einflüssen. Dasselbe gilt für das Fasten. In allen Religionen wurde es zur spirituellen Vorbereitung auf besondere Feste oder persönliche Entscheidungen durchgeführt. Es ist also eine uralte Tradition und wurde und wird sowohl aus religiösen oder sowohl spirituellen als auch aus gesundheitlichen Gründen durchgeführt. Sehr häufig lassen sich diese beiden Bereiche nicht trennen, sondern durchdringen einander:

- Eine aus gesundheitlichen Gründen durchgeführte Heilfastenkur – etwa zur Entgiftung oder zur Gewichtsreduktion – hat auch Auswirkungen auf unser Seelenleben, in das sie heilend und gesundend einzugreifen vermag.
- Religiös und spirituell motiviertes Fasten wirkt auf die körperliche Befindlichkeit, denn es bedeutet – wie jede andere Veränderung der Lebensgewohnheiten – einen massiven Eingriff in die physischen Abläufe.

Fasten ist eine Form der Askese, die zu allen Zeiten und in den meisten Religionen geübt wurde. Askese bedeutet ursprünglich eine enthaltsame Lebensweise beziehungsweise die geistige und körperliche „Übung" dessen. Sie diente dazu, sich Gott oder den Göttern näher zu fühlen und durch Verzicht auf weltliche Dinge eine Erweiterung des geistigen Bewusstseins zu erfahren. Besonders wichtig war dies für Menschen, die Rituale durchführten (Priester, Schamanen, Medizinmänner). Nur so konnten sie ihre Kräfte konzentrieren und magische Kräfte aktivieren.

Fasten öffnet die Sinne, den Geist und die Seele. Der fastende Mensch wird offen für die ganze Wirklichkeit, erlebt eine vorher nicht gekannte geistige Befreiung und überwindet das Gefühl der Spaltung zwischen Leib und Seele. Hinzu kommt, dass sich das körperliche Wohlbefinden steigert und die geistige Beweglichkeit zunimmt. Nervöse Spannungen lassen nach, man wird gelassener gegenüber den Beanspruchungen und Belastungen des Alltags. Gerade dies sollte Menschen ermutigen, die nicht fasten, weil sie glauben, dass ihr Alltag sie fordert oder sogar überfordert. Das Fasten ist zwar einerseits eine Herausforderung an Körper, Geist und Seele – andererseits ist es eine Möglichkeit, alle unsere Kräfte zu stärken.

Meditation – der Weg zu uns selbst

Über das Thema **„Meditation“** wurde bereits in den Kapiteln „Talismane und Amulette“ (siehe Seite 53) und „Mit den Elementen leben“ (siehe Seite 77) gesprochen. Es gibt eine Vielzahl von Meditationstechniken und -praktiken, die allerdings nicht für jeden Menschen gleichermaßen geeignet sind. Da heißt es also ausprobieren, bis man das Richtige und Passende gefunden hat. Moderne Hexen verwenden gerne Audio-Cassetten zur Unterstützung. In Esoterikläden gibt es davon eine umfangreiche Auswahl – Musik, Naturgeräusche und auch gesprochene Anweisungen. Die drei wesentlichsten Methoden sollen im Folgenden kurz vorgestellt werden: Das Autogene Training, Yoga und die Zen-Meditation.

Autogenes Training lindert nicht nur körperliche und seelische Erkrankungen, sondern trägt auch ganz allgemein zur Entspannung bei. Da es überall durchgeführt werden kann, ist es eine wunderbare Möglichkeit, wenn man sich an den eigenen „inneren Ort“ zurückziehen will. Um das zu können, sollten Sie allerdings vorher intensiv üben, so dass Sie den gewünschten Entspannungszustand jederzeit gewissermaßen „abrufen“ können. Am empfehlenswertesten ist es, das Autogene Training unter Anleitung eines erfahrenen Lehrers zu erlernen. Die meisten Volkshochschulen bieten inzwischen preisgünstige Kurse an.

Beim Autogenen Training werden formelhafte „positive Vorsätze“ autosuggestiv formuliert (wie etwa „Ich bin ruhig und entspannt“ ...). Anschließend werden für die einzelnen Körperteile Schwere-, Wärme- und Kälteübungen durchgeführt. Die Entspannungsübungen betreffen vor allem die Muskeln, Blutgefäße und Bauchorgane sowie das Herz und die Atmung. Die Übungen sollten mehrmals täglich durchgeführt werden. Sie helfen nicht nur gegen Erkrankungen (etwa Migräne, Bluthochdruck und Magengeschwüre), sondern auch bei Einschlafstörungen und seelischen und körperlichen Verkrampfungen. Außerdem führt ein regelmäßiges Training zu allgemeiner Entspannung. Sie können beobachten, wie Ihre positiven Energien wachsen.

Das Wort **Yoga** stammt aus dem Sanskrit und bedeutet „Joch“. Das heißt zwar, dass eine bestimmte Disziplin gehalten werden muss, um diese heilsamen Übungen durchzuführen – aber es heißt auch, dass es uns einen Halt im Leben geben kann, eine Richtung, in die wir uns bewegen können. Beim Yoga handelt es sich nicht nur um Körperübungen, sondern auch um eine bestimmte innere Geisteshaltung.

Die verschiedenen Formen des Yoga

- *Karma-Yoga:* Selbstloses Handeln ist eine „aktive“ Meditation, die sich nicht nach innen richtet, sondern vielmehr den Erfordernissen des Alltags zuwendet und diese bewusst wahrnimmt und durchlebt.
- *Bhakti-Yoga:* Diese Form beinhaltet die hingebende Liebe zum Göttlichen – also das Prinzip, das den Menschen dazu drängt, sich in der Abgeschiedenheit – etwa eines Klosters – in Gebet und Meditation nur dem Göttlichen zu widmen, ohne sich dabei von der Außenwelt ablenken zu lassen.
- *Kriya-Yoga:* Das „Yoga der Tat“ bedeutet eine Weiterentwicklung des selbstlosen Handelns – man übernimmt die Verantwortung für das, was man tut, und steht auch bewusst für die Folgen ein.
- *Raya-Yoga:* Das „königliche Yoga“ enthält viele Körperübungen, die zu einem höheren Bewusstsein führen können.
- *Kundalini-Yoga:* Kundalini ist die „Schlangenkraft“, die schlafend aufgerollt am unteren Ende der Wirbelsäule jedes Menschen ruht. Wird sie geweckt, findet sie beim Aufsteigen durch die verschiedenen Zentren (Chakras) ihren Ausdruck in Form von spirituellen Erkenntnissen und mystischen Visionen.
- *Jnana-Yoga:* Diese Form des Yoga kommt besonders den fortgeschrittenen Yoga-Schülern der westlichen Welt entgegen, denn es handelt sich dabei um die Weiterentwicklung der intellektuellen Erkenntnis.
- *Hatha-Yoga:* Dabei handelt es sich um die bei uns am meisten verbreitete Form des Yoga. Sie beinhaltet in der Hauptsache Körperübungen in Verbindung mit Atemübungen. Ihr Ziel ist die Steigerung der körperlichen Gesundheit – was zweifellos die beste Voraussetzung für geistige und seelische Weiterentwicklung ist. Hatha-Yoga ist der ideale Einstieg für Anfänger in die Yoga-Praxis.

Die körperlichen Übungen sind – angefangen beim Lotussitz – erst nach entsprechendem Training möglich. Manche Übungen sind denen des Autogenen Trainings nicht unähnlich und können auch von Anfängern mit Gewinn durchgeführt werden. Es gibt verschiedene

Arten des Yoga, die am besten in Begleitung eines erfahrenen Lehrers eingeübt werden. Auch hier bieten die Volkshochschulen eine Fülle von Kursen an.

Die **Zen-Meditation** (*zen* ist Japanisch und bedeutet „Selbstversenkung") ist eine buddhistische Meditationslehre. Es gibt viele Möglichkeiten der Zen-Meditation, man kann zum Beispiel *zen* üben beim Schreiben von Gedichten, beim Tuschemalen oder beim Bogenschießen. All diese Wege sollen zur geistigen Erleuchtung führen und gehen mit einer strengen Selbstschulung einher. Als Ausdruck und Methode östlicher Mystik hat die „Religion der Stille" auch im Westen zunehmend Beachtung gefunden.

Gebet, Kult und das Studium religiöser Schriften sind dabei von untergeordneter Bedeutung. Die Praxis besteht im Wesentlichen in der Übung der ruhigen sitzenden Kontemplation (Zazen), die meistens unter der Leitung eines Meisters stattfindet. Die Gruppenerfahrung dabei ist eine sehr wichtige Komponente, aber man kann zusätzlich auch mit großem Gewinn alleine meditieren. Viele Volkshochschulen, aber auch kirchliche und andere Einrichtungen bieten entsprechende Kurse an.

Meditieren kann man aber nicht nur nach vorgegebenen Praktiken, sondern auf die unterschiedlichsten Arten. Dazu gehört beispielsweise die künstlerische Betätigung: Malen, Plastizieren, Musizieren, Tanzen und so weiter. Dabei geht es nicht um den künstlerischen Anspruch, sondern um die Auseinandersetzung mit Farben, Materialien, Klängen, die unsere Spiritualität anregen können. Auch handwerkliche Arbeit oder Gartenarbeit können meditative Beschäftigungen sein. Wird dies alles ganz bewusst und zu möglichst festgesetzten Zeiten gleichsam als Ritual durchgeführt, schenkt es Kräfte und führt zu einer tieferen Verbindung mit der Welt und mit dem eigenen Selbst.

So wie die Haut unseren leiblichen Körper umhüllt und schützt, umhüllt die Aura unser seelisches Selbst, unseren eigenen „inneren Ort". Die in diesem Kapitel angegebenen Übungen tragen dazu bei, die Aura zu stärken und unser Selbst gegen negative Einflüsse zu schützen. Deshalb soll als Abschluss dieses Kapitels die Aura näher beschrieben werden.

Die Aura – eine ganz persönliche Ausstrahlung

Jeder hat es schon erlebt: Ein Mensch betritt ein Zimmer und es ist, als ginge die Sonne auf – hell, warm und wohltuend. Oder aber: Die Nähe einer anderen Person legt sich wie ein Schatten über unser Gemüt. Wenn Menschen eine solche Wirkung auf uns ausüben, sagen wir: Sie haben eine starke Ausstrahlung. Wie Strahlen geht eine Kraft von ihnen aus, die unsichtbar, aber durchaus spürbar ist. Diese Strahlungskraft hat einen Namen: Aura. Das Wort kommt aus dem Lateinischen und bedeutet soviel wie „Hauch".

Es gibt Menschen, die mit ihrer Aura einen ganzen Raum ausfüllen können und es gibt Menschen, deren Aura neben anderen schrumpft und verblasst. Außerdem gibt es Personen, deren Aura sich kaum verändert; sie üben jedoch auf die Aura anderer einen großen Einfluss aus. Ein solcher Einfluss kann sowohl positiver als auch negativer Art sein. Im ersten Fall fühlen wir uns erhoben und gestärkt und wachsen gewissermaßen über uns selbst hinaus. Im zweiten Fall fühlen wir uns niedergedrückt und werden von negativen Empfindungen geplagt.

Nicht nur durch die mehr oder weniger starke Ausstrahlung der seelisch-geistigen Lebenskräfte des Menschen entsteht eine Aura, sondern auch durch die Lebensausstrahlung aller lebenden Wesen und Gebilde der Schöpfung – vom Atom über den Stein, die Pflanzen und Tiere, bis zum Engel. Wie oft empfinden wir beispielsweise die Atmosphäre eines Raumes oder Gebäudes als beängstigend und bedrückend (Gericht, Gefängnis, manchmal auch Schulen und Behörden) oder als erhebend und beglückend (Kirchen, manche Schlösser und nicht selten auch Privatwohnungen). Hier spüren wir sehr stark die Auren der Menschen, die in diesen Gebäuden gelebt und gewirkt haben oder noch leben und wirken. (In diesem Zusammenhang sei auf das Kapitel „Magische Orte", Seite 136 ff., verwiesen.)

Die menschliche Aura ist – genau wie der menschliche Körper – ein komplexes, hochsensibles und interaktives Phänomen. Genauso wenig wie es identische Fingerabdrücke gibt, gibt es identische Auren. Wer imstande ist, die Aura zu sehen, nimmt in ihr eine Flut von Farben wahr. Darin drücken sich gewisse Grundeigenschaften des Menschen, aber auch Empfindungen, Stimmungen und andere innere Erlebnisse aus. Die Aura umgibt den Körper des Menschen wie eine nicht materielle, etwa eiförmige Wolke. Sie ist bei verschiedenen Menschen verschieden groß – im Durchschnitt jedoch ungefähr doppelt so lang und viermal so breit wie der physische Körper. Genau wie dieser ist sie ein Teil der menschlichen Wesenheit, auch wenn sie nur wenigen Menschen sichtbar ist.

Unsere Aura wirkt nicht nur nach außen auf andere – sie ist auch eine natürliche Schutzhülle, die uns gegen Krankheiten und gegen von außen auf uns einwirkende negative Energien wie Hass, Neid, Eifersucht und so weiter abschirmt. Durch Krankheit oder durch große seelische Probleme, aber auch durch übermäßigen Nikotin- und Alkoholgenuss und die Einnahme von starken Medikamenten kann die Aura geschwächt werden – sie bekommt gewissermaßen Löcher.

Ist unsere Aura heil, so fühlen wir uns gut und ausgeglichen. Ist die Aura dagegen durchlöchert und „undicht", fließt viel Energie ab. Die Folge: Wir fühlen uns Menschen und Situationen ausgeliefert und regen uns über Dinge auf, die wir sonst mit Gelassenheit hinnehmen könnten. Wenn unsere Aura besonders stark angeregt oder aber durch eine Krankheit geschwächt ist, spüren nicht nur wir selbst das. Auch Menschen, die uns gut kennen, bemerken diese Veränderung. Ein besonders intensives Gespür für Aura-Veränderungen haben Kinder: Nicht selten zeigen sie durch gesteigerte Nervosität und Unruhe an, dass sich bei der Mutter eine Krankheit anbahnt – noch ehe diese selbst etwas davon merkt. Im Grunde ist das nicht weiter erstaunlich, denn bis zu einem bestimmten Alter leben Kinder in der Aura der Mutter (oder einer engen Bezugsperson). Dadurch werden sie von der Energie der Mutter gespeist und geschützt, spüren aber auch als erste, wenn dieser Energiestrom gestört ist.

Wie eine Aura aufgebaut ist

Die menschliche Aura setzt sich aus mehreren Schichten zusammen, die jeweils einem besonderen Wesensglied des Menschen entsprechen. Die Schichten, die dem menschlichen Körper am nächsten liegen, sind am besten erforscht. Die erste Schicht – die Gesundheitsaura – lässt sich durch das sogenannte Kirlian-Verfahren sogar fotografisch darstellen.

- *Die Gesundheitsaura:* An dieser Auraschicht kann man ablesen, was bei einem Menschen gesundheitlich nicht in Ordnung ist. Diese Aura ist die Hülle, in der die Abwehrkräfte fließen. Ist sie intakt, so ist der Mensch gesund. Ist sie gestört, dann ist er anfällig für Infektionen. Jede Krankheit – ob längst vergangen, erst im Entstehen begriffen oder gerade akut – zeigt sich in dieser Auraschicht. Die Gesundheitsaura stellt sich als ein grau-violetter Nebel dar, der Wärme ausstrahlt.
- *Die Gefühlsaura:* In dieser Schicht zeigt sich, ob wir ein gutes Gefühlspolster haben. In ihr ist alles registriert, was mit Gefühl, Sexualität, Erziehung und Lebenserfahrung zu tun hat. Jede emotionale Verletzung, die wir irgendwann im Leben erfahren haben, hat hier ihre Spuren hinterlassen. Deshalb wird die Gefühlsaura manchmal zum Panzer, und wir lassen Gefühle weder heraus noch an uns heran. Nicht selten wirken wir dann kalt und abweisend. Die Gefühlsenergie erlischt – und damit unsere Ausstrahlung. Die emotionale Aura strahlt rot wie die Liebe, das Blut und die Wut.
- *Die Mentalaura:* Diese Auraschicht steht für den Intellekt, den Verstand, die Vernunft. Aber die intellektuelle Potenz allein reicht nicht aus, um die Leuchtkraft der Mentalaura voll zu entfalten. Erst wenn die Bildung auch von Herzensbildung durchströmt ist, „leuchtet“ der Mensch nach außen und kann andererseits aus seiner ausgeprägten Verstandesaura so manche Erleuchtung beziehen. – Die Grundfarbe der Mentalaura ist – je nach innerer Einstellung – ein strahlendes oder ein schmutziges Gelb.
- *Die Astralaura:* In dieser Schicht zeigt sich unsere Intuition. Sie befähigt uns, in Gefahrensituationen das Richtige zu tun und, wenn es Not tut, ungeahnte Kräfte zu mobilisieren. Die Astralaura verbindet uns mit den Kräften des Universums. Die Grundfarbe der Astralaura ist Grün.
- *Die spirituelle Aura:* Ausgeprägt ist diese Auraschicht hauptsächlich bei Menschen, die sich mit philosophischen, religiösen und meditativen Themen nicht nur beschäftigen, sondern diese auch verinnerlicht haben – und vor allem: leben. Die Grundfarbe der spirituellen Aura ist Blau.

Die Fähigkeit, Auren zu sehen, ist im Grunde nichts Außergewöhnliches, sondern eine naturgegebene Anlage, die alle Menschen mitbringen, aber: Diese Anlage muss auch geübt werden. Menschen, die auf diesem Gebiet sehr viel Erfahrung haben, sagen: Nach etwa einem Jahrzehnt disziplinierter Übung kann man die Aura relativ leicht erkennen. Aber um sie deuten zu können, braucht man noch mehr Zeit und Arbeit an sich selbst. Aber auch wenn wir nicht darin geübt sind, die Aura zu sehen, wir nehmen sie doch wahr. So, wie wir unbewusst den physischen Körper sehen, so registriert unser Unterbewusstsein dieses Feld, das den Körper umgibt. Wir spüren es deutlich – eben an der Ausstrahlung eines Menschen.

Warnen möchte ich Sie an dieser Stelle vor jenen Pseudo-Experimenten, bei denen leichtgläubigen Menschen eingeredet werden soll, dass sie mit Hilfe sogenannter „Aurabrillen" tatsächlich Auren sehen könnten. Aber solche Brillen brechen lediglich das Licht in seine Spektralfarben. Dadurch wird zwar das elektrostatische Feld um einen Körper herum sichtbar – nicht aber die feineren Schichten, die in einer Aura wahrgenommen werden können.

Wie nun kann eine moderne Hexe ihre Aura stärken? Vor allen Dingen: Denken Sie positiv! Negative Gedanken unterbrechen den Zufluss positiver kosmischer Schwingungen und ziehen negative Schwingungen von der Erde und von unseren Mitmenschen an. Nur durch eine positive innere Haltung kann man auch die Energien der Aura positiv aufladen. Das ist wichtig, denn nur so ist man fähig, positive Energien auszustrahlen und zu empfangen.

Das hilft Ihnen, Ihre Aura zu stärken:

- kreative Beschäftigung (Malen, Musizieren und so weiter)
- Atemübungen
- Meditation
- Hinwendung zur Natur
- liebevolle Zuwendung zu den Mitmenschen

Rezepte für die moderne Hexe

Moderne Hexen brauchen keinen Zauberstab und keine magischen Sprüche (es sei denn, sie sagen segnende, Glück und Gesundheit wünschende Worte, während sie ihre Salben und Tränke zubereiten). Moderne Hexen nutzen, was die Natur ihnen anbietet. Die moderne Naturwissenschaft, die die Volks- und „Hexen“-Mittel lange belacht und verächtlich abgetan hat, greift heute aufgrund neuester Forschungen und Erkenntnisse inzwischen selbst auf die seit Jahrtausenden verwendeten Rezepte zurück – mit großem Erfolg. Die Kräuter, die Ihre Gesundheit fördern und Krankheiten heilen, wurden bereits ausführlich im Kapitel „Kleines Lexikon der Zauberpflanzen“ (Seite 24 ff.) besprochen. Aber auch die eigenen positiven, kraftvollen Energien kann eine moderne Hexe einsetzen. (Das vorangegangene Kapitel „Innere Orte“ (Seite 166 ff.) hat Ihnen Wege aufgezeigt, wie positive Energien aufgebaut werden können.)

Die Gesundheit erhalten

Reiki – einfach Hand auflegen

Die Magie der Sprache und der heilenden Hände kennt jede Mutter: „Heile, heile, Segen“ sagt sie und streichelt sanft das schmerzende Bäuchlein oder das offene Knie ihres Kindes. Und gleich geht es dem Kind schon etwas besser. Wenden wir uns dem kranken oder leidenden Menschen liebevoll zu, nehmen wir ihn wahr und ernst, reden ihm gut zu, so mag allein dies schon sein Wohlbefinden steigern und ihm die Angst nehmen. Berühren wir ihn liebevoll, so tut das ein Übriges – das Handauflegen ist nicht umsonst eine in vielen Religionen und heutigen alternativen Heilmethoden bewährte Methode.

Jedem, der krank ist oder traurig oder in seelischer Not, tut es gut, sanft berührt, gestreichelt oder massiert zu werden. Der Körperkontakt, die liebevolle Zuwendung, die rhythmischen Handbewegungen vermitteln innere Wärme, Zuversicht und Sicherheit Es gibt viele professionelle Massagemethoden, die sich aber in den meisten Fällen nur des Körpers annehmen und die geistig-seelischen Energien, die sich bei körperlichen Berührungen entwickeln, gänzlich außer Acht lassen. Aus dem Fernen Osten ist eine sanfte Methode der „heilenden Hände“ zu uns gekommen, die inzwischen immer mehr Anhänger findet und vor allem für moderne Hexen geeignet ist: das Reiki.

Merseburger Zauberspruch

„Fol und Wodan ritten zum Walde.
Da ward dem Fohlen Balders der Fuß verrenkt.
Da besprachen es Sinthgunth und ihre Schwester Sunna,
da besprachen es Frija und ihre Schwester Folla.
Da besprach es Wodan, wie er es gut verstand:
Auf Knochenverrenkung, Blutverrenkung
Und Gliederverrenkung:
Knochen zu Knochen, Blut zu Blut,
Glied zu Gliedern, als ob sie geleimt wären."

Reiki ist eine uralte, jetzt wieder entdeckte Methode, welche die Selbstheilungskräfte des Organismus aktiviert – allein durch Auflegen der Hände. Das Wort kommt aus dem Japanischen und bedeutet „universale Lebensenergie". Durch Auflegen der Hände auf bestimmte Körperregionen wird die Heilungsenergie angeregt, gestärkt, geleitet oder neu aufgebaut. Bei dieser Methode werden die heilenden Energieströme gezielt gelenkt. Dadurch lassen sich alltägliche Leiden auf sanfte Art lindern, beispielsweise Kopfschmerzen, Verspannungen, Erschöpfung, aber auch psychische Störungen wie Angst, Hemmungen und Depressionen.

Reiki bewirkt Linderung bei chronischen Krankheiten, in akuten Fällen wie Verletzungen klingen Schwellungen und Blutergüsse rascher ab. Außerdem erleichtert es die Suchtentwöhnung. Ärztliche Behandlung kann Reiki nicht ersetzen, sie aber wirkungsvoll unterstützen. Es ist natürlich eine verblüffend einfache Methode, durch Handauflegen an den richtigen Stellen ganz allgemein Wohlbefinden herzustellen.

Obwohl Reiki in erster Linie für die Selbstbehandlung gedacht ist, kann man damit auch anderen helfen. Wer die Methode beherrscht, kann Energie schicken – der Behandelnde wir zu einer Art Kanal, durch die Energie hindurchfließt; diese Energie wird dann über die Hände weitergeleitet, ohne dass ihm selbst Energie verloren geht. In den meisten Städten gibt es Reiki-Zentren, in denen diese Technik erlernt werden kann. Dabei lernt man im praktischen Teil, an welchen Stellen des Körpers Reiki wirksam angewendet werden kann. Im spirituellen Teil gibt es vier feierliche „Einweihungen". Danach darf man Reiki nicht nur für sich selbst nutzen, sondern auch an andere weitergeben.

Einige Reiki-Übungen

- Legen Sie sich flach auf den Boden oder auf Ihr Bett und lassen Sie den Hinterkopf auf den Handflächen ruhen.

Wirkung: gegen Angst, Schock, Sorgen. Diese Übung beruhigt und klärt den Kopf.

- Stellen Sie sich aufrecht hin und legen Sie die Handflächen auf den Rücken oberhalb der Nieren.

Wirkung: direkt gegen Rückenschmerzen, allgemein stärkend und lindernd für Nerven, Herz, Lunge und Nieren. Diese Übung wirkt auch besonders gut gegen Stress.

- Liegen oder sitzen Sie bequem und legen Sie Ihre Handballen auf die Schläfen.

Wirkung: harmonisiert die Aktivitäten der linken und rechten Gehirnhälfte, fördert die Kreativität und entspannt

- Legen Sie Ihre Handflächen links und rechts auf die Schultern – die linke Hand auf die linke Schulter und die rechte Hand auf die rechte Schulter.

Wirkung: gegen Stress und Verspannungen

- Legen Sie die Handflächen übereinander auf den Hinterkopf.

Wirkung: beruhigend bei Schock und Sorgen, hilft die Gedanken zu klären

Massageöle – wohltuend und heilsam

Die Öle wirken nicht nur heilsam und lindernd, sondern zum Teil durch ihren zarten Duft, wie dies beispielsweise bei der Melisse oder beim Lavendel der Fall ist. Man kann frische Blüten oder Blätter verwenden, die man selbst gesammelt hat (sie dürfen allerdings nicht gespritzt sein oder am Straßenrand gesammelt werden). Es ist natürlich auch möglich, getrocknete Kräuter aus dem Reformhaus, dem Naturkostladen oder aus der Apotheke zu verarbeiten. Das Basis-Rezept ist denkbar einfach:

Zwei Handvoll Kräuter in ein bauchiges und verschließbares Gefäß (beispielsweise ein Einmachglas) geben und mit 250 Milliliter Pflanzenöl aus dem Reformhaus oder dem Naturkostladen (reines Olivenöl, Avocado-, Weizenkeim- oder süßes Mandelöl) übergießen. Das Gefäß gut verschlossen an einem sonnigen oder warmen Platz drei Wochen lang stehen lassen. Den Inhalt in regelmäßigen Abständen schütteln. Das Öl dann durch ein Haarsieb gießen und die Pflanzenrückstände gut auspressen. Dann muss das Öl ein weiteres Mal gefiltert werden, am besten durch einen Kaffeefilter oder feinen Mullstoff. Wenn es ganz klar ist, in eine dunkle Apothekerflasche abfüllen. Kühl und lichtgeschützt aufbewahren.

Massageöle und ihre heilende Wirkung

Angelikaöl: Nervenschmerzen, Rheuma, Gicht
Arnikaöl: Nerven- und Muskelschwäche
Beifußöl: müde, geschwollene Füße, Muskelkater, Verspannungen
Beinwellöl: Behandlung älterer und schwer heilender Wunden
Johanniskrautöl: Wundheilung
Kamillenöl: krampfartige Beschwerden der Verdauungsorgane und des Unterleibs
Klettenwurzelöl: Muskel-, Gelenk- und Hauterkrankungen
Lavendelöl: Depressionen, Abgespanntheit
Ringelblumenöl: Wundheilmittel
Rosenöl: Entspannung
Rosmarinöl: Müdigkeit, Abgespanntheit
Schlüsselblumenöl: Muskelschwäche, Nervenschmerzen

Heilende Bäder

Die bei den Massageölen aufgeführten Pflanzen und zahlreiche andere lassen sich ebenfalls als Badezusätze verwenden. Im warmen Wasser können die Kräuter ihre heilsame Wirkung besonders gut entfalten. Die Entspannung im warmen Wasser trägt noch zu einer intensiveren Wirkung bei. Im Allgemeinen stellt man für die Badezusätze einen besonders starken Tee aus dem betreffenden Kraut her (eine Handvoll Kräuter mit 1 Liter kochendem Wasser übergießen und etwa eine Viertelstunde zugedeckt ziehen lassen). Bei abweichender Zubereitung ist das entsprechende Rezept im Folgenden angegeben. Der Tee wird dann durch ein Haarsieb ins Badewasser gegeben.

Welches Bad wie zubereitet wird und wann es hilft, das erfahren Sie hier:

Ackerschachtelhalm: Blasenentzündung, Nierenentzündung, Hautkrankheiten

Zubereitung: 1 Hand voll getrockneten Ackerschachtelhalm in 1 Liter Wasser 10 Minuten sachte köcheln lassen.

Angelika: Gicht, Rheuma, Nervenschmerzen

Zubereitung: 1 Hand voll Angelikawurzeln in 1 Liter Wasser kurz aufkochen und noch einige Minuten ziehen lassen.

Anis: Menstruationsbeschwerden

Arnika: Blutergüsse, Quetschungen, Verstauchungen, Gicht, Rheuma, Gelenkversteifung

Birke: chronische Hautleiden, Flechten, Ekzeme, Rheuma, Gicht

Zubereitung: 3 bis 4 Hand voll Birkenblätter mit 1 Liter Wasser übergießen, aufkochen und 10 Minuten leise köcheln lassen.

Bohnenkraut: allgemein kräftigend – beispielsweise nach einer überstandenen Krankheit

Brennnessel: Hautkrankheiten, Hämorrhoiden, Rheuma, Gicht

Zubereitung: 2 Hand voll Brennnesseln mit einem 1 Wasser übergießen, zum Kochen bringen und einige Minuten leise köcheln lassen.

Eiche: Ausfluss, Hämorrhoiden, Geschwüre und Wunden, Hauterkrankungen

Zubereitung: 250 Gramm Eichenrinde in 3 Liter Wasser ¼ Stunde lang kochen lassen.

Eisenkraut: lindernd und heilend bei Wunden und Geschwüren, Rheuma, Neuralgien

Zubereitung: 2 Esslöffel Eisenkraut mit ½ Liter kaltem Wasser übergießen und zugedeckt etwa 10 Stunden stehen lassen.

Frauenmantel: Wunden und Geschwüre, Menstruationsbeschwerden

Gänseblümchen: Hautreizungen, Geschwüre

Gundermann: Gicht

Holunderblüten: Hautkrankheiten

Hopfen: Nervosität, Schlaflosigkeit

Huflattich: Geschwüre, Wunden

Johanniskraut: schmerzlindernd und heilend bei Schlagverletzungen, Blutergüssen, Verbrennungen, Zerrungen, Prellungen, Wunden

Kalmus: Nervosität, Schlaflosigkeit, chronisch kalte Hände und Füße

Zubereitung: 1 Hand voll getrockneten Kalmus mit ½ Liter kaltem Wasser übergießen und kurz aufkochen lassen. ¼ Stunde lang ziehen lassen.

Kamille: Hautkrankheiten, Wunden, Geschwüre, Hämorrhoiden, Nervosität
Kümmel: Nervenschmerzen, Rheuma, kräftigend bei Schwächezuständen oder nach einer überstandenen Krankheit
Lavendel: Gicht, Rheuma, Nervenschmerzen, Hauterkrankungen, beruhigend und entspannend
Liebstöckel: Menstruationsbeschwerden
Lindenblüten: Nervosität, Schlafstörungen, Migräne
Zubereitung: 500 Gramm Lindenblüten mit 4 Litern Wasser aufkochen, ½ Stunde leise köcheln lassen.
Löwenzahn: Hautkrankheiten
Malve: Wunden, Entzündungen, Geschwüre, Hämorrhoiden
Melisse: Nervosität, Schlaflosigkeit, Hauterkrankungen
Pfefferminze: Hautleiden, belebend und erfrischend
Ringelblume: Wunden, Verbrennungen, Sonnenbrand
Rosmarin: anregend für Herz und Kreislauf, niedriger Blutdruck, Erschöpfung, Rheumatismus, Hautausschläge, allgemein stärkend und kräftigend
Salbei: Hautausschläge
Schafgarbe: Hämorrhoiden, Gicht, Rheuma, Nervenschmerzen
Schlüsselblume: Rheuma
Taubnessel: Rheuma, Geschwüre, Krampfadern, Menstruationsbeschwerden
Tausendgüldenkraut: Wunden, Geschwüre, Hautkrankheiten
Thymian: Nervosität, Erkältung

Linderung und Wohlbefinden durch Tees

Was ist wohltuender und tröstlicher als ein warmer, duftender Tee? Die Heilwirkungen unserer Teepflanzen sind seit alters her bekannt und bewährt und werden auch von der modernen Naturwissenschaft bestätigt. Am schönsten ist es natürlich, wenn man die Teepflanzen selbst gesammelt hat – am besten an den bekannten „Kräutertagen" (dazu Näheres im Kapitel „Das Hexenjahr", Seite 104 ff.). Für die Tees nimmt man jeweils ein oder zwei Prisen des Krauts, übergießt sie mit kochendem Wasser und lässt das Ganze einige Minuten lang ziehen. Nach Geschmack kann der Tee mit Honig gesüßt werden.

Zur Beachtung

- *Natürlich kann man* mit Heiltees leichtere Erkrankungen und Unpässlichkeiten selbst kurieren. Bei länger andauernden Beschwerden, bei starken Schmerzen und in jedem Zweifelsfall sollte man aber unbedingt den Arzt aufsuchen.
- *Natürlich kann man* Heilpflanzen selbst sammeln. Aber viele Pflanzen sind geschützt, und oft sind Wegränder, Wiesen und andere Fundorte durch Dünger oder Insektizide, Pestizide oder Abgase vergiftet. Deshalb sollte man sie besser im Reformhaus, im Naturkostladen oder in der Apotheke kaufen.
- *Natürlich kann man* Heilpflanzen zu Hause aufbewahren (sie mögen einen kühlen, luftigen, dunklen Ort). Aber ihre Wirksamkeit lässt mit längerer Lagerzeit nach. Deshalb sollte man Heilpflanzen nicht länger als ein Jahr aufbewahren.
- *Natürlich sind* Heiltees gesund. Aber sie enthalten oft hochwirksame Inhaltsstoffe, die auf die Dauer unverträglich sind. Oder sie verlieren bei ständiger Einnahme ihre Wirksamkeit. Deshalb sollte man den jeweiligen Tee nach zwei bis drei Wochen wechseln. Übrigens kann man die verschiedenen Pflanzen auch sehr gut mischen.

Welcher Tee bei welchem Leiden hilft, das finden Sie hier aufgelistet:

Angstzustände: Baldrian, Eisenkraut, Johanniskraut, Königskerze, Weißdorn

Appetitlosigkeit: Angelika, Anis, Bohnenkraut, Dill, Fenchel, Hopfen, Kalmus, Kümmel, Löwenzahn, Petersilie, Rosmarin, Schafgarbe, Tausendgüldenkraut, Wacholder, Wegwarte

Asthma: Fenchel, Huflattich, Johanniskraut, Königskerze, Lavendel, Melisse, Spitzwegerich, Thymian

Blähungen: Angelika, Anis, Dill, Fenchel, Hopfen, Kamille, Kümmel, Liebstöckel, Lindenblüten, Melisse, Thymian, Wacholder

Blasenleiden: Ackerschachtelhalm, Bärentraube, Ehrenpreis, Eibisch, Holunderblüten, Kamille, Kapuzinerkresse, Liebstöckel, Lindenblüten, Schafgarbe, Spitzwegerich, Taubnessel, Wacholder

Blutarmut: Brennnessel. Eisenkraut, Frauenmantel, Gänseblümchen, Rosmarin, Tausendgüldenkraut, Thymian

Bluthochdruck: Brennnessel, Gänseblümchen, Lavendel, Linde, Rosmarin, Weißdorn

Depressionen: Baldrian, Johanniskraut, Melisse, Pfefferminze, Rosmarin, Salbei, Schlüsselblume, Veilchen
Durchblutungsstörungen: Kalmus, Rosmarin
Durchfall: Bärentraube, Baldrian, Eibisch, Frauenmantel, Gundermann, Johanniskraut, Kamille, Königskerze, Melisse, Pfefferminze, Salbei, Schafgarbe, Thymian, Tormentill
Erkältung: Fenchel, Holunderblüten, Huflattich, Kamille, Kapuzinerkresse, Königskerze, Lindenblüten, Malve, Pfefferminze, Thymian
Fieber: Birke, Eibisch, Eisenkraut, Holunder, Johanniskraut, Petersilie, Ringelblume, Tausendgüldenkraut
Gallenleiden: Ackerschachtelhalm, Eisenkraut, Hirtentäschel, Kamille, Königskerze, Kümmel, Löwenzahn, Ringelblume, Schafgarbe, Tausendgüldenkraut, Waldmeister, Wegwarte
Gicht: Ackerschachtelhalm, Angelika, Arnika, Birke, Brennnessel, Ehrenpreis, Gänseblümchen, Gundermann, Holunderblüten, Liebstöckel, Lindenblüten, Löwenzahn, Petersilie, Rosmarin, Salbei, Schafgarbe, Schlüsselblume, Tausendgüldenkraut, Veilchen, Wacholder
Grippe: Birke, Holunderblüten, Kamille, Kapuzinerkresse, Lavendel, Lindenblüten
Halsschmerzen: Eisenkraut, Liebstöckel, Malve, Salbei, Tormentill
Herzbeschwerden: Baldrian, Königskerze, Lavendel, Melisse, Pfefferminze, Ringelblume, Schlüsselblume, Veilchen, Weißdorn
Husten: Bohnenkraut, Eibisch, Eisenkraut, Gundermann, Holunderblüten, Huflattich, Kapuzinerkresse, Königskerze, Lindenblüten, Melisse, Rosmarin, Salbei, Schlüsselblume, Spitzwegerich, Thymian, Veilchen
Kopfschmerzen: Baldrian, Eibisch, Eisenkraut, Johanniskraut, Lindenblüten, Melisse, Ringelblume, Salbei, Schlüsselblume, Wacholder
Kreislaufstörungen: Hirtentäschel
Leberleiden: Ehrenpreis, Eiche, Eisenkraut, Gänseblümchen, Gundermann, Hirtentäschel, Johanniskraut, Kamille, Königskerze, Löwenzahn, Petersilie, Ringelblume, Salbei, Schafgarbe, Tausendgüldenkraut, Thymian, Tormentill. Wegwarte
Magenbeschwerden: Anis, Baldrian, Bohnenkraut, Ehrenpreis, Eibisch, Fenchel, Kamille, Kümmel, Lindenblüten, Malve, Pfefferminze, Schafgarbe, Spitzwegerich, Taubnessel, Tausendgüldenkraut

Menstruationsbeschwerden: Angelika, Anis, Baldrian, Brennnessel, Eisenkraut, Frauenmantel, Hirtentäschel, Johanniskraut, Liebstöckel, Melisse, Ringelblume, Rosmarin, Salbei, Schafgarbe, Taubnessel, Thymian, Tormentill
Nervosität: Baldrian, Eisenkraut, Hopfen, Johanniskraut, Kamille, Königskerze, Lavendel, Lindenblüten, Melisse, Ringelblume, Rosmarin, Salbei, Thymian, Veilchen
Nierenleiden: Ackerschachtelhalm, Bärentraube, Birke, Eibisch, Eisenkraut, Gänseblümchen, Kamille, Kapuzinerkresse, Liebstöckel, Linde, Löwenzahn, Schafgarbe, Spitzwegerich, Taubnessel
Rheuma: Ackerschachtelhalm, Angelika, Arnika, Birke, Brennnessel, Ehrenpreis, Eisenkraut, Gänseblümchen, Hirtentäschel, Holunderblüten, Königskerze, Lavendel, Liebstöckel, Lindenblüten, Löwenzahn, Petersilie, Rosmarin, Salbei, Schafgarbe, Schlüsselblume, Tausendgüldenkraut, Wacholderbeeren
Schlafstörungen: Anis, Baldrian, Dill, Eisenkraut, Hopfen, Johanniskraut, Kamille, Lavendel, Lindenblüten, Melisse, Ringelblume, Schlüsselblume, Veilchen, Weißdorn
Schwindel: Angelika, Anis, Melisse, Pfefferminze, Ringelblume, Rosmarin, Weißdorn
Sodbrennen: Kalmus, Tausendgüldenkraut, Wacholderbeeren
Verdauungsstörungen: Angelika, Dill, Ehrenpreis, Eisenkraut, Hopfen, Kalmus, Kümmel, Liebstöckel, Melisse, Pfefferminze, Rosmarin, Tausendgüldenkraut, Thymian, Wacholderbeeren, Wegwarte
Wichtig: Da Kräuter ausgleichend auf die Organe wirken, sind sie in den meisten Fällen gleichermaßen bei Verstopfung wie bei Durchfall geeignet.
Wechseljahre: Baldrian, Hirtentäschel, Hopfen, Salbei, Schafgarbe

Salben und Tinkturen

Wie man Kräuter sammelt und aufbewahrt, wie man sie für Tees und Bäder verwendet, davon war bereits die Rede. Es ist nicht nur ein sehr sinnlicher Prozess, der dabei vor sich geht (man riecht, fühlt und schmeckt), außerdem ist eine sehr genaue Naturbeobachtung und eine sehr präzise Arbeitsweise nötig, um den gewünschten Effekt zu erzielen. Moderne Hexen schwingen nicht einfach den Zauberstab und murmeln ihre Sprüche – sie wissen sehr genau um die liebevolle Hingabe an die Natur, die notwendig ist, wenn sie heilende Mittel daraus herstellen wollen. Und so war es bei allen weisen Frauen über

Die Ausrüstung der Hexenküche

Die Geräte und Gefäße, die zur Herstellung von Salben, Tinkturen und so weiter für die Gesundheits- und Schönheitspflege (die Herstellung von Kosmetika wird im nächsten Abschnitt dieses Kapitels Seite 190 ff., besprochen) benötigt werden, sind in den meisten Haushalten vorhanden. Wichtig ist nur, dass Sie alles sauber halten, am besten kochen Sie Geräte und Gefäße in Wasser aus – so wie Sie es beim Einmachen tun. Bei der Herstellung der Heil- und Schönheitsmittel werden keine Konservierungsstoffe (die gleichzeitig keimtötend wirken) verwendet, und frische Rohstoffe wie beispielsweise Fette werden deshalb schnell von Bakterien, die unsauberen Geräten anhaften, angegriffen.

Reservieren Sie am besten einen Topf und einige Schüsselchen ausschließlich für Ihre Hexenküche. Wenn Sie regelmäßig Salben herstellen, lohnt es sich, einen zweiten Handmixer anzuschaffen – ein einfacher, preiswerter Mixer reicht dabei vollkommen aus. Der Topf, in dem Sie die Kräuter aufkochen, sollte emailliert oder aber aus Edelstahl sein. Viele Kräuter, Früchte und so weiter gehen nämlich mit anderen Metallen eine chemische Verbindung ein, die ihre Wirkung beeinträchtigt. Um Kräuteraufgüsse und so weiter abzuseihen, brauchen Sie ein Haarsieb, in dem ein Großteil der Pflanzenrückstände zurückbleibt. Für Badezusätze ist dies ebenfalls völlig ausreichend. Für Massageöle, Gesichtswässer und so weiter muss die Flüssigkeit allerdings klarer und reiner sein. Zum Filtern eignet sich hier besonders gut Kaffeefilterpapier.

Viele Öle und andere flüssige Substanzen verändern ihre Beschaffenheit, wenn sie dem Licht ausgesetzt werden, und verlieren dadurch an Wirksamkeit. Solche Präparate werden deshalb in dunkle Flaschen – sogenannte „Apothekerflaschen" – abgefüllt. Wenn Sie Kräuteröle und Kräuteressig ansetzen, sind Einmachgläser besonders gut geeignet, weil sie eine weite Öffnung haben. Mit Haushalts- oder Aluminiumfolie können diese luftdicht verschlossen werden. Zur Aufbewahrung von Kräutern (selbst gesammelt oder im Naturkostladen oder in der Apotheke gekauft) eignen sich am besten Gläser oder Blechdosen.

die Jahrhunderte, denen ihr Wissen dann so oft als Zauberei ausgelegt wurde.

Noch mehr Aufmerksamkeit erfordert es, wenn Sie die verschiedenen Kräuter zu Salben und Tinkturen verarbeiten wollen. Auch hier sind viele Dinge zu beachten, weil die Küche sich dabei zwar in eine „Hexenküche", gleichzeitig aber auch in ein Labor verwandelt.

… und zu guter Letzt: Rezepte

Beinwellsalbe – eine klassische Hexensalbe
Zutaten: 500 Gramm frische Beinwellwurzeln,
½ Liter Olivenöl,
70 Gramm Lanolin (Wollfett von Schafen), in der Apotheke erhältlich,
20 Gramm geraspeltes Bienenwachs (beides in der Apotheke erhältlich).

Die Wurzeln sauber waschen und klein schneiden. Das Lanolin in einem Topf schmelzen und das Öl zugeben. Die Wurzeln untermischen und etwa 20 Minuten unter Rühren sanft erhitzen. *Nicht kochen lassen!* Durch ein Mulltuch abseihen und in den gereinigten Topf zurückgeben. Nun das Wachs in einem anderen Topf im Wasserbad schmelzen. (Dabei wird in einem Topf Wasser erhitzt, da hinein wird ein Plastiktopf mit dem zu schmelzenden Material gegeben.) Das geschmolzene Wachs in die Ölmischung einrühren. Nochmals erwärmen, damit sich alles gut miteinander verbindet. In Salbentöpfchen abfüllen und kühl aufbewahren (nach Fischer, *Medizin der Erde,* S. 40/41).

Beinwell

Beinwell findet sich an Gräben und Bachläufen. Man kann die Pflanze auch an einem feuchten Standort im eigenen Garten ziehen. Auch die Kulturform Comfrey ist für medizinische Zwecke geeignet.
Anwendung: Kniegelenksentzündungen, Sehnenscheidenentzündungen, Wundheilung, Knochenbrüche, Geschwüre, Venenentzündungen, Frostbeulen, Blutergüsse

„Vier-Räuber-Essig“
Zutaten: 1 Hand voll Rosmarin,
1 Hand voll Salbei,
1 Hand voll Pfefferminze,
1 Hand voll Angelikawurzeln
(Kräuter entweder frisch geerntet oder getrocknet aus der Apotheke oder dem Naturkostladen),
1 Esslöffel zerstoßene Gewürznelken,
¾ Liter Obstessig

Die Kräuter in ein Glas füllen, mit dem Essig aufgießen und gut verschließen. An einem warmen Ort 14 Tage ziehen lassen, dabei immer wieder schütteln. Durch Kaffeefilter abseihen und die Kräuter dabei gut ausdrücken. In eine dunkle Flasche abfüllen.
Anwendung: innerlich teelöffelweise zur Stärkung der Körperabwehr und gegen Infektionskrankheiten, äußerlich zur Desinfizierung

Während einer schweren Pestepidemie, die fast die ganze Bevölkerung einer Stadt dahingerafft hatte, wurden vier Männer festgenommen, die die verlassenen Häuser geplündert hatten. Obgleich sie sich in den verseuchten Räumen aufgehalten hatten, zeigten sie keinerlei Anzeichen des „Schwarzen Todes“. Der Magistrat versprach ihnen Straferlass gegen die Preisgabe ihres „Geheimrezeptes“.

Johanniskrautöl
Frisch gesammelte Johanniskrautblüten in ein Schraubglas füllen und mit reinem Oliven- oder Sonnenblumenöl aufgießen, so dass sie ganz bedeckt sind. Drei Wochen lang an einem warmen Ort (möglichst an der Sonne) stehen lassen, dabei immer wieder schütteln. Durch Kaffeefilter abseihen, dabei die Pflanzenrückstände gut auspressen. Das Öl in eine dunkle Apothekerflasche abfüllen.
Anwendung: innerlich gegen Husten (auch Raucherkatarrh) einige Tropfen auf ein Stückchen Zucker geben, äußerlich zur Behandlung von Brandwunden und Sonnenbrand

Ringelblumensalbe
4 Hand voll Ringelblumen (Blätter, Stängel und Blüten) klein schneiden. 500 Gramm Flomen auslassen (statt des Schweinefetts kann man auch Butter – vor allem Ziegenbutter – verwenden, aller-

dings ist diese Zubereitung nicht so haltbar wie mit Schmalz), die Kräuter darin verrühren. Zugedeckt einen Tag lang stehen lassen. Dann die Masse leicht erwärmen und durch ein Mulltuch abfiltern. In Salbentöpfchen abfüllen. Kühl und dunkel aufbewahren.
Anwendung: Wunden, Geschwüre, Narbenschmerzen, entzündete Brustwarzen, Wundliegen bei Kindern, Beingeschwüre, Ekzeme, Einreibung bei Magenschmerzen

Birkensaft
Im April wird eine kräftige Birke etwa drei Zentimeter tief angebohrt. In das Bohrloch einen Strohhalm (am besten einen Plastikhalm mit Knick) stecken. Einen Behälter um den Baum binden, so dass der Saft aufgefangen werden kann. Dabei keine Metallbehälter verwenden, sondern möglichst Glas- oder Plastikgefäße. Wenn das Glas gefüllt ist (nach etwa 2 bis 3 Tagen), das Röhrchen herausziehen und die Wunde mit Baumwachs (in der Gärtnerei erhältlich) verschließen. Den Baum erst wieder nach zwei bis drei Jahren „anzapfen". Der Saft muss im Kühlschrank aufbewahrt werden, weil er rasch zu gären beginnt. Man trinkt jeden Tag zwei Likörgläser davon für eine wunderbar erfrischende Frühjahrskur.

Huflattichhonig
Frische Huflattichblüten (sie erscheinen vor den Blättern ab Februar) in ein Einmachglas geben und fest zusammendrücken. Mit Akazienhonig übergießen, so dass die Blüten gut bedeckt sind. Das Glas verschließen und an einen warmen Ort stellen. Nach 2 Wochen die Blüten von dem Honig abpressen und diesen in ein Schraubglas abfüllen.
Anwendung: löffelweise bei Husten, Halsschmerzen und grippalen Infekten

Magenbitter
Zutaten: 1 Hand voll Wacholderbeeren
(am besten frisch gepflückt und einige Tage an der Sonne getrocknet),
1 Liter guter Kornschnaps

Die Wacholderbeeren in einem Mörser zerstoßen und mit dem Schnaps übergießen. 2 Wochen lang verschlossen an einem kühlen, dunklen Ort stehen lassen, dabei gelegentlich schütteln. Durch Kaffeefilter abseihen und in eine Flasche abfüllen.

Anwendung: zur Vorbeugung gegen Magenbeschwerden nach einem schweren, fetten Essen ein Gläschen davon trinken

Melissengeist

Zutaten: 2 Hand voll Melisse (möglichst frisch geerntet, aber auch das getrocknete Kraut kann verwendet werden),
1 Stückchen zerkleinerte Angelikawurzel,
etwas geriebene Muskatnuss, gestoßener Koriander, Zimt, Gewürznelke,
die geriebene Schale einer unbehandelten Zitrone,
1 Liter möglichst hochprozentiger Kornschnaps

Die Gewürze und Kräuter mit dem Schnaps übergießen und 2 Wochen lang in einem verschlossenen Gefäß ziehen lassen. Dabei gelegentlich schütteln. Durch Kaffeefilter abseihen und in eine Flasche abfüllen.

Anwendung: einige Tropfen auf einem Stückchen Zucker oder in etwas Tee oder heißem Wasser gelöst wirken kräftigend, beruhigend und krampflösend

Der „Klosterfrau Melissengeist“, den wir heute als fertiges Produkt kaufen können, setzt sich ganz ähnlich zusammen. Aber lange bevor eine unbekannte Karmeliternonne dieses berühmt gewordene Rezept verwendete und zu Ruhm brachte, stellten seit vielen Jahrhunderten die weisen Frauen dieses Gesundheitselixier her.

Die Schönheitspflege

Welche Frau möchte nicht schön sein? Dies war zu allen Zeiten so. Es gibt viele Rezepte, die Kräuterhexen an ihre „Kundinnen“ weitergaben oder für sie zubereiteten. Die meisten dieser Salben und Lotionen haben die Jahrhunderte überdauert und sind heute – in einer Zeit der „High-Tech-Kosmetik“ – so aktuell wie eh und je. Jeder modernen Hexe wird es Freude machen, ihre eigenen Schönheitsmittel selbst herzustellen.

Altes Rezept für eine Gesichtscreme

(für moderne Hexen allerdings kaum von Nutzen!)

„Entferne von der Gerste, die libysche Siedler auf Schiffen geschickt haben, die Spreu und befeuchte die enthülste Gerste, etwa zwei Pfund, mit zehn Eiern. Wenn das Gemisch an windbewegter Luft getrocknet ist, lasse eine langsame Eselin es auf rauhflächigem Mühlstein zerreiben. Zerreibe dann die Hörner, die zuerst von einem Hirsch fallen werden, der die Kraft zu langer Lebensdauer hat, in dieses Gemisch hinein, lasse es den sechsten Teil eines ganzen Pfundes sein, und sobald es nun mit dem staubartigen Mehl vermischt ist, lasse alles sofort durch die unzähligen Löcher eines Siebes hindurchgehen. Füge zweimal sechs rindenlose Narzissuswurzeln hinzu, die du mit der Hand auf reinem Marmor zerreiben sollst, und zwar sollst du ein sechstel Pfund Zwiebel mit tuskischem Spelt (Dinkel) zerreiben, dazu soll neunmal mehr Honig mit hineingehen. Jede Frau, die ihr Gesicht mit einem Mittel dieser Art behandelt, wird glatter strahlen als ihr Spiegel."

(Zitiert nach dem römischen Dichter Ovid,
43 v. Chr.–17 n. Chr., aus „Ars Amandi")

Salbe gegen Falten
10 Gramm Bienenwachs (aus der Apotheke) im Wasserbad schmelzen, 3 Eßlöffel Honig darunter rühren. Die Mischung vom Herd nehmen und bis zum Erkalten rühren. Diese Salbe einmal wöchentlich auf Gesicht und Hals auftragen und mindestens ½ Stunde einwirken lassen. Dann mit viel warmem Wasser sachte entfernen.

Gesichtswasser für schlecht durchblutete Haut
100 Milliliter destilliertes Wasser zum Kochen bringen und damit 1 Hand voll Beifußblätter (frisch oder getrocknet) übergießen. Nach dem Abkühlen durch Kaffeefilter abseihen. 100 Milliliter Rosenwasser (aus der Apotheke) erwärmen und 1 Esslöffel Honig darin auflösen. Die Flüssigkeiten miteinander mischen und in eine dunkle Flasche abfüllen. Zweimal täglich das gereinigte Gesicht mit dem Gesichtswasser betupfen.

Duftendes Körperpflegeöl
Zwei Hand voll duftende Blüten (Rosen, Nelken, Wicken, Jasmin, Geranien und so weiter – frisch oder getrocknet aus der Apotheke) und etwas zerstoßene Myrrhe (in der Apotheke erhältlich) in ein Einmachglas geben und mit reinem Olivenöl übergießen, bis sie bedeckt sind. Das Glas luftdicht verschließen und die Mischung an einem warmen, möglichst sonnigen Platz ziehen lassen. Dabei gelegentlich schütteln. Durch Kaffeefilter abgießen (dabei die Pflanzenrückstände gut auspressen) und das duftende Öl in eine dunkle Flasche abfüllen. Das Körperöl nach dem Baden oder Duschen verwenden, dann zieht es am besten ein.

Rosenessig
2 Hand voll (möglichst frische) duftende Rosenblätter mit 250 Milliliter Obstessig übergießen. In einem luftdicht verschlossenen Gefäß 2 Wochen lang an einem warmen, möglichst sonnigen Platz ziehen lassen. Dann durch Kaffeefilter abseihen und die Pflanzenrückstände gut auspressen. Mit 100 Milliliter Rosenwasser (aus der Apotheke) aufgießen und in eine dunkle Flasche abfüllen. Zur täglichen Körperpflege verwenden.

Altes Rezept gegen Haarausfall

(Die ägyptische Königin Kleopatra soll es dem kahlköpfigen Cäsar empfohlen haben)

> „Das Rezept ist wundervoll. Vor allem aber sind alle Zutaten leicht zu beschaffen. Das Mittel besteht aus gebrannten Hausmäusen, gebrannten Weinstrünken, gebrannten Pferdezähnen, Bärenfett, Wildmark und Rohrborke zu gleichen Teilen. Wenn dieses Gemisch trocken ist, wird es zerstoßen und mit viel Honig vermischt, bis es die Dickflüssigkeit des Honigs erhält. Dann wird das Bärenfett und das Wildmark geschmolzen und untergemischt.“ (Kluge, *Sie können schön sein,* S. 88)

Was wirklich gegen Haarausfall (und zur Kräftigung des Haares) hilft:

- *Brennnesselwäsche:* 200 Gramm feingeschnittene Brennnesselwurzeln (selbst geerntet und gereinigt oder aus der Apotheke) mit

1 Liter Wasser und ½ Liter Essig übergießen. ½ Stunde lang köcheln lassen, dann durch Kaffeefilter abseihen. Nach der Haarwäsche als letzte Spülung ins Haar geben und nicht mehr auswaschen.

- *Klettenwurzelwaschung:* 2 Hand voll Klettenwurzeln (selbst geerntet und gereinigt oder aus der Apotheke) mit 2 Litern hellem Bier übergießen und ½ Stunde lang köcheln lassen. Anwendung wie bei der Brennnesselwaschung.

Bier war schon bei den Kelten ein beliebtes Pflegemittel für Haar und Haut. Man kann auch frisches Bier als letzte Spülung verwenden – es wirkt festigend. Der Geruch verfliegt sehr schnell.

Liebeszauber

Wer wünschte sich nicht ein Mittel, um in den Augen der (beziehungsweise des) Angebeteten liebenswert zu erscheinen und ihre (oder seine) Zuneigung zu gewinnen? Es ist ein uralter Volksglaube, dass dies unter anderem mittels der Zauberkräfte gewisser Pflanzen möglich sei. Bis heute sagt man, dass jemand, der alle „Schirmchen" einer Pusteblume auf einmal wegblasen kann, Glück in der Liebe hat. So trug man früher einen Löwenzahn bei sich, weil dieser die beziehungsweise den Liebende(n) in den Augen seiner/ihres Geliebten schön machte. Ähnliches galt für die Brennnessel. Das Eisenkraut galt schon bei den Germanen als wirksame Zauberpflanze. So heißt es in einem alten Kräuterbuch:

> „Item wer sich mit Ißenkraut safft bestreicht, dem mög niemand abhold sein, man muss ihn liebhaben." (Dioscondes)

In Liebstöckelabsud badeten Mütter ihre Töchter, damit diese nicht unverheiratet blieben.

Luisa Francia, eine moderne Hexe, deren zahlreiche Bücher über das Gebiet der Magie und Zauberei sich vor allem an eine weibliche Leserschaft wenden, meint, dass auch heute noch wirksamer Liebeszauber praktiziert werden könne. Sie selbst hält allerdings nicht viel von einem solchen Zauber, wie sie in einem Interview mitteilt:

„Ich bin gar nicht daran interessiert, jemanden an mich zu binden, wenn der Funke nicht spontan überspringt. Außerdem: Wenn ich jemanden an mich binde, werde ich ihn auch dann nicht mehr los, wenn ich ihn gar nicht mehr haben will."

Aber eine moderne Hexe braucht nicht auf Liebeszauber zurückzugreifen – sie kann die Tränke, Nahrungsmittel und Düfte anwenden, die auch von der modernen Wissenschaft als Aphrodisiaka anerkannt werden. Früher gehörten dazu die Kräuter Petersilie, Anis, Fenchel, Lavendel, Majoran, Thymian, Gartenkresse, Salbei. Als lustentfachende Gemüse galten vor allem Sellerie und Zwiebel.
Eine altbekannte Tatsache – für die man kein Hexenwissen braucht – ist, dass Liebe durch den Magen geht. Es gibt dabei allerdings besonders anregende Nahrungsmittel:

- Die *Aubergine* gilt als anregend, vor allem, wenn man sie mit anderen erotisierenden Ingredienzien wie Knoblauch, Paprika und Gewürzen zubereitet.
- *Bohnen* haben von alters her einen derart erotischen Ruf, dass sie im 17. Jahrhundert in den Klöstern verboten wurden, um unangebrachte Erregungszustände zu vermeiden.
- Als heilige, erotisierende und kräftigende Pflanze galt schon in der Antike der *Knoblauch*.
- *Mais* symbolisiert bei den Indios Südamerikas Fruchtbarkeit und Überfluss und soll diese Eigenschaften auch durch seinen Verzehr übertragen.
- Ähnliches gilt in Asien für den *Reis*, der ja auch in der westlichen Welt nach der Trauungszeremonie über das Brautpaar gestreut wird.
- *Spargel* gilt nicht nur seiner Form wegen als Aphrodisiakum. Besonders wirksam sollen die dicken hellen Sprossen mit rosa oder violetter Spitze sein.
- Als „Liebesäpfel" bezeichneten die Spanier die von ihnen nach Europa importierten *Tomaten*. Die spanischen Männer glaubten so stark an ihre stimulierende Kraft, dass sie Riesensummen für Tomaten bezahlten.
- Auch *Zwiebeln* wirken sehr anregend.

Als Würzkräuter sind besonders geeignet: Basilikum, Ingwer, Kümmel, Rosmarin, Anis, Salbei und vor allem Bohnenkraut. Bohnenkraut lässt sich auch für anregende Bäder verwenden! Ein exotisches

Gewürz, das besonders stimulierend wirkt, ist der Safran, der den Liebesgenuss nicht nur beim Mann steigert. Man kann damit Reis, Nudeln und gedünstetes Fleisch oder Fisch würzen. Ein „verführerisches“ Mahl sollte nie zu schwer sein. Sauerkraut und Eisbein mögen etwas Wunderbares sein, vertragen sich aber eher mit einem Verdauungsschläfchen als mit einem Schäferstündchen. Sehr gut ist ein Fischgericht (auch Muscheln oder Krustentiere wie Krebs, Hummer und Langusten), denn alle Meeresbewohner fördern die Lust. Viel Gemüse, sanft bissfest gekocht, wirkt belebend. Dazu ein leichter Wein (schwere Weine ermüden zu schnell), Kerzenlicht und vielleicht etwas leise Musik.

Von großer Bedeutung sind auch die Düfte für den „Liebeszauber“. Man kann diese in der Aromalampe verströmen lassen, ins (gemeinsame) Badewasser geben oder einem Massageöl zuführen. Gerade unsere erotischen Gefühle sind sehr stark von unserem Geruchssinn beeinflusst. Besonders stimulierend wirken Jasmin, Orange, Rose, Sandelholz, Ylang-Ylang. All diese Öle sind in der Apotheke oder im Naturkostladen erhältlich.

Was bringt die Zukunft?

Ist es gut zu wissen, was die Zukunft bringt? Über diese Frage gehen die Meinungen moderner Hexen auseinander. Gerade in Zeiten innerer und äußerer Unsicherheit wird ihr Rat gesucht. Es gibt durchaus die Fähigkeit, „die Zukunft zu sehen" – das zweite Gesicht. Die meisten Hexen oder Hellseherinnen, die Glaskugeln, Karten oder Kaffeesatz verwenden, benötigen diese äußeren Mittel allein dazu, um ihre Konzentrationsfähigkeit zu bündeln, in eine Art von Trancezustand zu geraten, der es ihnen ermöglicht, die äußere Alltagswelt gewissermaßen auszuschalten und sich ganz auf die Schwingungen zu konzentrieren, die von ihrem Gegenüber ausgehen. Dann ist es ihnen – bei entsprechender Begabung und Veranlagung – möglich, auf spirituellem Wege den Schleier zu lüften, der über der Zukunft liegt. Aber ist es immer gut, diese zu sehen? In keinem Fall wird eine weise Frau – welches Verfahren sie auch anwenden mag – Tod oder ähnliche Dinge, die sie sieht, an ihre Klienten weitergeben, sie wird sich in ihren Worten eher allgemein halten.

Viel wichtiger ist eine Persönlichkeitsanalyse, wie sie beispielsweise durch die Astrologie möglich ist. Vor allem aber sollten den Ratsuchenden neue Gesichtspunkte zur Entscheidungsfindung aufgezeigt werden. Dies ist vor allem durch die Bilder des Tarot, der Runen und des I Ging, durch Handlesen und Pendeln möglich. Auf diese 3 wichtigen Möglichkeiten soll am Schluss dieses Kapitels eingegangen werden. Zuvor jedoch zwei Praktiken, die dem Volksglauben nach möglicherweise einen Blick in die Zukunft erlauben ...

Die klassischen Orakel des Tarot, der Runen, des I Ging, des Pendelns und Handlesens hätten wohl kaum Jahrhunderte und sogar Jahrtausende überdauert, wenn es sich hier um Spielerei oder Scharlatanerie gehandelt hätte. Deshalb werden sie auch heute noch gerne verwendet. Wir kommen durch sie in einen Dialog mit unserem eigenen Unterbewusstsein, mit Kräften, die wir sonst kaum nutzen könnten. Geheime Beweggründe, Wünsche und Träume werden uns bewusst gemacht und neue Wege zur Lösung eines Problems oder zur Verwirklichung eines Wunsches aufgezeigt.

Das Kartenorakel

Um aus den Karten zu lesen, muss man die Karten und ihre Bedeutung sehr gut kennen und vor allem über ihr – durch ihre Lage zueinander bedingtes – Zusammenspiel Bescheid wissen. Dies kann man aus einem Buch oder besser noch bei einer erfahrenen Kartenlegerin erlernen. Ein kleines Beispiel, aus dem man erfahren kann, ob sich eine neue Liebe gut entwickelt: Mischen Sie ein Kartenspiel mit 32 Karten. Legen Sie die ersten 11 Karten beiseite. Die restlichen 21 legen Sie in einer Reihe vor sich hin. Diese Legetechnik wird „Amors Pfeil“ genannt. Aber Amor kann nur helfen, wenn vier bestimmte Karten in der Reihe auftauchen: Die Karodame (die fragende Person), die Pikdame (die neue Bekanntschaft), Herzzehn und Herzneun. Wenn auch nur eine davon fehlt oder wenn die Karodame ganz am Ende liegt, muss das Orakel abgebrochen werden und darf erst nach einer Woche neu befragt werden. Je dichter allerdings die Herzzehn und die Herzneun beisammenliegen, desto größer ist die Chance für ein neues Liebesglück. Die Unglückskarte ist die Herzdame: Liegt sie in „Amors Pfeil“ oder gar in der Nähe der Herzzehn, wird wohl nichts aus dem ersehnten Liebesglück.

Aus dem Kaffeesatz lesen

Dieses Orakel ist bei den Frauen in der Türkei, auf dem Balkan und auch bei den Zigeunerinnen sehr beliebt. Dazu darf der Kaffee natürlich nicht gefiltert werden! Vor dem Trinken wird dreimal in die Tasse gehaucht – um den Kaffee „gefügig“ zu machen. Der zurückbleibende, langsam fester werdende Satz verbleibt in der Tasse und wird nach einer Stunde nochmals angehaucht. Dann wird die Tasse auf einen Teller gestülpt. Der langsam den Tassenrand herunter laufende Satz soll nun die Zukunft offenbaren. Für die entstehenden Zeichen und Formen gibt es viele Deutungsmöglichkeiten. Einige allerdings sind am weitesten verbreitet:

- Je näher am Tassenrand sich die Zeichen befinden, desto näher steht das Ereignis bevor.
- Wichtig ist, wie nah die Zeichen am Henkel liegen: dieser symbolisiert die fragende Person.
- Vierecke, die in der Nähe des Henkels liegen, bedeuten eine nahende Krise. Straßen, Schlangen, hügelförmige Gebilde bedeuten Rückschläge und Intrigen.
- Eine Kreuzform auf dem Tassenboden verspricht ein langes Leben.
- Je mehr dreieckige Formen zu finden sind, desto mehr Glück ist zu erwarten.
- Linien – auch wenn sie unterbrochen sind – bedeuten Glück.

Pendeln

Das Pendeln ist inzwischen geradezu zu einer esoterischen Wissenschaft geworden: So werden Lebensmittel, Materialien, Orte und so weiter auf ihre Lebensqualität hin ausgependelt. Aber auch die Zukunft lässt sich mit dem Pendel befragen. Binden Sie einen persönlichen Gegenstand, etwa einen Ring oder einen wichtigen Schlüssel, an einen Faden, und setzen Sie sich ruhig und konzentriert hin. Ihr Pendel wird von selbst in Bewegung kommen. Fragen Sie es, welche Richtung der Schwingung „Ja“ bedeutet und welche „Nein“. Konzentrieren Sie sich in Ruhe darauf. So könnte etwa eine Drehung im Uhrzeigersinn „Ja“, im Gegenuhrzeigersinn „Nein“ bedeuten.

Das Pendel richtet sich dabei nach den kaum merklichen Bewegungen unserer Hand. Diese können wir kaum steuern, also ist es das Unterbewusstsein, das diese Aufgabe übernimmt. Pendeln ist also ein Gespräch mit dem eigenen Ich.

Handlesen

Wie unser Leben sich verändert – so verändern sich auch unsere Handlinien: Krankheiten, Krisen, Schicksalsschläge, aber auch Glück und Erfolg sind darin festgehalten. Auch Tendenzen für die Zukunft lassen sich daraus ablesen. Wichtig ist es, immer beide Hände zu deuten. In der linken Hand ist unser Schicksal geschrieben, so wie es sein könnte. In der rechten lesen wir, was wir daraus machen. Besonders wichtig sind die Höhen und Tiefen im Handteller – die „Berge“. Jeder hat seine Bedeutung und zeigt an, wie es um den Ratsuchenden bestellt ist:

- Der Jupiterberg unter dem Zeigefinger: Ist er besonders ausgeprägt, deutet dies auf Geltungs- und Herrschsucht, Egoismus und Hochmut.
- Der Saturnberg unter dem Mittelfinger: Ist er besonders groß, ist dies ein Zeichen für Trübsinn und Einsamkeit und möglicherweise zu viel Arbeit.
- Der Apolloberg unter dem Ringfinger: Ist er besonders ausgeprägt, deutet dies auf Kunstsinn und Einfühlungsvermögen in der Liebe hin.
- Der Merkurberg unter dem kleinen Finger: Starke Ausprägung deutet auf Sparsamkeit bis zum Geiz, ein Nichtvorhandensein auf Verschwendungssucht hin.

- Der große Marsberg in der Mitte der äußeren Handkante: Bei starker Ausbildung deutet dies auf Entschlossenheit, bei geringer Ausbildung auf mangelnde Entscheidungsfreudigkeit hin.
- Der Venusberg auf dem Daumenballen: Je stärker dieser ausgeprägt ist, desto mehr ist ein Mensch Liebes- und Lebenskünstler.

Das I Ging

Das *Buch der Wandlungen* ist so alt wie die chinesische Kultur. Dieses Buch (inzwischen in mehreren Taschenbuchausgaben erhältlich) ist für die Deutung wichtig. Es zeigt Möglichkeiten auf, über die man selbst nachdenken muss, um den eigenen Weg zu finden. In China verwendete man für die Orakelwürfe getrocknete Schafgarbenstängel. Heute nimmt man meistens drei Münzen. Die Frage wird gestellt, dann werden die drei Münzen sechsmal – ähnlich wie Würfel – auf den Tisch geworfen. Man schreibt auf, wie oft bei jedem Wurf Kopf oder Zahl kommt und setzt das Ergebnis nach dem überlieferten System in durchbrochene oder durchgehende Bleistiftlinien um. Das ergibt sechs übereinanderliegende Linien. Die Bedeutung der Linien und den Sinn des entsprechenden Wortes schlägt man im Buch nach. Der dort zu findende Ratschlag ist nicht leicht zu entschlüsseln, sondern erfordert eine intensive Auseinandersetzung mit sich selbst.

Das Runenorakel

Vor allen wichtigen Entscheidungen befragten die Germanen das Runenorakel, das aus achtzehn Buchenstäben bestand, in die verschiedene Zeichen eingeritzt waren. Es gibt heute noch Runenstäbchen oder auch Flachsteine mit den entsprechenden Zeichen zu kaufen, aber inzwischen gibt es auch sehr inspirierende Karten. Stäbe, Steine oder Karten werden mit dem „Gesicht“ nach unten ausgelegt. Nachdem man die Frage gestellt hat, wird ein Symbol umgedreht und dessen Bedeutung im Buch nachgeschlagen. Auch hier findet man einen Spruch oder Rückverweise auf das eigene Nachdenken.

Tarot

Das Tarot ermöglicht ebenfalls eine Selbsterfahrung, durch die Fragen, die es an uns zurückgibt. Es besteht aus 78 Karten, von denen 22 Trumpfkarten sind – die sogenannten „Großen Arkana“ (Geheimnisse). Die Bedeutung der Karten greift auf uralte Mythen zurück. Die Bilder, deren Bedeutung oft intuitiv schon aus der Karte erfasst werden kann, die aber im Begleitbuch ausführlich gedeutet werden, können hilfreichen Rat geben. Die Fragestellungen können sein: „Wie geht es beruflich weiter in meinem Leben? Wie stehe ich zu einem Menschen, wie steht er zu mir? Was passiert, wenn ich mich für die eine Möglichkeit entscheide – und was, wenn ich einen anderen Weg gehe? Wo stehe ich, wer bin ich, was tue ich?“ Dazu gibt es die unterschiedlichsten Legesysteme.

Am einfachsten zu verwenden ist „Das Kreuz“, das aus nur vier Karten besteht, die folgende Aussagen machen: 1. obere Karte: Darum geht es. 2. linke Karte: Das ist jetzt wichtig. 3. rechte Karte: Das ist jetzt unwichtig. 4. untere Karte: Das ist der nächste Schritt.

Selbsterfahrung und Selbsterkenntnis sind die wesentlichen Anliegen dieser Orakel-Formen. Sie verlangen unser Mitdenken, unsere spirituelle Mitarbeit. Wir lassen uns nicht nur auf die Bild- und Symbolwelt der Karten ein, sondern vor allem auf das, was diese in uns selbst wecken und aktivieren. Im Unterschied zu den meisten anderen Möglichkeiten ist dies ein spiritueller Weg, den die Hexen, weisen Frauen und Magierinnen durch alle Zeiten gegangen sind, aus denen sie ihre Kraft bezogen haben. Schon über dem Orakel von Delphi, in dem die Seherin Pythia weissagte (ebenfalls in Rätseln, die jeder für sich selbst deuten musste), waren die Worte eingemeißelt: „Erkenne dich selbst“!

Literaturverzeichnis

Allgeier, Kurt, *Die Heilkraft der Bäume*, München 1986

Appel, Walter A., *Biorhythmus. Ihre Lebenskurve, der Wegweiser für Glück, Liebe und Erfolg,* München o. J.

Appel, Walter A., *Erfolgsgeheimnis Biorhythmus. Die Zeit arbeitet für Sie,* CH-Kuttigen o. J.

Bachofen, Johann Jakob, *Mutterrecht und Urreligion*, Stuttgart 1984

Banzhaf, Hajo, *Der Mensch in seinen Elementen,* München 1995

Beer, Ulrich, *Was Farben uns verraten*, München 1995

Brasch, R., *Dreimal Schwarzer Kater,* München 1975

Bruckner, Reiner M., *Drei Wege der Verjüngung. Qigong – Tai Chi Chuan – Yoga,* Freiburg 1996

Capra, Fritjof, *Das neue Denken,* München 1998

Dalberg, Andreas, *Der Weg zum wahren Reiki-Meister,* München 1998

Der Große Brockhaus, 19. Auflage, Mannheim ab 1986

Deiters, Jan, *Das ABC der Aromatherapie*, München 1997

Dioscorides, *Kreutterbuch 1610,* Grunewald bei München 1964

Engel (Reprint), F. M., *Zauberpflanzen, Pflanzenzauber*, Hannover 1978

Fischer, Susanne, *Medizin der Erde,* München 1984

Fischer, Susanne, *Blätter von Bäumen,* München 1989

Francia, Luisa, *Mond – Tanz – Magie,* München 1986

Grimms Märchen, Bayreuth 1983

Haas, Volker, *Magie und Mythen im Reich der Hethiter,* Hamburg 1977

Haerkötter, Gerd und Marlene, *Hexenfurz und Teufelsdreck,* Frankfurt am Main 1986

Heisenberg, Werner, *Der Teil und das Ganze*, München 1996

Hetman, *Baum und Zauber*, München 1988

Hill, Carol, *Amanda,* Zürich 1993

Hofmann, Helmut G., *Edelsteintherapie – kurz & praktisch,* Freiburg 1995

Holzer, Hans: *Das Seelenleben der Pflanzen – Verblüffende Experimente,* München 1980

Hufeland, Christoph Wilhelm, *Die Kunst, das menschliche Leben zu verlängern. Hufelands Makrobiotik,* Frankfurt 1995

Kluge, Heidelore, *Sie können schön sein,* Genf 1986

Kluge, Heidelore, und Dr. R. Charles Fernando, *Weihrauch und seine heilende Wirkung*, Heidelberg 1998

Kluge, Heidelore, *Das große Hildegard von Bingen-Buch*, Rastatt 1999

Kluge, Heidelore, *Hildegard von Bingen – Edelsteintherapie,* Rastatt 1998

Kluge, Heidelore, *Mit Farben heilen*, Düsseldorf 1996

Kluge, Heidelore, *Zaubertränke und Hexenküche*, München 1988

Künzle, Johann, *Das große Kräuterheilbuch,* Zürich, 1995

Lehner, Reinhard, *Pendeln – kurz & praktisch,* Freiburg 1996

Leibold, Gerhard: *Fast. Entschlacken, regenerieren, abnehmen,* Niedernhausen 1997

Lübeck, Walter, *Das Aura-Heilbuch,* Aitrang 1991

Levin, L., *Die Fruchtabtreibung durch Gifte,* Berlin 1922

Mazell, H., *Zauberpflanzen, Hexentränke,* Stuttgart 1967

Mello, Anthony De, *Mit allen Sinnen meditieren. Anstöße und Übungen,* Freiburg 1997

Paungger, Johanna, und Thomas Poppe, *Vom richtigen Zeitpunkt,* München 1995

Pelt, Jean-Marie *Pflanzenmedizin*, Düsseldorf, 1983

Pennik, Nigel, *Das Runenorakel,* München 1990 (mit Karten)

Perger, Ritter von, *Deutsche Pflanzensagen*, Leipzig 1979

Preuschoff, Gisela, *Die heilende Kraft der Bäume*, München 1994

Purner, Jörg, *Radiästhesie – Ein Weg zum Licht?* CH-Wettswikl 1994

Sanders, Katharina, *Die heilende Kraft von Sonne und Mond nach der Hl. Hildegard*, München 1996

Rau, Christoph, und Hedwig Diestel, *Wenn die kleinen Kinder beten,* Stuttgart 1982

Rodway, Howard und Sylvia Ganisford, *Tarot der Weisen Frauen*, Neuhausen 1991 (mit Karten)

Schönfeldt, Sybil Gräfin, *Das große Ravensburger Buch der Feste & Bräuche*, Ravensburg 1980

Schwarz, Aljoscha und Schweppe, Ronald, *Die Macht des Mondes*, Rastatt 1997

Schirer, Markus, *Atem-Techniken,* Darmstadt 2000

Sebald, Hans, *Hexen damals – und heute?*, Frankfurt 1987

Statt, John, *Die Bedeutung deiner Hand. Eine verständliche Anleitung zum Handlesen,* München 1996

Tarot für Einsteiger, Rastatt 1999

Thun, Maria, *Aussaattage,* Biedenkopf an der Lahn, jährlich

Vom Zauber edler Steine, Recklinghausen 1947

Waggerl, Karl Heinrich, *Heiteres Herbarium,* Salzburg 1950

Wellmann, Wolfgang, und Wolfgang Distel: *Das Herz des Reiki,* München 1996

Yüan-Kuang, *I Ging,* Bern/München/Wien 1975

Box mit Buch und Hexenutensilien

Lucy Summers
Meine Hexen-Box

64 Seiten, Broschur
ISBN 3-8118-2936-X

In dieser hochwertig ausgestatteten Hexenbox findet sich nicht nur ein ausführliches, vierfarbig gestaltetes Buch mit genauen Anleitungen für weißmagische Rituale, sondern zudem eine Hexenkerze, Räucherwerk, eine Pergamentrolle und ein Amulett, das als Pendel benutzt werden kann. So können die beschriebenen Rituale sofort in die Praxis umgesetzt werden.

Eva Prignitz
Feng Shui

252 Seiten, Hardcover
ISBN 3-8118-1779-5

Die chinesische Lehre Feng Shui ist ein populärer Garant für Lebensglück. Denn wer sie beherrscht, der versteht es, die Lebensenergie Chi so fließen zu lassen, dass sie Gesundheit und Erfolg bringt.

Die studierte Architektin Eva Prignitz arbeitet in Hamburg als Feng Shui-Beraterin.

Christine Steinbrecht-Baade
Traditionelle Chinesische Medizin

208 Seiten, Hardcover
ISBN 3-8118-1151-7

Basierend auf der Lehre vom harmonischen Ausgleich der Gegensätze und vom ununterbrochenen Fluss der Naturenergie Qi verbindet die TCM Entspannungs-, Bewegungs- und andere Techniken (z. B. Akupunktur, Kräuterheilkunde), um den Patienten zu heilen.

Die Autorin klärt Grundsätze wie die wichtigen Begriffe Yin und Yang, Meridiane oder Qi und stellt die Anwendung der TCM von der Diagnose bis zur Behandlung dar.